초등 한자의
길잡이 부수

초등 학습 한자 ❶

초등 한자의 길잡이 부수

박두수 지음
송진섭·이병호·강혜정 선생님 추천

중앙에듀북스

안녕하세요? 박두수입니다.

한자는 왜 공부해야만 할까요?

- 한자는 세계 인구의 26%가 사용하는 동양권의 대표문자입니다.
- 우리말의 70% 이상을 차지하고 있는 것이 한자어입니다.

한자를 잘하면 왜 공부를 잘하게 될까요?

- 한자는 풍부한 언어 문자 생활과 다른 과목의 학습을 도와주는 역할을 합니다.
- 중학교 1학년 기본 10개 교과목에 2,122자의 한자와 약 14만 번의 한자어가 나옵니다.
- 한자 표기를 통한 학습을 통해서 43%가 학업 성적이 향상되었습니다.

쓰기 및 암기 위주의 한자 학습, 이제 바뀌어야 합니다.

한자는 만들어진 원리를 생각하며 학습하면 쉽게 익힐 수 있습니다.

예 休(**쉴** 휴) = 亻(**사람** 인) + 木(**나무** 목)
사람(亻)이 햇빛을 피해서 **나무**(木)에 기대어 **쉰다**는 뜻입니다.

"선생님! 해도 해도 안 돼요. 한자가 너무 어려워요."

이렇게 말하면서 울먹이던 어린 여학생의 안타까운 눈망울을 바라보며 '어떻게 하면 한자를 쉽게 익힐 수 있을까?' 오랜 시간 기도하며 연구하였습니다.

부디 《초등 학습 한자》가 한자와 친해지는 계기가 되고, 여러분의 한자 공부에 많은 도움이 되기를 진심으로 기도합니다.

오랫동안 한자를 가르쳐 주신 아버지 박영 훈장님과 주야로 기도해 주신 어머니 송숙희 권사님, 그리고 《초등 학습 한자》가 출간될 수 있도록 도움을 주신 모든 분들께 진심으로 사랑과 감사의 뜻을 전합니다.

박두수 올림

부수도 모르고 한자를 공부한다구요?

1. 처음 한글을 어떻게 배우는지 생각해 보세요.

한글은 먼저 자음과 모음을 배우고 자음과 모음을 결합해서 글자를 배웁니다. 한글은 자음과 모음이 기본입니다.

2. 또 영어는 처음에 무엇부터 배우는지 생각해 보세요.

영어는 먼저 알파벳을 배우고 알파벳을 결합해서 단어를 배웁니다. 영어는 알파벳이 기본입니다.

3. 그런데 한자는 부수도 모르고 배운다구요?

한자는 부수가 기본입니다. 한자는 부수를 결합하여 만든 글자입니다.

4. 다음의 한자를 익혀 보세요.

間(사이 간), 問(물을 문), 聞(들을 문), 閉(닫을 폐), 開(열 개), 閑(한가할 한), 閣(집 각), 關(빗장 관)

어때요? 잘 외워지지도 않고 또 외웠다 하더라도 모양이 비슷해서 많이 헷갈리지요? 그래서 한자는 무조건 외우는 것이 아닙니다.

5. 그럼 한자는 어떻게 공부해야 할까요?

한자는 무조건 쓰면서 외우는 것이 아닙니다. 한자는 만들어진 원리가 있습니다. 한자는 부수를 결합해서 만든 글자입니다. 그러니 한글의 자음과 모음처럼, 또 영어의 알파벳처럼 한자는 부수부터 공부해야 합니다.

6. 이제는 부수를 이용해서 이렇게 공부해 볼까요?

間(사이 간) = 門(문 문) + 日(해 일) — 문(門) **사이**로 햇빛(日)이 들어오니

問(물을 문) = 門(문 문) + 口(입 구) — 문(門)에 대고 입(口) 벌려 **물으니**

聞(들을 문) = 門(문 문) + 耳(귀 이) — 문(門)에 귀(耳)를 대고 **들으니**

閉(닫을 폐) = 門(문 문) + 才(재주 재) — 고장 난 문(門)을 재주껏(才) **닫으니**

왜 초등 학습 한자 부수일 수밖에 없는가?

1. 기존 214자의 부수를 160자로 새로 정리하였습니다.

모양이 비슷한 부수는 통합하고, 잘 쓰이지 않는 부수는 제외하였습니다.

2. 부수의 뜻과 음을 새로 정리하였습니다.

● 一은 그동안 **하나**라는 뜻으로만 알고 있었습니다. 그러나 이 책에서는 一(한 일, 하늘 일, 땅 일)이라는 뜻으로 새로 정리하였습니다.

● 二도 그동안 **둘**이라는 뜻으로만 알고 있었습니다. 그러나 이 책에서는 二(둘 이, 하늘땅 이)라는 뜻으로 새로 정리하였습니다.

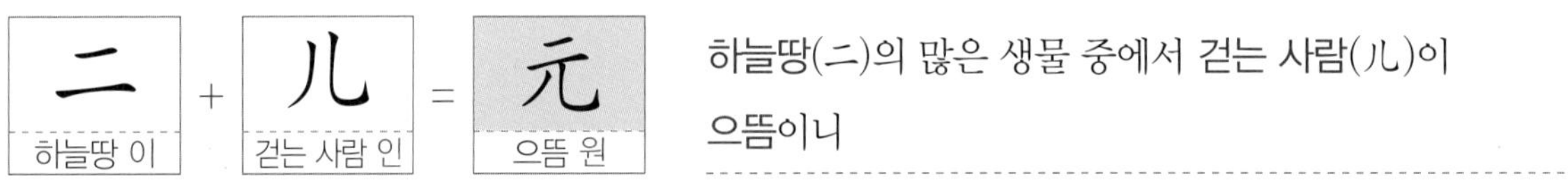

3. 새로운 모양의 부수를 발견하여 정리하였습니다.

이 책에서는 그동안 우리가 몰랐던 부수를 새로 발견하여 정리하였습니다.

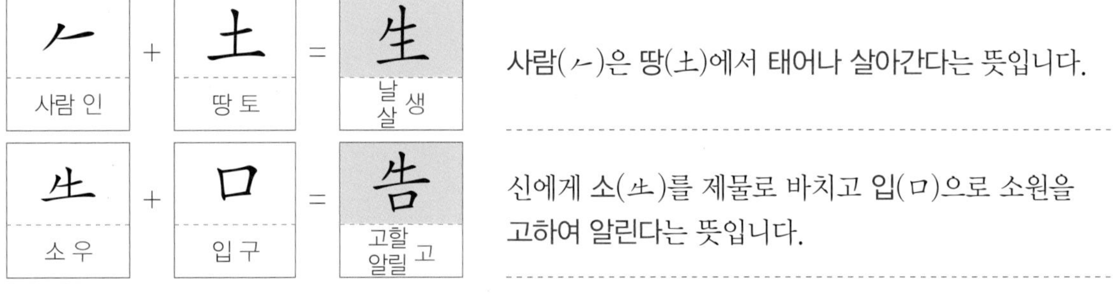

초등 학습 한자를 왜 출간하게 되었는가?

1. 우리나라 초등학생들의 국어 어휘실력이 부족하여 원활한 의사소통은 물론 교과서에 나오는 단어의 뜻조차도 잘 모른다고 합니다. 우리말의 70% 이상이 한자어이며, 중학교 1학년 교과서에 약 14만 번의 한자어가 나오고, 한자 표기를 통한 학습을 통해서 43%가 학업 성적이 향상된 결과로 보아 한자는 꼭 배워야 합니다.

2. 한자는 무려 10만자가 넘는다고 합니다. 이 중에서 초등학생이 몇 글자를 배우고 또 어떤 글자를 배워야 하는지 기준이 없습니다. 그리고 2019년부터 초등학교 5, 6학년 교과서에 한자 병기를 합니다.

3. 현재 초등학생이 꼭 알아야 할 한자와 또 초등학생의 눈높이에 알맞은 한자교재가 없습니다.

4. 그래서 한자를 담당하는 선생님은 성인용 한자 교재를 선정하거나 여러 교재를 조합하여 한자를 가르치고 있는 것이 현실입니다.

초등 학습 한자의 특징

❶ 초등학교 전 학년의 모든 교과서를 분석하고, 또 일상생활에서 자주 사용하는 한자어를 선별하여 초등학생이 꼭 알아야 할 한자를 선정하였습니다.

❷ 한자를 쉽고 재미있게 익히기 위하여 새로운 뜻과 새로운 모양의 부수 160자를 정리하였습니다.

❸ 한자를 외우지 않고 이해할 수 있도록 부수를 이용해서 이야기 식으로 풀어서 설명하였습니다.

❹ 기존의 복잡하고 어려운 한자를 쓰는 순서와 날리 이해하기 쉽고, 쓰기 편하게 필순을 바꿨습니다.

❺ 초등학생의 눈높이에 맞추어서 한자를 쉽게 풀이했습니다.

❻ 중학생이 되기 전 또는 중학생이라면 기본적으로 꼭 알아야 할 한자어를 포함하고 있습니다.

부수 1

읽기? 뜻, 음을 가리고 읽어본 후 틀린 글자는 V표 하세요.
한자를 가리고 써본 후 틀린 글자는 V표 하세요. **쓰기?**

읽기		한자	뜻	음	쓰기	
1	2				1	2
		一	한 하늘 땅	일		
		丨	송곳 뚫을	곤		
		丶	점 불꽃	주		
		丿	끈 삐침	별		
		乙(乚)(乛)	새 구부릴	을		
		亅	갈고리	궐		
		二	둘 하늘땅	이		
		亠	머리	두		
		人(亻)(𠆢)	사람	인		
		儿	걷는 사람	인		

읽기		한자	뜻	음	쓰기	
1	2				1	2
		入	들	입		
		八(丷)	수염 여덟 나눌	팔		
		冂	성	경		
		冖	덮을	멱		
		冫	얼음	빙		
		几	책상	궤		
		凵	그릇 입 벌릴	감		
		刀(刂)	칼	도		
		力	힘	력		
		勹(𠂊)	쌀	포		

부수 2

읽기? 뜻, 음을 가리고 읽어본 후 틀린 글자는 V표 하세요.
한자를 가리고 써본 후 틀린 글자는 V표 하세요. **쓰기?**

읽기 1	읽기 2	한자	뜻	음	쓰기 1	쓰기 2
		匕	구부릴 비수	비		
		匚(乚)	상자 감출 숨을	방 혜		
		十	열 많을	십		
		卜	점칠	복		
		卩(㔾)	무릎 꿇을	절		
		厂	바위	엄		
		厶	나 사사로울	사		
		彐(ナ)(又)	손 또	우		
		口	입 사람 문	구		
		囗	울타리	위		

읽기 1	읽기 2	한자	뜻	음	쓰기 1	쓰기 2
		土	땅 흙	토		
		士	선비	사		
		夕	저녁	석		
		夊	천천히 걸을 뒤져 올	쇠 치		
		女	여자	녀		
		子	아들	자		
		宀	집	면		
		寸	마디 규칙 촌수	촌		
		小	작을	소		
		尸	지붕	시		

부수 3

읽기? 뜻, 음을 가리고 읽어본 후 틀린 글자는 V표 하세요.
한자를 가리고 써본 후 틀린 글자는 V표 하세요. 쓰기?

읽기 1	읽기 2	한자	뜻	음	쓰기 1	쓰기 2
		屮	싹 날	철		
		山	산	산		
		川(巛)	내	천		
		工	만들 장인	공		
		己	몸	기		
		巾	헝겊 수건	건		
		干	방패	간		
		幺	작을 어릴	요		
		广	큰 집	엄		
		廴	끌	인		

읽기 1	읽기 2	한자	뜻	음	쓰기 1	쓰기 2
		廾	스물 두 손 잡을	입 공		
		弋	주살	익		
		弓	활	궁		
		彐(彑)	돼지	계		
		彡	터럭	삼		
		彳	걸을	척		
		心(忄)(㣺)	심장 마음	심		
		戈	창	과		
		户(戶)	문 집	호		
		手(扌)	손	수		

부수 4

읽기? 뜻, 음을 가리고 읽어본 후 틀린 글자는 V표 하세요.
한자를 가리고 써본 후 틀린 글자는 V표 하세요. 쓰기?

읽기 1	읽기 2	한자	뜻	음	쓰기 1	쓰기 2
		支	가를	지		
		攴(攵)	칠	복		
		斗	말	두		
		斤	도끼	근		
		方	모 사방	방		
		日	해 날	일		
		曰	말할	왈		
		月	달	월		
		木	나무	목		
		欠	하품 입 벌릴	흠		

읽기 1	읽기 2	한자	뜻	음	쓰기 1	쓰기 2
		止(⺊)	발 그칠	지		
		歹	죽을 사	변		
		殳	창 몽둥이 칠	수		
		毋	말	무		
		比	나란할 견줄	비		
		氏(⺊)(⺊)	뿌리 성	씨		
		气	기운	기		
		水(氺)(氵)	물	수		
		火(灬)	불	화		
		爪(爫)	손톱	조		

1

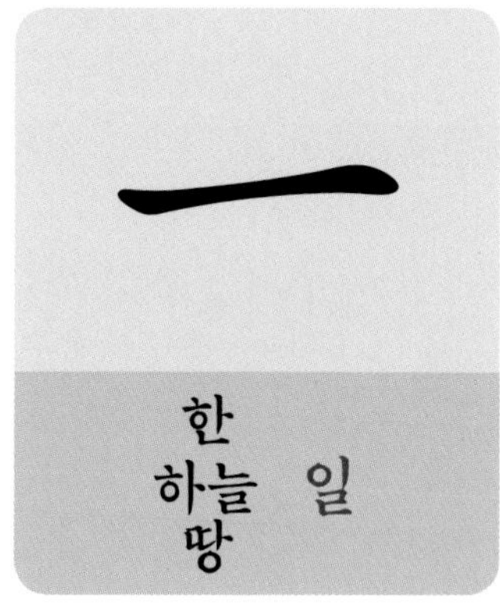

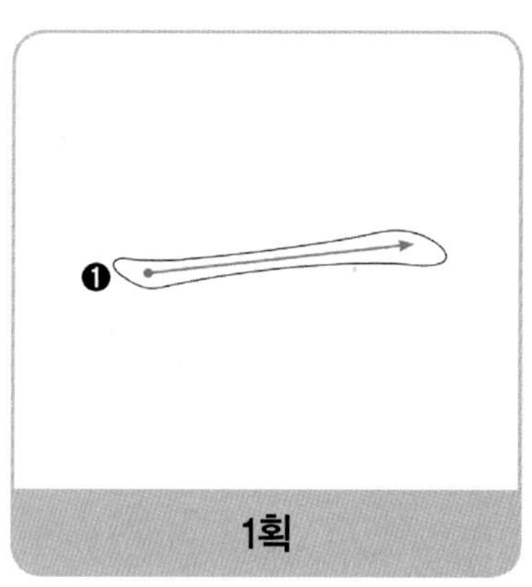

*막대기 **하나**를 옆으로 놓은 모양

*하늘과 땅이 맞닿은 선을 지평선이라고 합니다. 지평선의 모양을 본떠서 만든 글자로 **하늘**과 **땅**의 뜻을 나타냅니다.

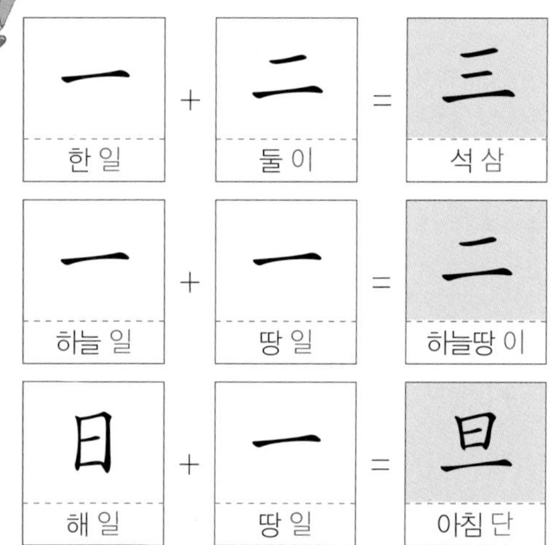

하나(一) 더하기 둘(二)은? 셋

하늘(一) 더하기 땅(一)은? 하늘땅

해(日)가 땅(一) 위로 떠오를 때는 아침이니

2

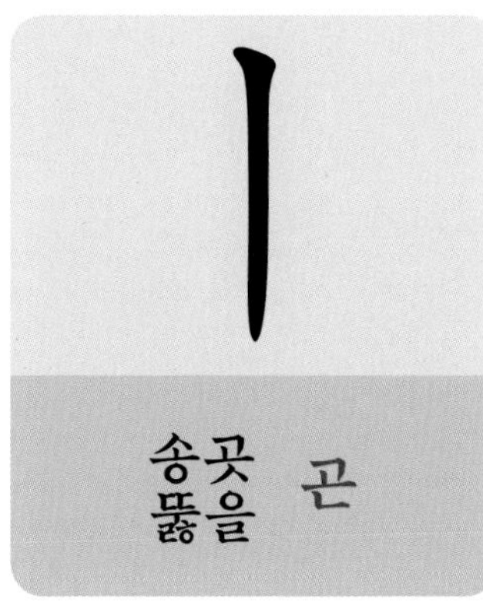

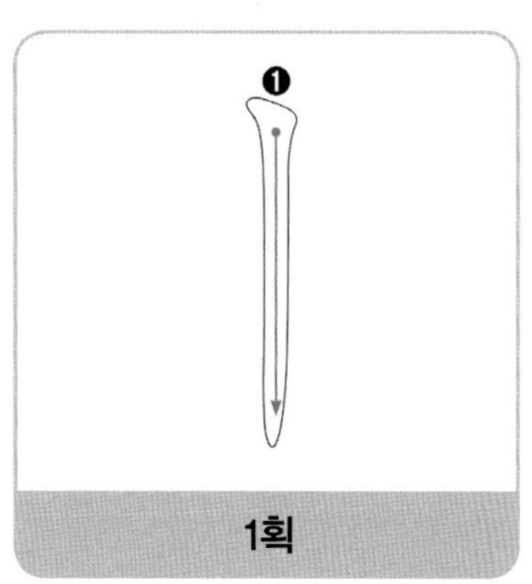

*끝이 뾰족한 **송곳**의 모양
*송곳은 뚫을 때 사용하니 **뚫는다**는 뜻을 나타냅니다.

부수 결합하여 한자 만들기

+
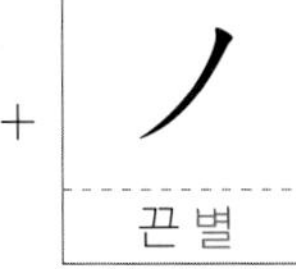

+

=

사람(人)이 끈(ノ)을 송곳(丨)에 끼우니(바늘에 실을 꿰듯 송곳 구멍에 끈을 끼운다는 뜻입니다.)

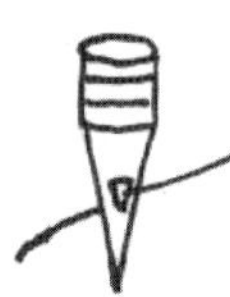

+
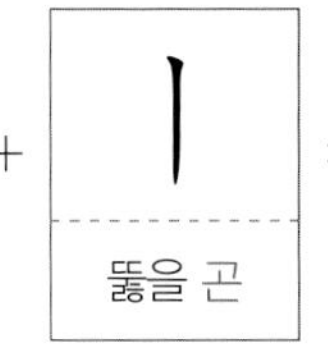

=

울타리(口) 가운데를 뚫고(丨) 적중하니

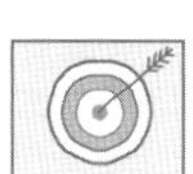

3

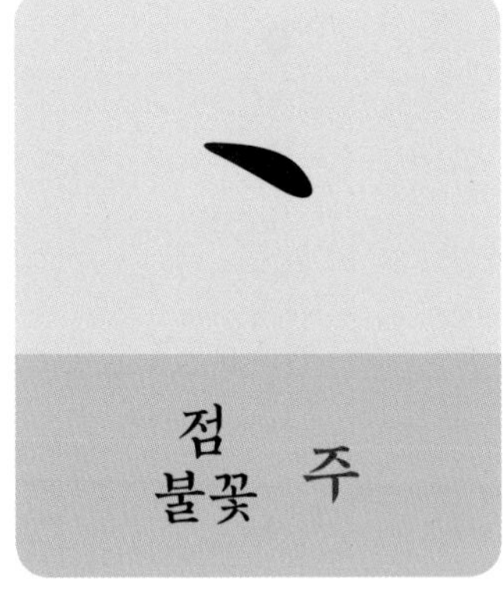

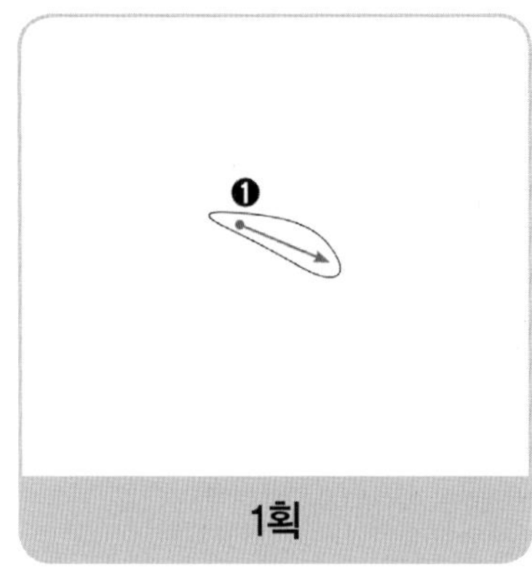

＊**점** 같은 **불꽃**의 모양

부수 결합하여 한자 만들기

 + 

丶 (점 주) + 水 (물 수) = 永 (길 영)

점(丶) 같은 물(水)방울이 모여서 길게 흐르니(한 점 한 점 점처럼 생긴 물방울이 모여서 강을 이루어 길게 흐른다는 뜻입니다.)

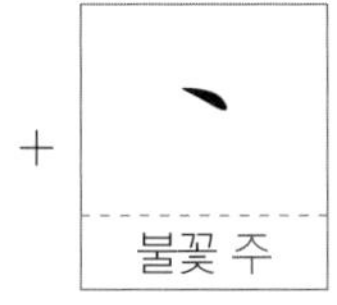 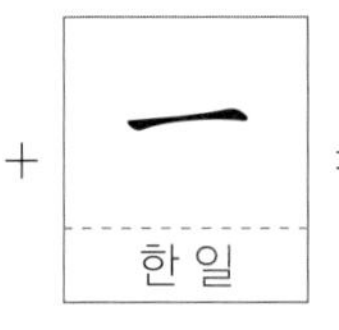 

冂 (성 경) + 丶 (불꽃 주) + 一 (한 일) = 丹 (붉은 단)

성(冂) 안을 밝히는 불꽃(丶)이 하나(一)같이 붉으니

4

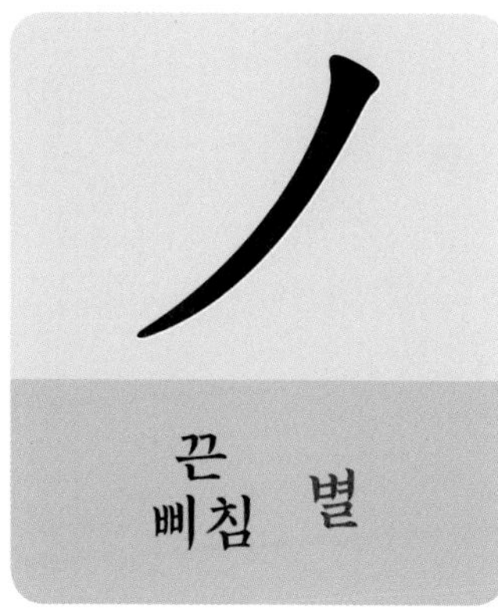

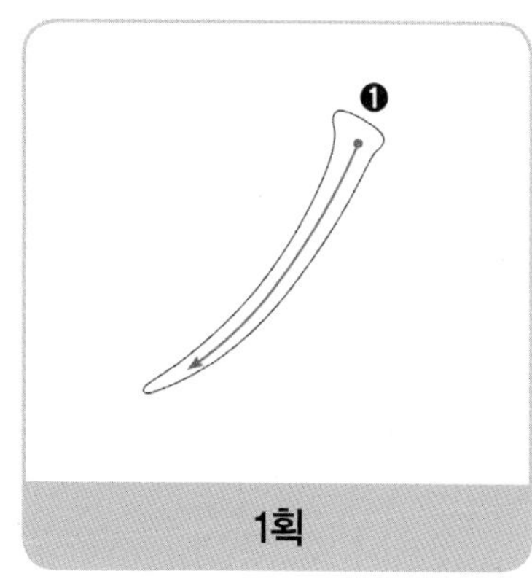

***끈**이 오른쪽 위에서 왼쪽 아래로 **삐친**(기울어진) 모양

- 삐치다 : ① 비스듬히 한쪽으로 기울어진 모양(비스듬할 별)
  ② 성이 나서 마음이 토라지거나 잘못되다(잘못될 별)
- 반대로 왼쪽 위에서 오른쪽 아래로 기울어진 것은 **파임 불**(㇏)이라고 합니다.

부수 결합하여 한자 만들기

人 (사람 인) + 丿 (끈 별) + 丨 (송곳 곤) =  介 (끼울 개)

사람(人)이 끈(丿)을 송곳(丨)에 끼우니(바늘에 실을 꿰듯 송곳 구멍에 끈을 끼운다는 뜻입니다.)

丿 (비스듬할 별) + 一 (한 일) + 乚 (구부릴 을) = 乇 (부탁할 탁)

몸을 비스듬히(丿) 하나(一)같이 구부리고(乚) 부탁한다는 뜻입니다.

丿 (잘못될 별) + 士 (선비 사) = 壬 (간사할 임)

마음이 잘못된(丿) 선비(士)는 간사하니

5

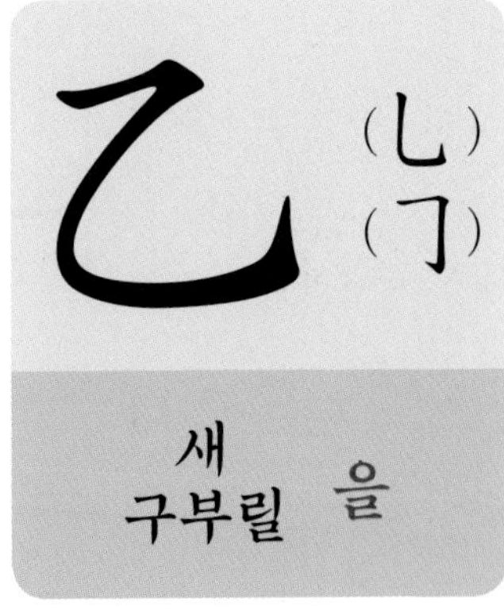

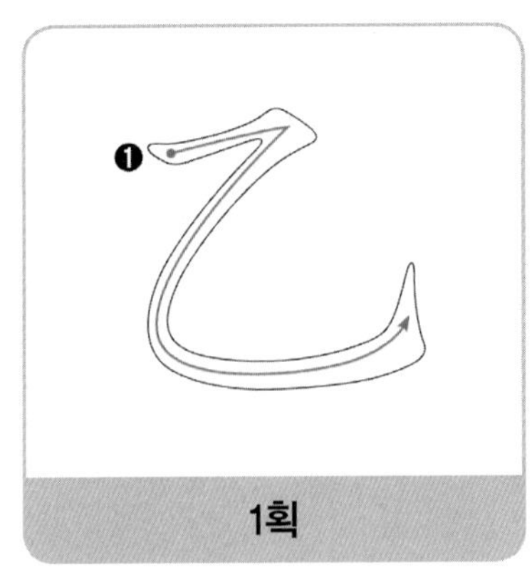

*새가 목을 **구부리고** 있는 모양

• 영어 알파벳 'Z', 'L' 로 기억하세요.

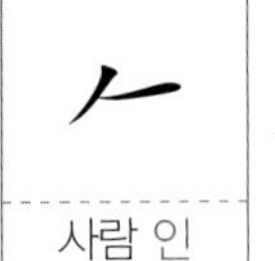

부수 결합하여 한자 만들기

𠂉 사람 인	+	乙 구부릴 을	=	乞 빌 걸			사람(𠂉)이 몸을 구부리고(乙) 비니
丿 비스듬할 별	+	一 한 일	+	乚 구부릴 을	=	乇 부탁할 탁	몸을 비스듬히(丿) 하나(一)같이 구부리고(乚) 부탁한다는 뜻입니다.
𠃌 구부릴 을	+	一 한 일	+	口 입 구	=	司 맡을 사	몸을 구부려(𠃌) 하나(一)같이 입(口)에서 나온 명령을 맡으니(신하들이 허리를 구부리고 임금의 입에서 나온 명령을 각각 맡는다는 뜻입니다.)

6

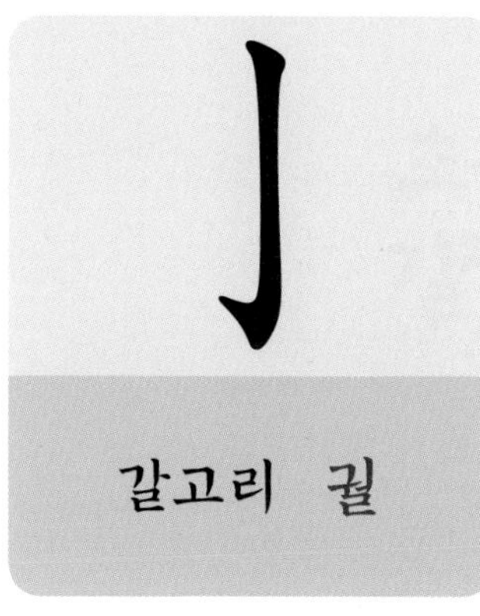

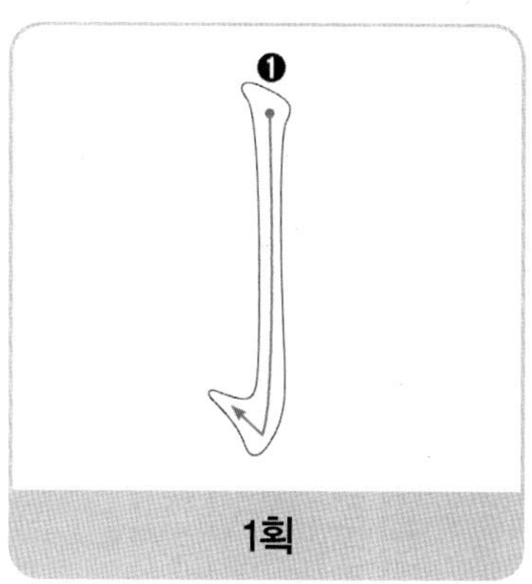

*끝이 꼬부라진 **갈고리** 모양

• 丨(**송곳 곤**)은 끝이 뾰족하고, 亅(**갈고리 궐**)은 끝이 꼬부라져 있어요.

부수 결합하여 한자 만들기

+
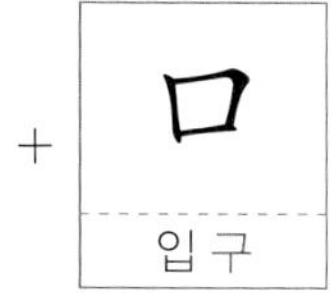

+

+
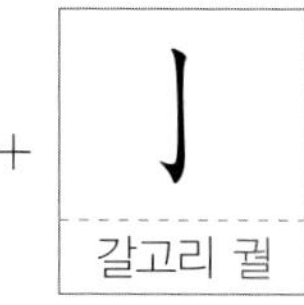

=

하나(一)같이 입(口)에 먹고살기 위해서 손(彐)에 갈고리(亅)를 들고 일하니

7

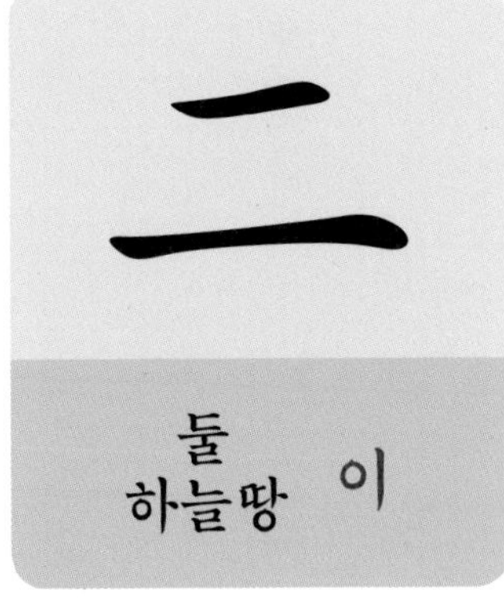

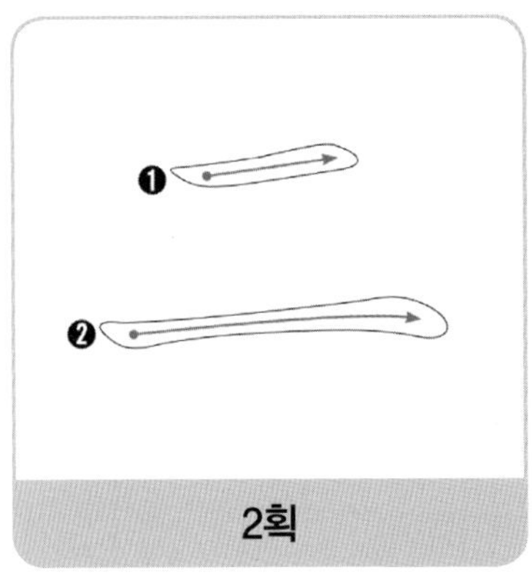

＊막대기 **둘**을 나란히 옆으로 놓은 모양
＊위의 '一'은 **하늘**, 아래의 '一'은 **땅**으로 **하늘땅**의 뜻을 나타냅니다.

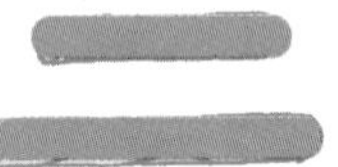

부수 결합하여 한자 만들기

一 (한 일) + 二 (둘 이) = 三 (석 삼)

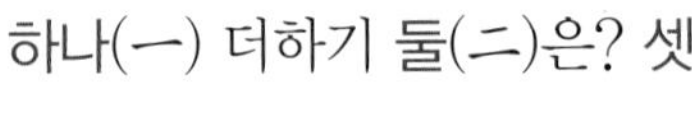

二 (하늘땅 이) + 日 (해 일) = 亘 (뻗칠 긍)

하늘땅(二)의 사이에 햇빛(日)이 뻗치니

二 (하늘땅 이) + 儿 (걷는 사람 인) = 元 (으뜸 원)

하늘땅(二)에서 걷는 사람(儿)이 으뜸이니
(하늘과 땅에서 사람이 가장 뛰어나다는 뜻입니다.)

8

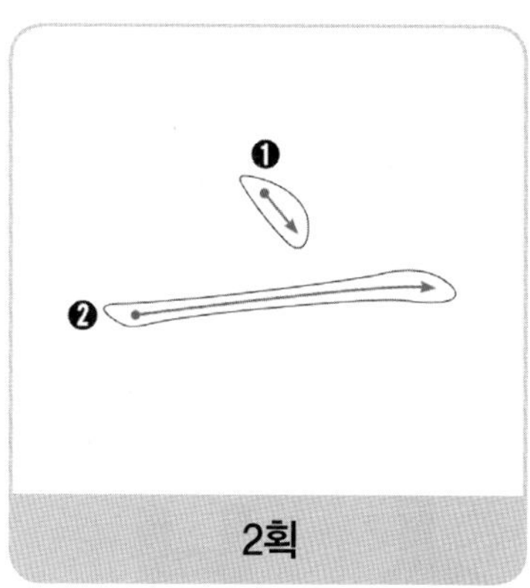

*상투를 튼 **머리** 모양

부수 결합하여 한자 만들기

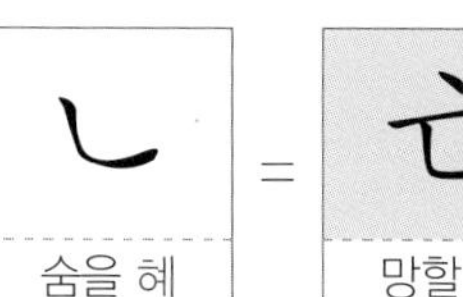

머리(亠)를 숙이고 숨을(乚) 정도로 망하니

9

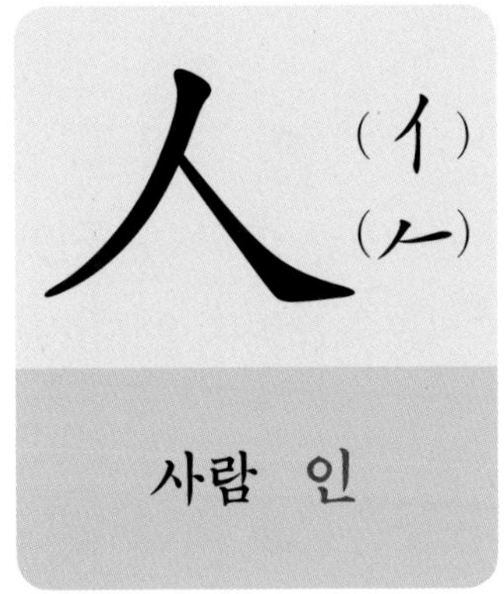

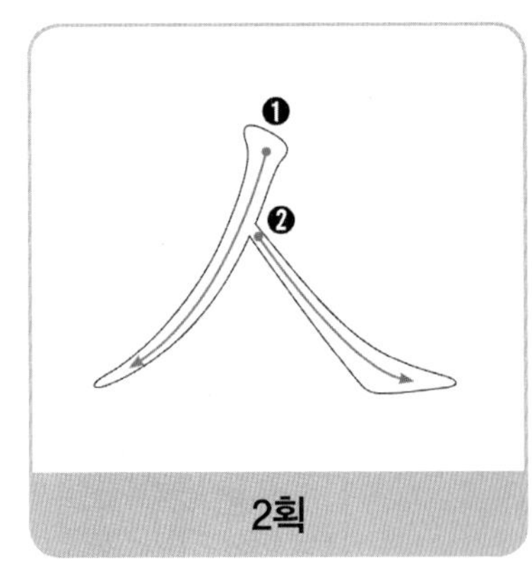

* 서 있는 **사람**의 모양

- 亻: 왼쪽에 쓰일 때의 모양으로 '인 변'이라고 합니다.
- 𠆢: 위에 쓰일 때의 모양

부수 결합하여 한자 만들기

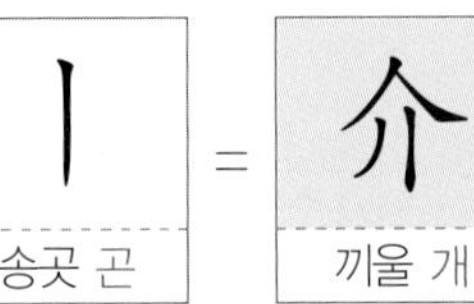

人 사람 인	+	ノ 끈 별	+	丨 송곳 곤	=	介 끼울 개		사람(人)이 끈(ノ)을 송곳(丨)에 끼우니(바늘에 실을 꿰듯 송곳 구멍에 끈을 끼운다는 뜻입니다.)
亻 사람 인	+	木 나무 목	=	休 쉴 휴				사람(亻)이 나무(木)에 기대어 쉬니
𠆢 사람 인	+	乙 구부릴 을	=	乞 빌 걸				사람(𠆢)이 몸을 구부리고(乙) 비니

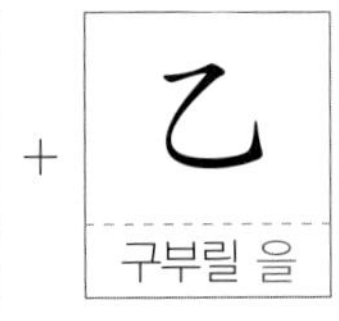

10

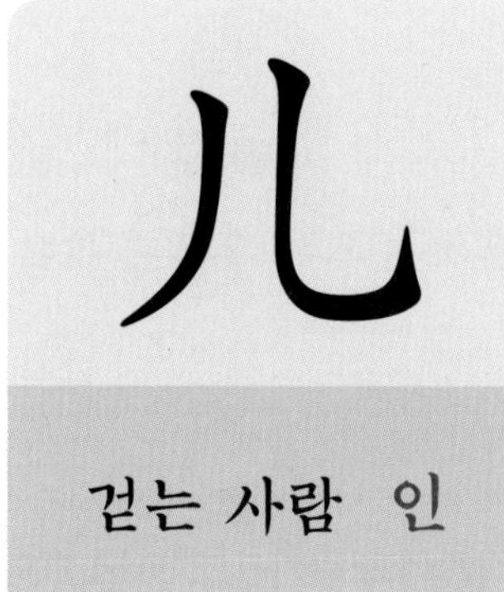

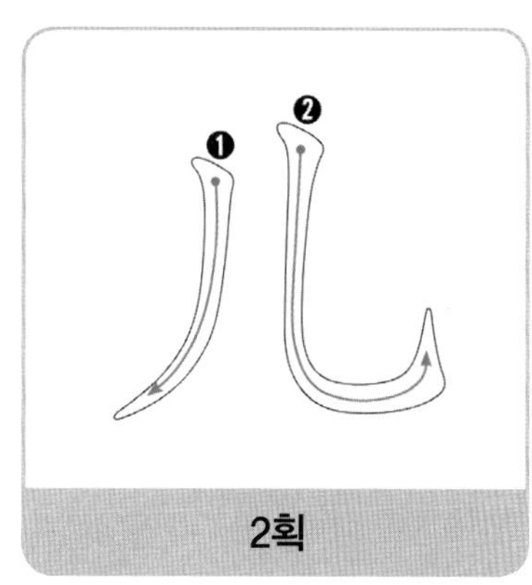

*한쪽 다리는 **비스듬히**(ノ) 내딛고, 다른 한쪽은 **구부리고**(乚) **걷는 사람**의 모양

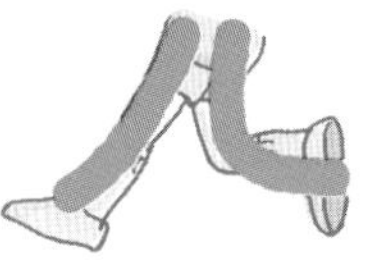

부수 결합하여 한자 만들기

 +  = 元

二	+	儿	=	元
하늘땅 이		걷는 사람 인		으뜸 원

하늘땅(二)에서 걷는 사람(儿)이 으뜸이니
(하늘과 땅에서 사람이 가장 뛰어나다는 뜻입니다.)

 +  = 見

目	+	儿	=	見
눈 목		걷는 사람 인		볼 견

눈(目)으로 걸어(儿) 다니며 본다는 뜻입니다.

주머니에서 정답을 찾아 쓰세요.

*막대기 ( )를 옆으로 놓은 모양

*하늘과 땅이 맞닿은 선을 지평선이라고 합니다. 지평선의 모양을 본떠서 만든 글자로 ( )과 ( )의 뜻을 나타냅니다.

丨

*끝이 뾰족한 ( )의 모양

*송곳은 뚫을 때 사용하니 ( )는 뜻을 나타냅니다.

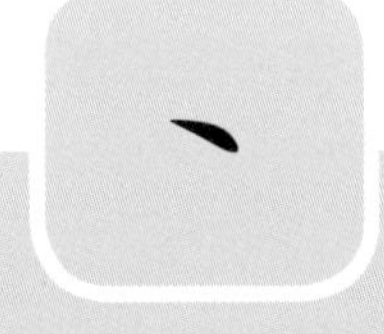

*( ) 같은 ( )의 모양

*( )이 오른쪽 위에서 왼쪽 아래로 ( ) 모양

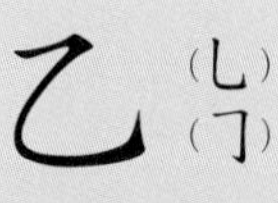

*( )가 목을 ( ) 있는 모양

*끝이 꼬부라진 (   ) 모양

二

*막대기 (   )을 나란히 옆으로 놓은 모양

*위의 '一'은 **하늘**, 아래의 '一'은 **땅**으로 (   )의 뜻을 나타냅니다.

*상투를 튼 (   ) 모양

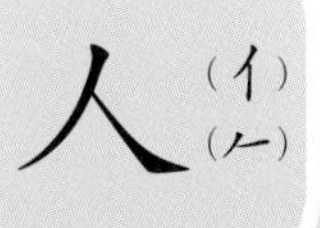

*서 있는 (   )의 모양

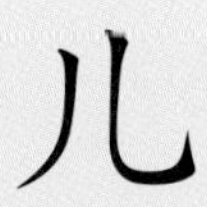

*한쪽 다리는 **비스듬히**(ノ) 내딛고, 다른 한쪽은 **구부리고**(乚) (   )의 모양

아래의 빈칸에 알맞은 부수를 넣어 한자를 만들어 볼까요?

한 일	+	二 둘 이	=	三 석 삼				하나(一) 더하기 둘(二)은? 셋
口 울타리 위	+	뚫을 곤	=	中 가운데 적중할 중				울타리(口) 가운데를 뚫고(丨) 적중하니
점 주	+	水 물 수	=	永 길 영				점(丶) 같은 물(水)방울이 모여서 길게 흐르니(한 점 한 점 점처럼 생긴 물방울이 모여서 강을 이루어 길게 흐른다는 뜻입니다.)
人 사람 인	+	끈 별	+	丨 송곳 곤	=	介 끼울 개		사람(人)이 끈(丿)을 송곳(丨)에 끼우니(바늘에 실을 꿰듯 송곳 구멍에 끈을 끼운다는 뜻입니다.)
𠂉 사람 인	+	구부릴 을	=	乞 빌 걸				사람(𠂉)이 몸을 구부리고(乙) 비니
머리 두	+	乚 숨을 혜	=	亡 망할 망				머리(亠)를 숙이고 숨을(乚) 정도로 망하니
사람 인	+	木 나무 목	=	休 쉴 휴				사람(亻)이 나무(木)에 기대어 쉬니
二 하늘땅 이	+	걷는 사람 인	=	元 으뜸 원				하늘땅(二)에서 걷는 사람(儿)이 으뜸이니 (하늘과 땅에서 사람이 가장 뛰어나다는 뜻입니다.)

畫(그림 화) 龍(용 룡) 點(점 점) 睛(눈동자 정)

용을 그리고 마지막으로 용의 눈동자를 그린다는 뜻으로, 끝손질로 사물의 가장 중요한 핵심을 완성했을 때 쓰는 말이다.

중국 남북조시대 양나라에 장승요라는 사람이 있었다. 그는 붓 하나로 모든 사물을 실물과 똑같이 그리는 화가로 유명했다.

어느 날 장승요는 금릉에 있는 안락사의 주지로부터 용을 그려 달라는 부탁을 받았다. 그는 절의 벽에다 검은 구름을 헤치고 이제라도 곧 하늘로 날아오를 듯한 두 마리의 용을 그렸다. 물결처럼 꿈틀대는 몸통, 갑옷처럼 단단해 보이는 비늘, 날카롭게 뻗은 발톱에도 생동감이 넘치는 용을 보고 감탄하지 않는 사람이 없었다. 그런데 한 가지 이상한 것은 용의 눈에 눈동자가 그려져 있지 않은 것이었다. 사람들이 그 이유를 묻자 장승요는 이렇게 대답했다.

"눈동자를 그려 넣으면 용은 당장 벽을 박차고 하늘로 날아가 버릴 것이오."

그러나 사람들은 그의 말을 믿으려 하지 않았다. 아무리 잘 그렸다 하더라도 그것은 지나치게 오만한 자기 자랑이라고 여겼기 때문이었다. 그 점은 주지승도 마찬가지여서 용의 눈을 그려 넣어 그림을 완성해 달라고 요구했다.

당장 눈동자를 그려 넣으라는 성화에 견디다 못한 장승요는 한 마리의 용에 눈동자를 그려 넣기로 했다. 그는 붓을 들어 용의 눈에 점을 찍었다. 그러자 돌연 벽 속에서 번개가 번쩍이고 천둥소리가 요란하게 울려 퍼지더니 한 마리의 용이 튀어나와 비늘을 번뜩이며 하늘로 날아가 버렸다. 그러나 눈동자를 그려 넣지 않은 용은 벽에 그대로 남아 있었다고 한다.

이때부터 중요한 일의 마지막 마무리를 해 넣는 것을 화룡점정이라고 부르게 되었다.

11

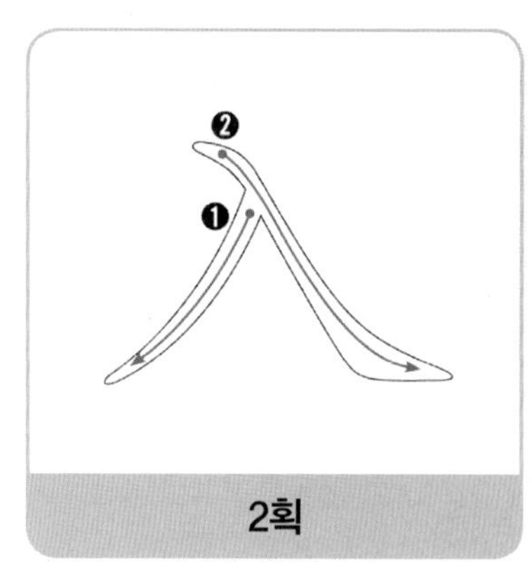

*몸을 숙이고 **들어가는** 모양

• 人(**사람 인**)은 삐침(ノ)이 위에, 入(**들 입**)은 삐침(ノ)이 아래에 있어요.

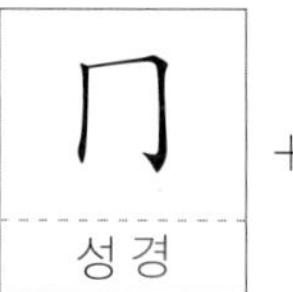

부수 결합하여 한자 만들기

冂	+	入	=	内
성 경		들 입		안 내

성(冂)으로 들어가니(入) 안이라는 뜻입니다.

12

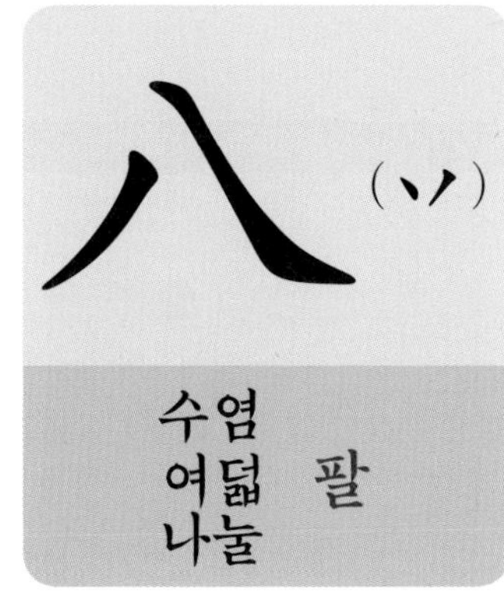

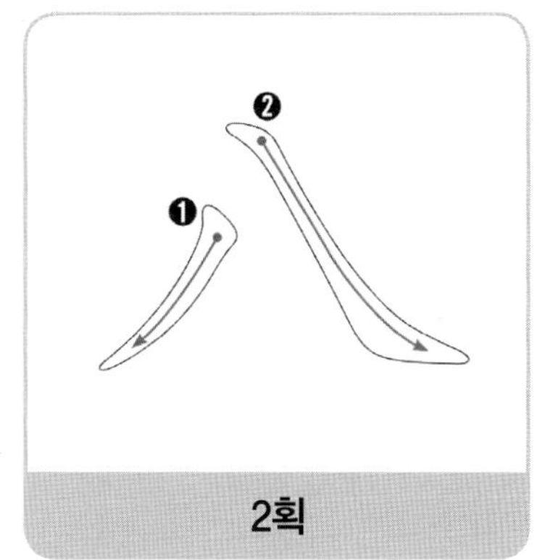

*수염이 팔방으로 나누어진 모양

• 人(사람 인), 入(들 입), 八(여덟 팔) 잘 구별하세요.

부수 결합하여 한자 만들기

수염 팔
+

삐침 별
+

파임 불
=

아비 부

수염(八)이 이리저리 삐치고(丿) 파여(乀) 난 아버지

나눌 팔
+ 刀
칼 도
= 分
나눌 분

나누려고(八) 칼(刀)로 잘라 나눈다는 뜻입니다.

13

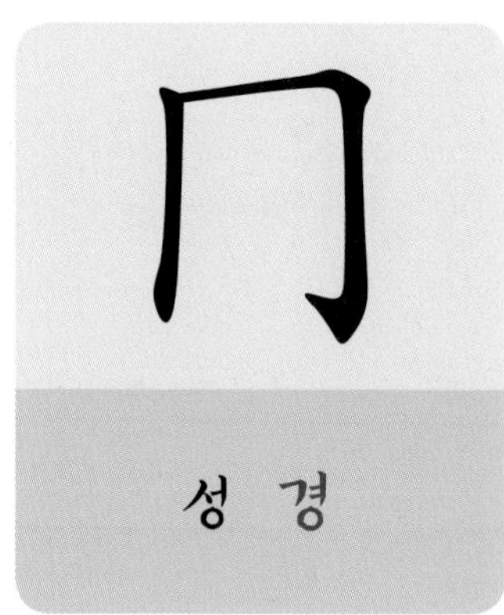

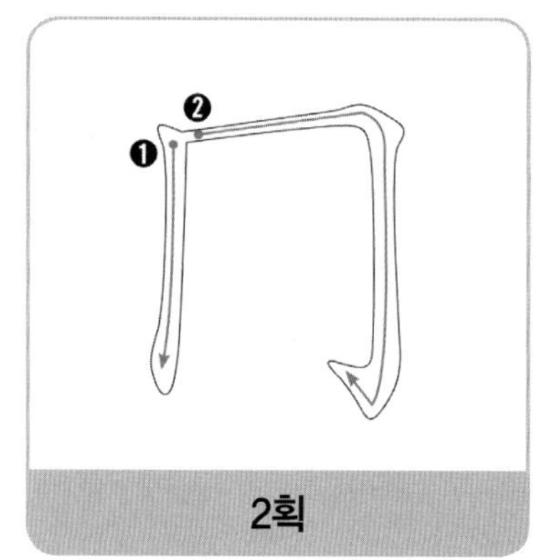

*성의 모양

부수 결합하여 한자 만들기

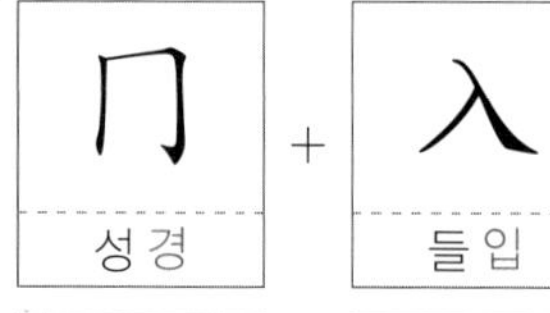

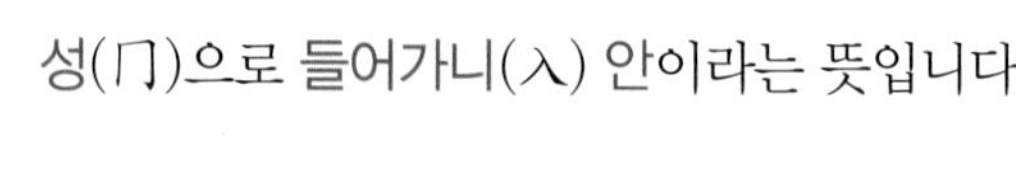

冂(성 경) + 入(들 입) = 內(안 내)

성(冂)으로 들어가니(入) 안이라는 뜻입니다.

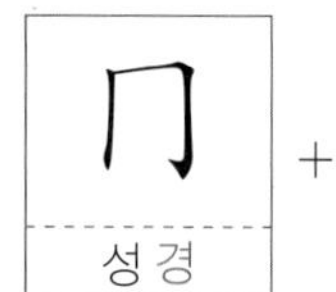

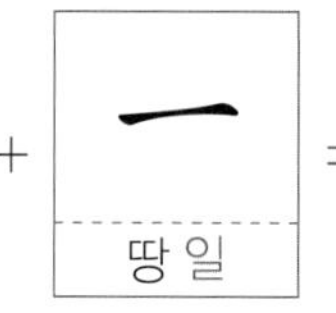

冂(성 경) + 二(둘 이) + 一(땅 일) = 且(또 차)

성(冂) 두(二) 개를 땅(一) 위에 또 쌓으니

14

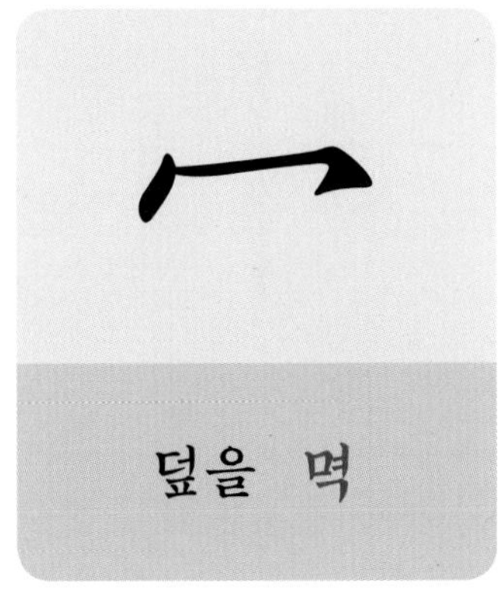

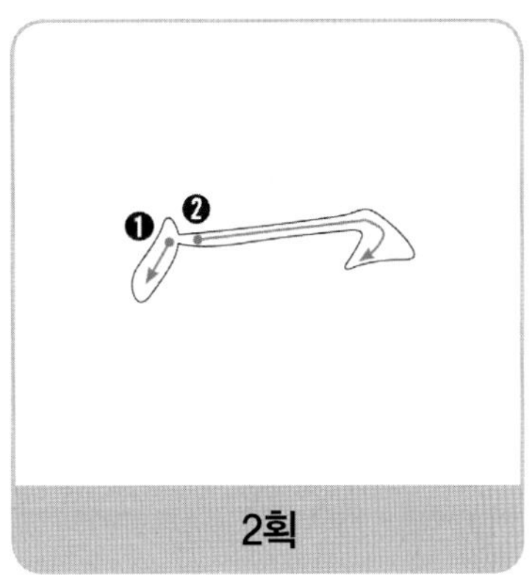

＊덮어 가린 모양

부수 결합하여 한자 만들기

＋ 車 (수레 거) ＝
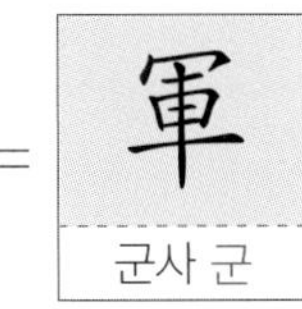

적에게 빼앗기지 않으려고 덮어서(冖) 수레(車)를 지키는 군사
(전쟁에 필요한 식량, 무기 등이 실려 있는 수레를 군사들이 덮어서 지킨다는 뜻입니다.)

15

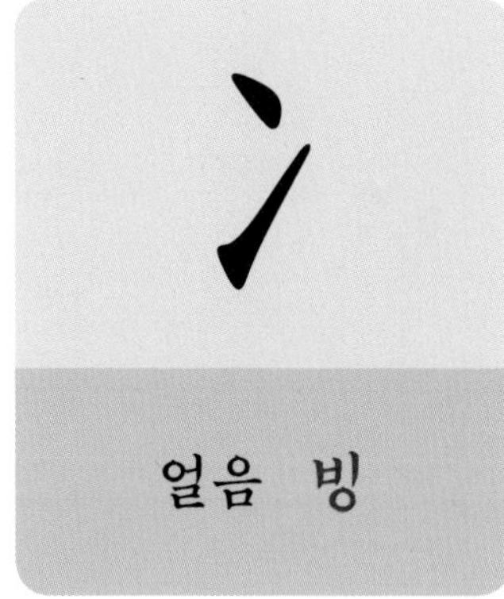

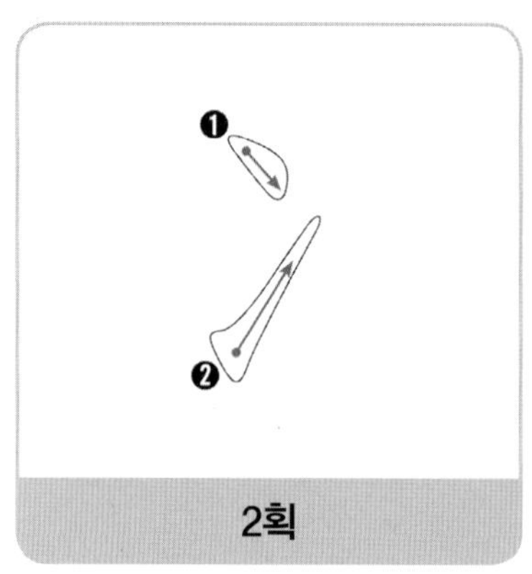

＊위와 아래에 얼어 있는 **얼음** 모양

부수 결합하여 한자 만들기

夂	+	冫	=	冬
뒤져 올 치		얼음 빙		겨울 동

봄, 여름, 가을, 겨울 중에서 뒤져 오면서(夂) 얼음(冫)까지 어는 계절은? 겨울입니다.

16

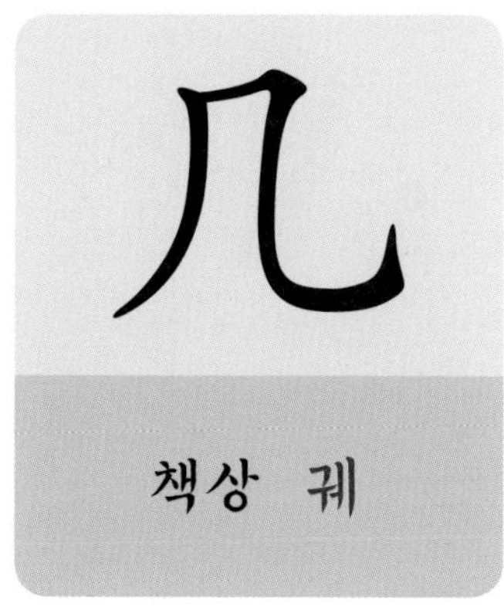

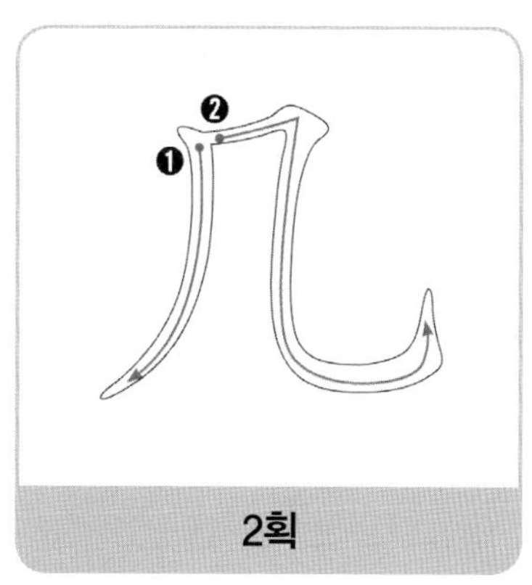

* 위는 평평하고 발이 붙어 있는 **책상**의 모양

- 冂(**성 경**)과 구별하려고 모양을 약간 변형했습니다.
- 冂(**성 경**), 几(**책상 궤**) 잘 구별하세요.

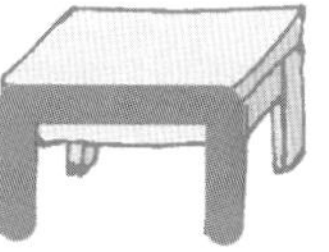

부수 결합하여 한자 만들기

亠	+	几	=	亢
머리 두		책상 궤		높을 항

머리(亠)에 닿을 정도로 책상(几)이 높으니
(책상의 높이가 머리까지 닿을 정도로 높다는 뜻입니다.)

17

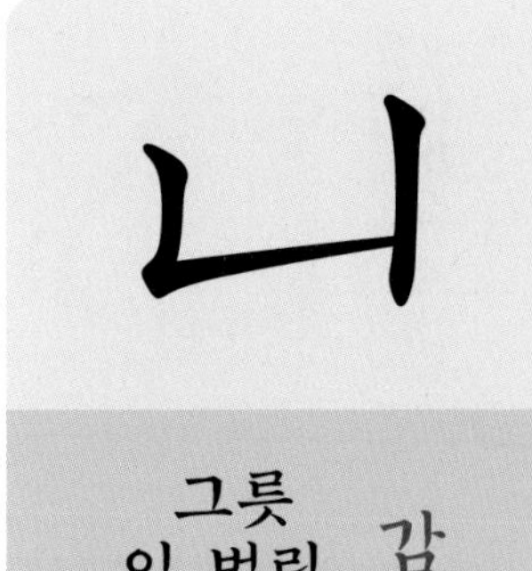

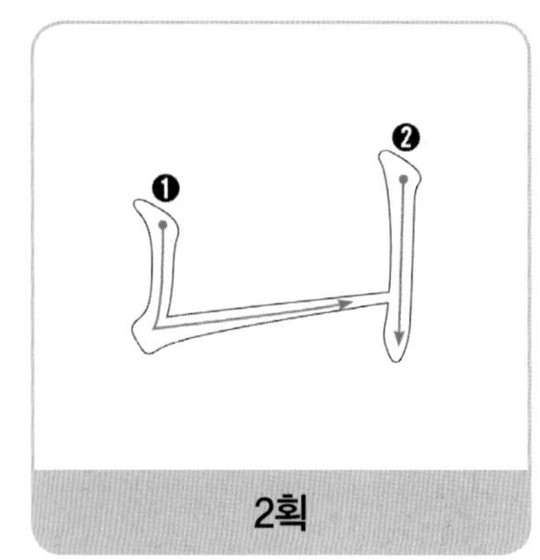

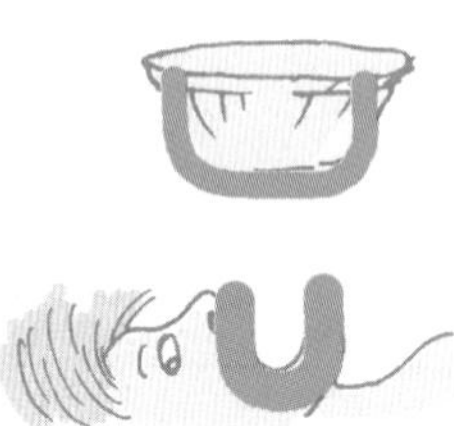

*그릇 또는 누워서 입 벌린 모양

부수 결합하여 한자 만들기

𠂉	+	十	+	凵	=	缶
사람 인		많을 십		그릇 감		장군 부

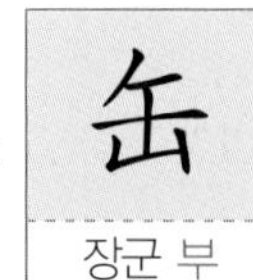

사람(𠂉)이 많이(十) 마실 수 있는 큰 그릇(凵)인 장군

屮	+	凵	=	出
싹 날 철		입 벌릴 감		날 출

싹(屮)이 입 벌리고(凵) 나오니

18

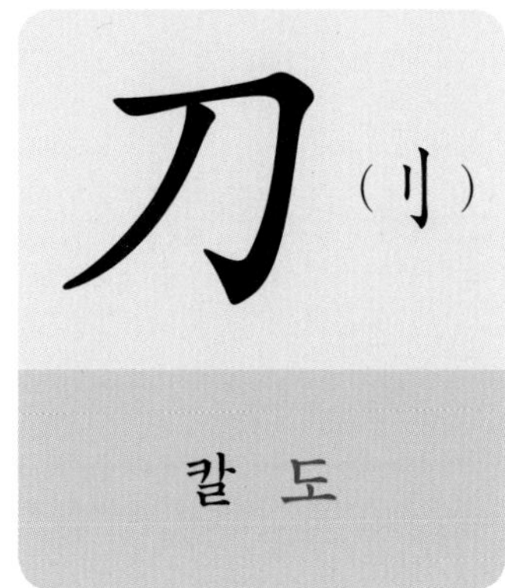

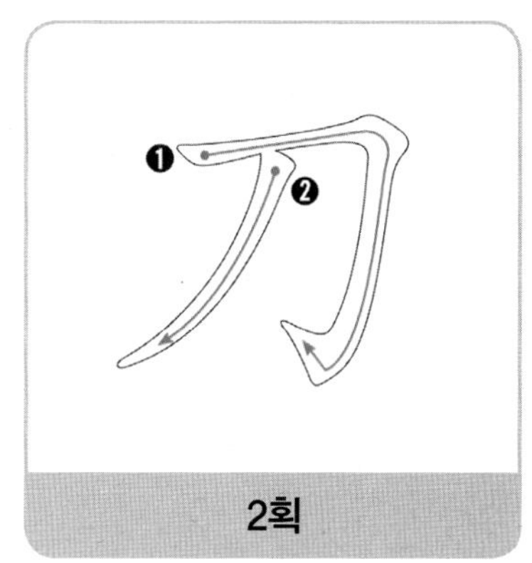

*날이 굽은 칼의 모양

• 刂 : 오른쪽에 쓰일 때의 모양으로 '칼 도 방'이라고 합니다.

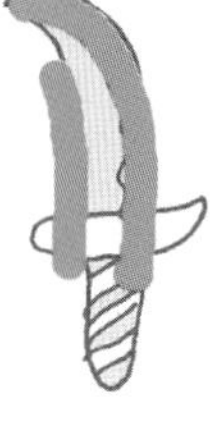

부수 결합하여 한자 만들기

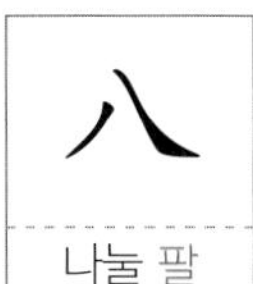

+

=

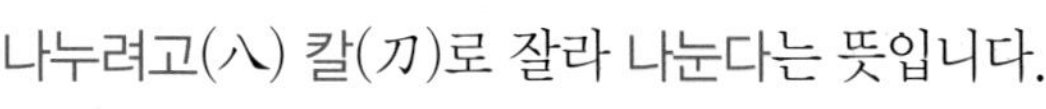

禾 (벼 화) +
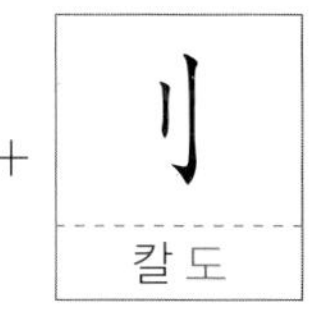

=

벼(禾)를 벨 수 있을 정도로 칼(刂)이 날카로우니

19

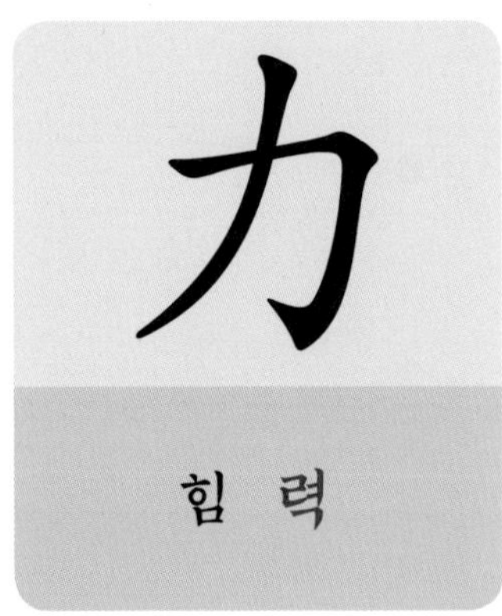

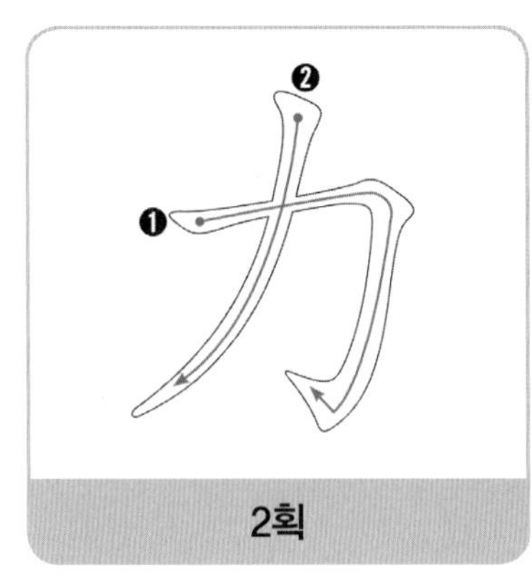

＊**칼**(刀)을 들고 **힘**쓸 때 근육이 불거진 모양

• 刀(**칼 도**), 力(**힘 력**) 잘 구별하세요.

부수 결합하여 한자 만들기

力 힘 력	+	口 입 구	=	加 더할 가	힘(力)내라고 입(口)으로 소리쳐 사기를 더하니
且 또 차	+	力 힘 력	=	助 도울 조	또(且) 힘(力)써 도와준다는 뜻입니다.

20

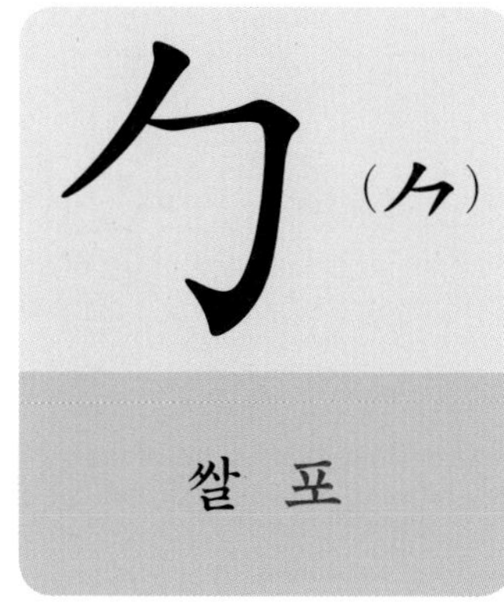

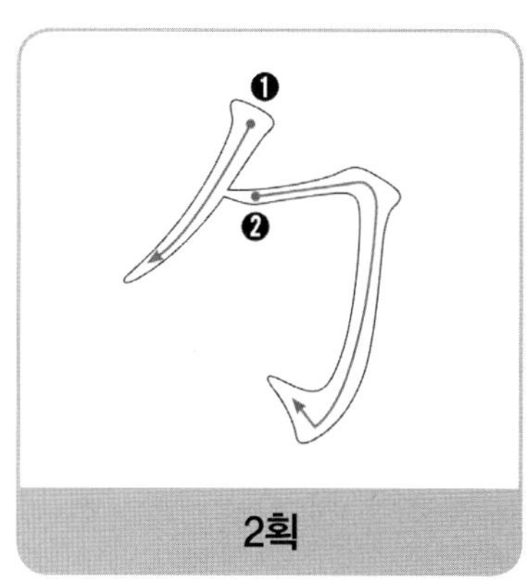

*끈(丿)으로 몸을 **구부리고**(亅) 물건을 **싸는** 모양

• 冖(덮을 멱), ⺈(쌀 포) 잘 구별하세요.

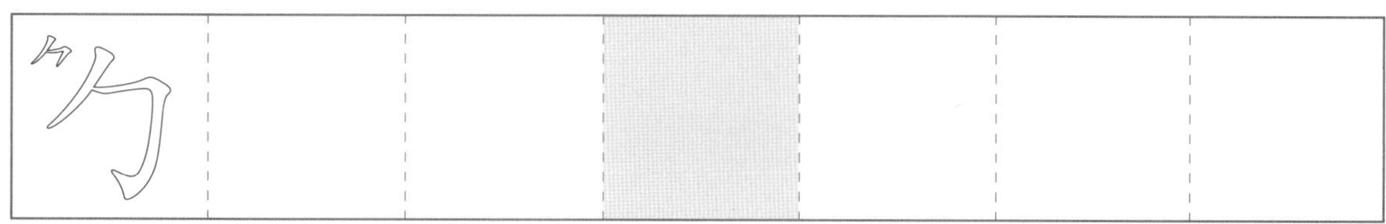

부수 결합하여 한자 만들기

勹 쌀 포	+	丿 끈 별	+	丿 끈 별	=	勿 없앨 물

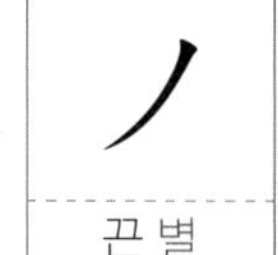

물건을 싸서(勹) 끈(丿)과 끈(丿)을 교차시켜 묶어 없애니

⺈ 쌀 포	+	厄 재앙 액	=	危 위태할 위

싸여(⺈) 재앙(厄)에 있으니, 즉 재앙에 싸여 있으니 위태하다는 뜻입니다.

주머니에서 정답을 찾아 쓰세요.

*몸을 숙이고 (   ) 모양

*(   )이 (   )방으로 (   ) 모양

*(   )의 모양

*(   ) 가린 모양

*위와 아래에 얼어 있는 (   ) 모양

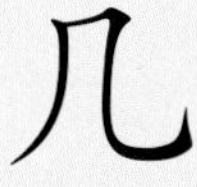

*위는 평평하고 발이 붙어 있는 (   )의 모양

凵

*(   ) 또는 누워서 (   ) 모양

刀(刂)

*날이 굽은 (   )의 모양

力

*칼(刀)을 들고 (   )쓸 때 근육이 불거진 모양

勹(勹)

*끈(丿)으로 몸을 **구부리고**(𠃌) 물건을 (   ) 모양

아래의 빈칸에 한자는 뜻과 음을, 뜻과 음은 한자를 쓰세요.

1~20번 형성평가	一	丨	丶	丿	乙(乚)(⺄)
亅	二	亠	人(亻)(𠆢)	儿	入
八(丷)	冂	冖	冫	几	凵
刀(刂)	力	勹(⺈)		한 일	송곳 곤
점 주	끈 별	새 을	갈고리 궐	둘 이	머리 두
사람 인	걷는 사람 인	들 입	수염 팔	성 경	덮을 멱
얼음 빙	책상 궤	그릇 감	칼 도	힘 력	쌀 포

老(늙을 로) 馬(말 마) 之(어조사 지) 智(지혜 지)

늙은 말의 지혜란 뜻으로, 아무리 하찮은 것일지라도 저마다 장기나 장점을 지니고 있음을 이르는 말로 쓰인다.

중국 춘추시대 제(齊)나라 환공 때의 일이다. 어느 해 봄 환공은 명재상 관중과 대부 습붕을 데리고 고죽국을 정벌하러 나섰다. 그런데 전쟁이 의외로 길어지는 바람에 그 해 겨울에야 끝이 났다. 그래서 혹한 속에 지름길을 찾아 귀국하다가 그만 길을 잃고 말았다.

길을 잃고 이러지도 저러지도 못하고 군사들이 떨고 있을 때 관중은 늙은 말 한 마리를 자유롭게 풀어 놓았다. 말은 오랜 경험에 입각해 후각과 본능에 의지하여 터벅터벅 걸어가기 시작했다. 관중은 군사들로 하여금 그 뒤를 따르게 했다. 그러자 얼마 안 가서 큰 길을 만날 수 있었다.

이렇게 행군을 계속한 일행은 어느 크고 험한 산을 넘게 되었는데, 이번에는 식수가 떨어져 군사들이 심한 갈증에 고통 받았다. 그러자 이번에는 습붕이 말했다.

"개미란 원래 여름엔 산 북쪽에 집을 짓지만 겨울엔 산 남쪽 양지 바른 곳에 집을 짓고 산다. 흙이 한 치쯤 쌓인 개미집이 있으면 그 땅 속 일곱 자쯤 되는 곳에 물이 있는 법이다." 군사들이 산을 뒤져 개미집을 찾은 다음 그곳을 파 내려가자 과연 샘물이 솟아났다.

관중의 총명과 습붕의 지혜로도 모르는 것은 늙은 말과 개미를 스승으로 삼아 배웠다. 그러나 그것을 수치로 여기지 않았다. 그런데 오늘날 사람들은 자신이 어리석음에도 성현의 지혜를 스승으로 삼아 배우려 하지 않는다.

21

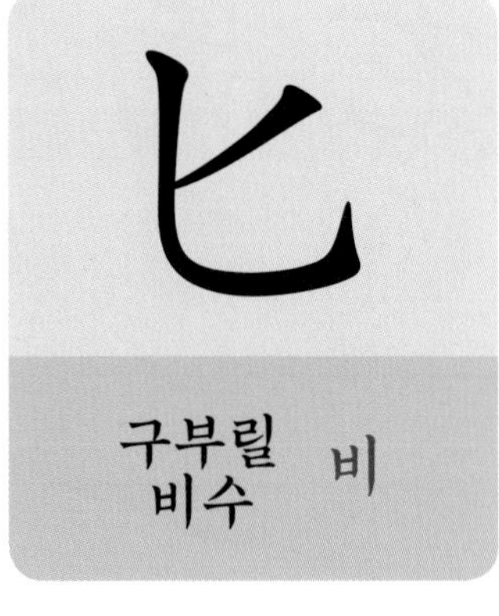

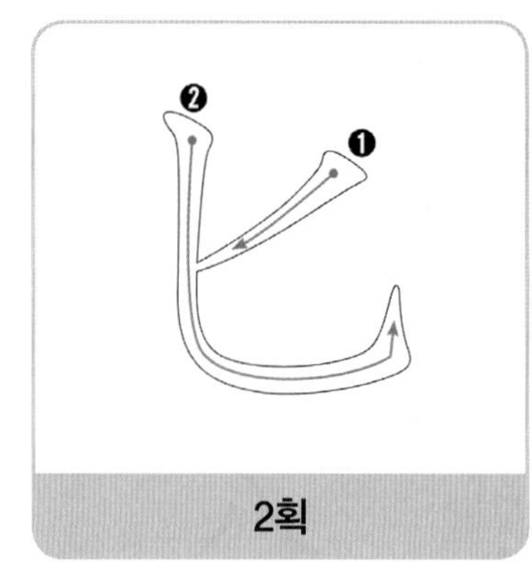

＊비스듬히(丿) 구부리고(乚) 앉아 **비수**를 살피는 모양

• 비수 : 짧은 칼

亻	+	匕	=	化
사람 인		구부릴 비		변화할 화
歹	+	匕	=	死
죽을 사 변		비수 비		죽을 사

사람(亻)이 구부러져(匕) 변하니
(사람이 나이가 들어 늙으면 허리가 구부러져 변한다는 뜻입니다.)

죽을(歹) 정도로 비수(匕)에 찔려 죽으니

22

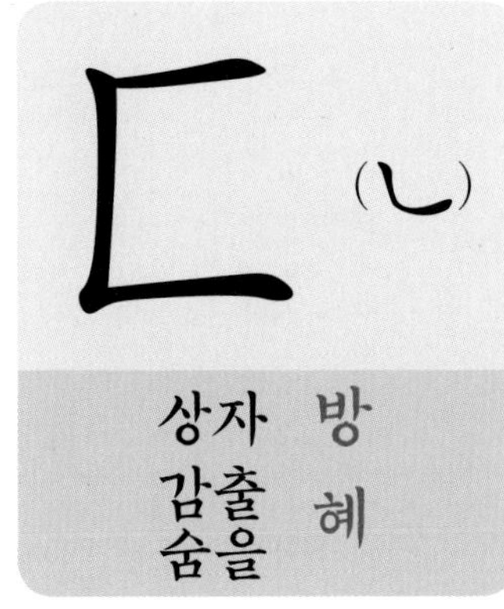

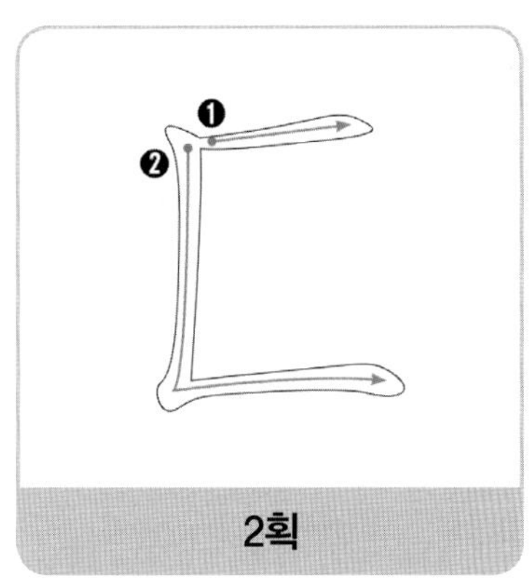

* 뚜껑이 열려 있는 네모진 **상자**를 옆에서 바라본 모양
* 상자에 물건을 넣어서 감추거나 숨으니 **감춘다, 숨는다**는 뜻을 나타냅니다.

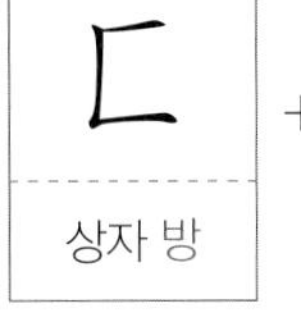

부수 결합하여 한자 만들기

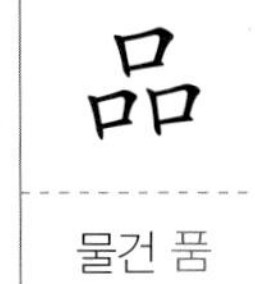

+

= 區 나눌 구분할 구

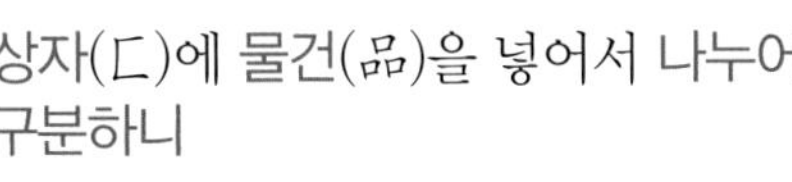

+

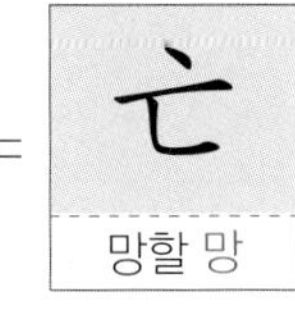

= 亡 망할 망

머리(亠)를 숙이고 숨을(乚) 정도로 망하니

23

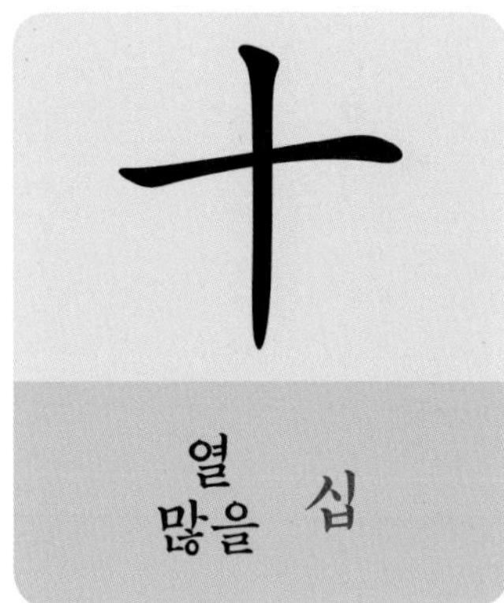

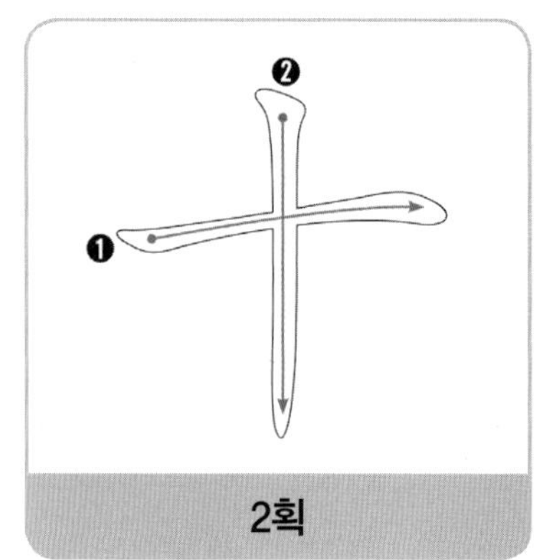

*하나(一)같이 열 번씩 뚫으니(丨)

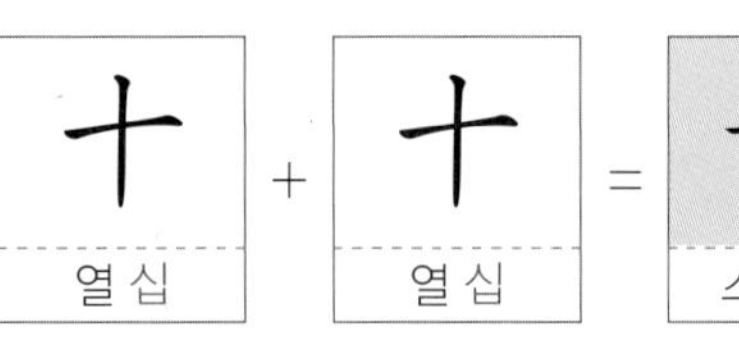

十 열 십	+	十 열 십	=	廾 스물 입	열(十) 더하기 열(十)은? 스물
𠂉 사람 인	+	十 많을 십	=	牛 소 우	사람(𠂉)에게 많은(十) 이로움을 주는 소(소는 수레도 끌어주고, 우리에게 고기 · 우유 등 많은 이로움을 줍니다.)

24

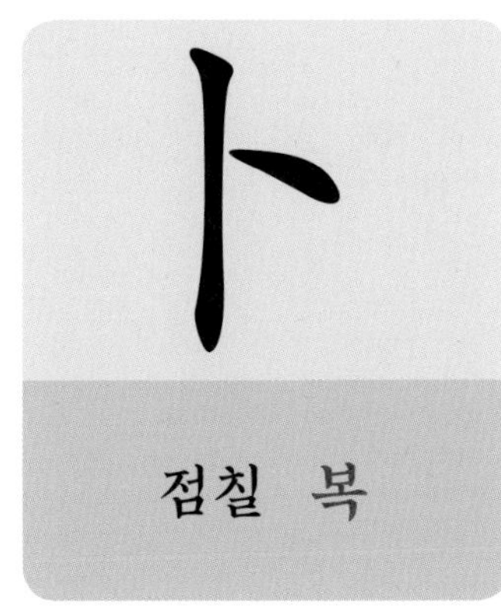

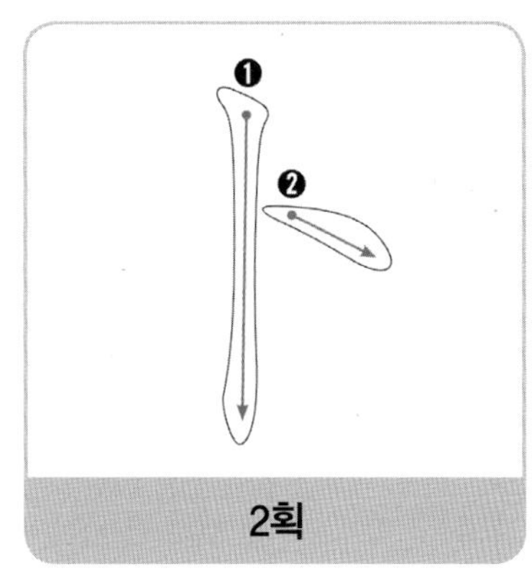

*거북을 구워서 등껍데기에 나타난 금으로 **점친다**는 뜻

- 점치다 : 좋은 일이 있을지, 나쁜 일이 있을지 앞일을 미리 판단하는 일
- 옛날 중국에서는 거북을 잡아 산 채로 불에 던져서 거북의 등껍데기에 나타난 금으로 점을 쳤다고 합니다.

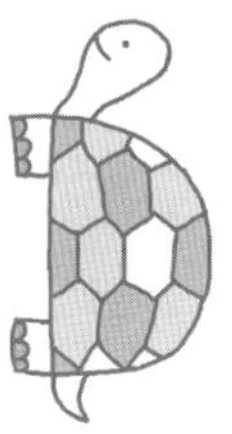

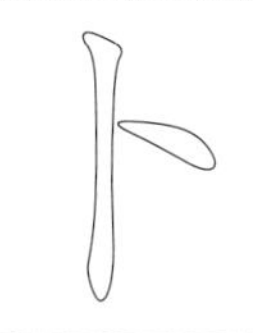

부수 결합하여 한자 만들기

夕	+	卜	=	外
저녁 석		점칠 복		바깥 외

저녁(夕)에 별을 보고 점치려고(卜) 바깥에 나가니

25

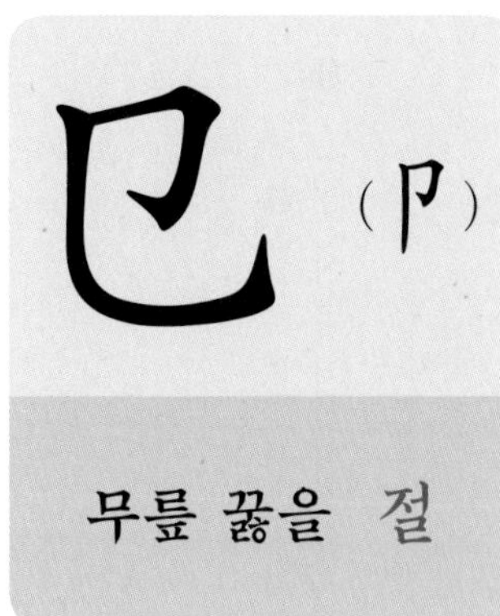

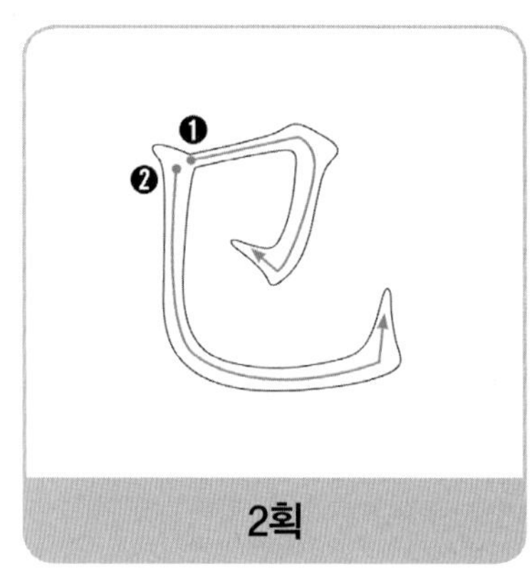

*두 다리를 구부리고(⺂) 구부려(乚) 무릎 꿇고 있는 모양

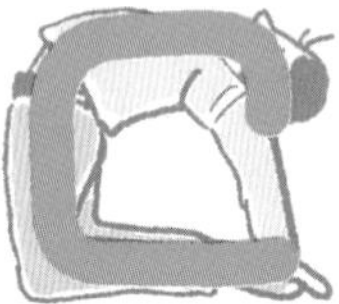

부수 결합하여 한자 만들기

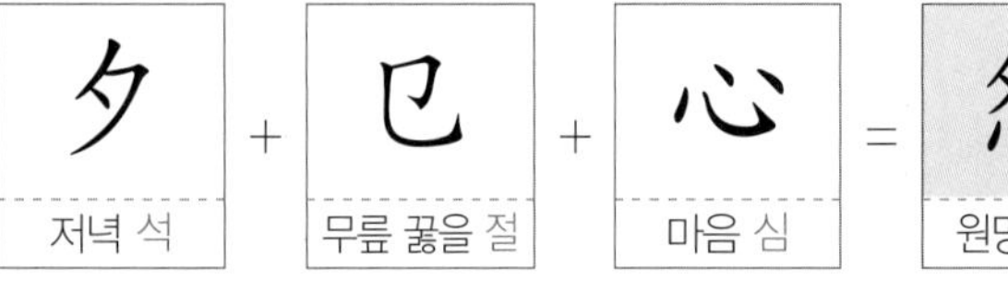

저녁(夕)에 무릎 꿇고(㔾) 지나간 일을 마음(心)으로 원망하니(저녁에 그날의 일과를 돌아보며 잘못된 일을 원망한다는 뜻입니다.)

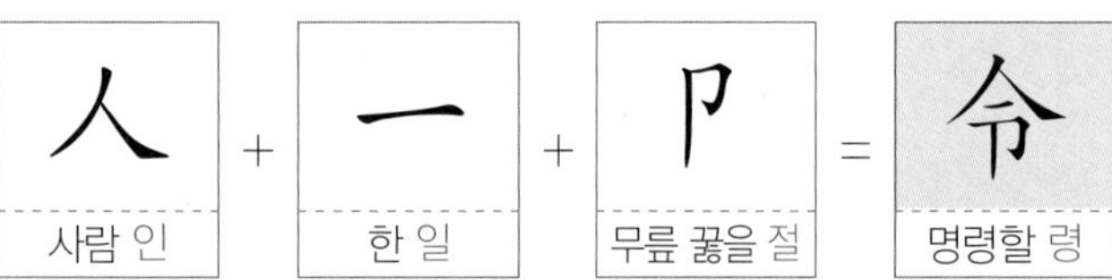

사람(人)들을 하나(一)같이 무릎 꿇려(卩) 놓고 명령하니

26

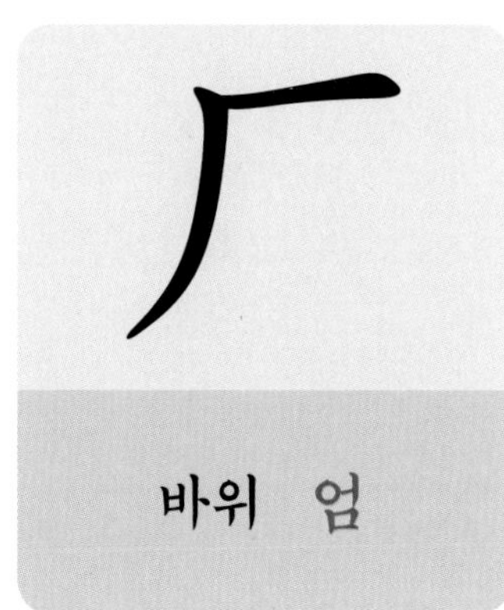

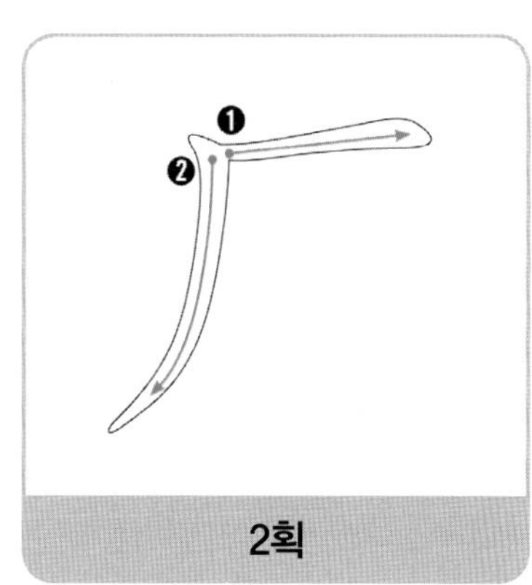

*윗부분이 톡 튀어나와 그 밑에서 사람이 살 수 있는 **바위**의 모양

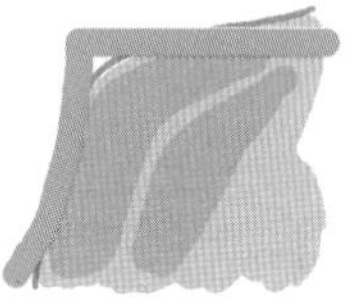

부수 결합하여 한자 만들기

+

=

바위(厂) 밑에서 무릎 꿇고(㔾) 빌어야 할 정도로 큰 재앙

27

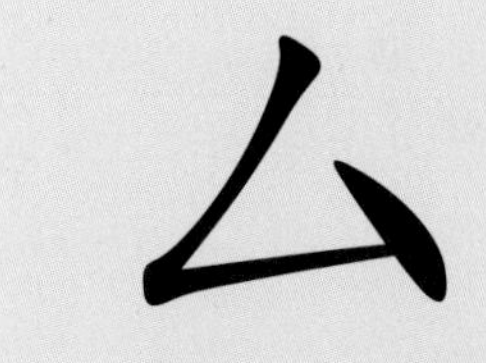

나
사사로울 사

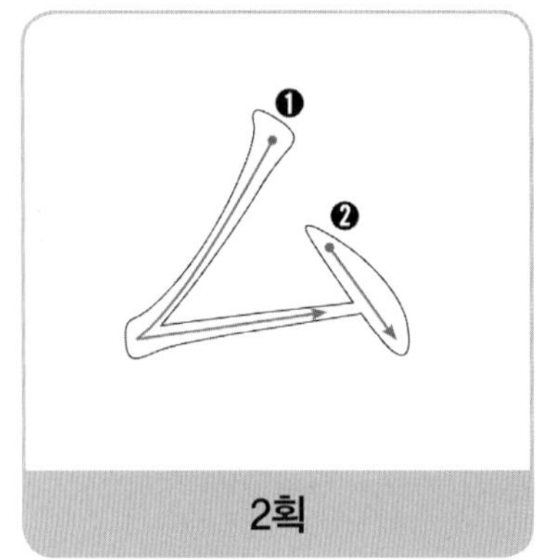

2획

* 팔을 구부려 **나**를 가리키는 모양
* 나를 가리키니 개인적인, 즉 **사사롭다**는 뜻이 됩니다.

• 사사롭다 : 나만 생각하는 것

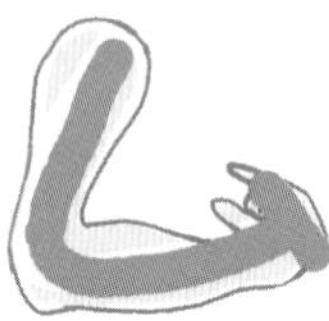

부수 결합하여 한자 만들기

 一 한 일	+	 厶 나 사	+	 土 땅 토	=	 至 이를 지극할 지

하나(一)같이 내(厶) 땅(土)에 이르려는 마음이 지극하다는 뜻입니다.

八 나눌 팔	+	厶 사사로울 사	=	 公 공평할 공

나누어(八) 사사로움(厶)을 없애야 공평하니
(나만 생각하는 욕심을 나누어 없애야 공평하다는 뜻입니다.)

28

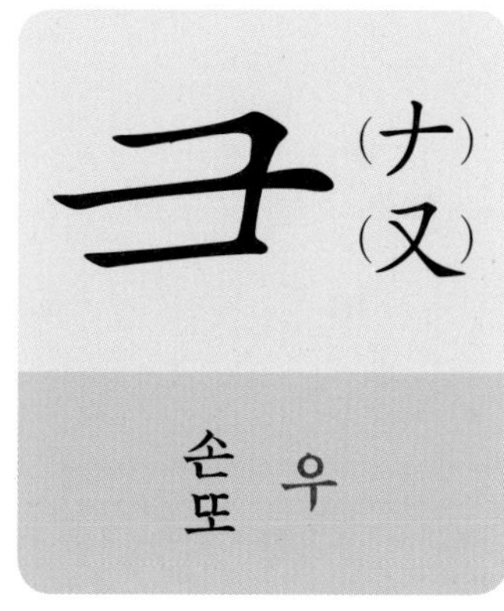

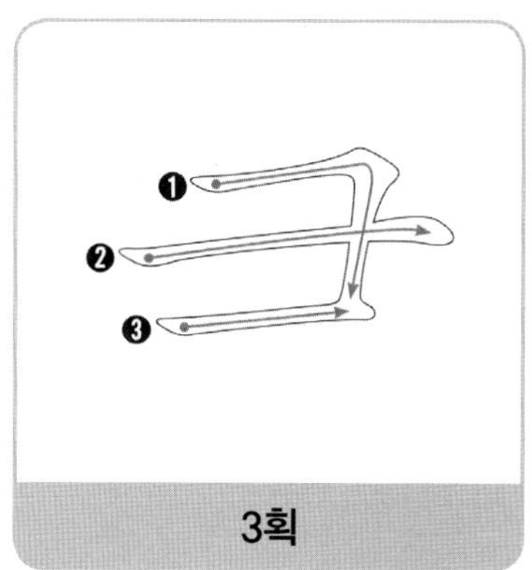

*물건을 쥔 **손**을 옆에서 바라본 모양
*손은 자주 쓰이니 **또**라는 뜻을 나타냅니다.

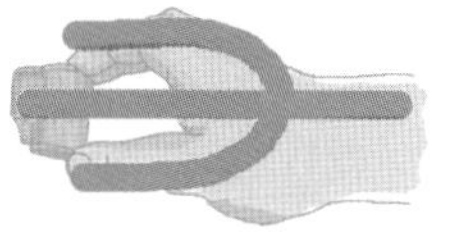

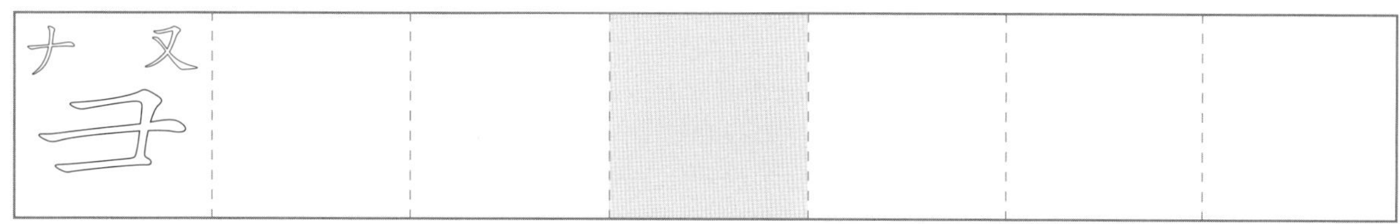

부수 결합하여 한자 만들기

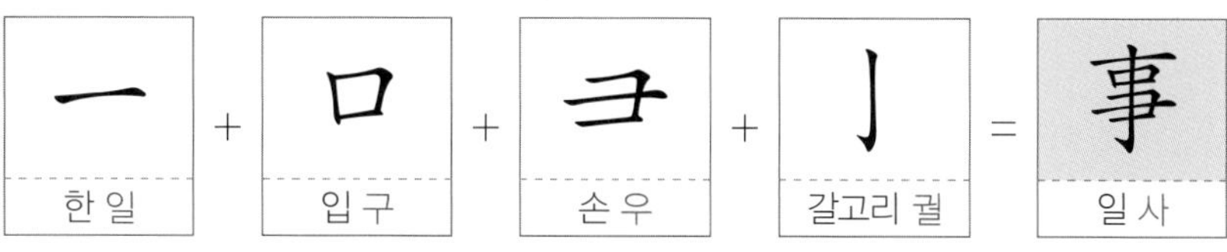

하나(一)같이 입(口)에 먹고살기 위해서 손(彐)에 갈고리(亅)를 들고 일하니

ナ + 又 = 友

ナ	又	友
손 우	손 우	벗 우

손(ナ)과 손(又)을 잡고 악수하는 벗(친구)

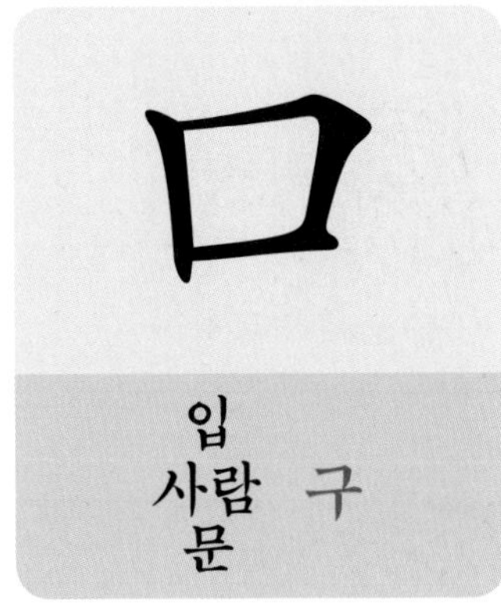

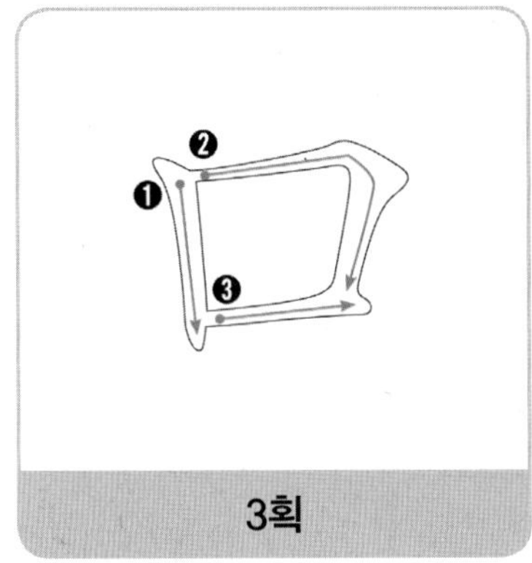

*입 모양

*사람(인구, 식구) 또는 문(입구, 출구)의 뜻으로도 쓰입니다.

부수 결합하여 한자 만들기

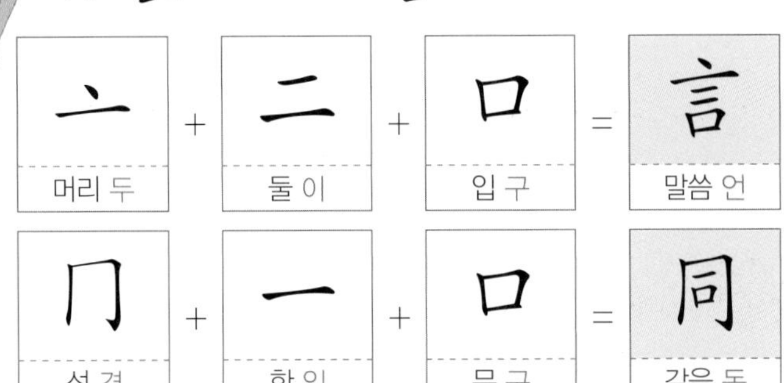

머리(亠)로 두(二) 번 정도 생각하고 입(口)으로 하는 말씀

성(冂)을 하나(一)의 문(口)으로 같이 다니니(성에 하나의 출입문을 만들고 사람들이 그곳으로 같이 다닌다는 뜻입니다.)

30

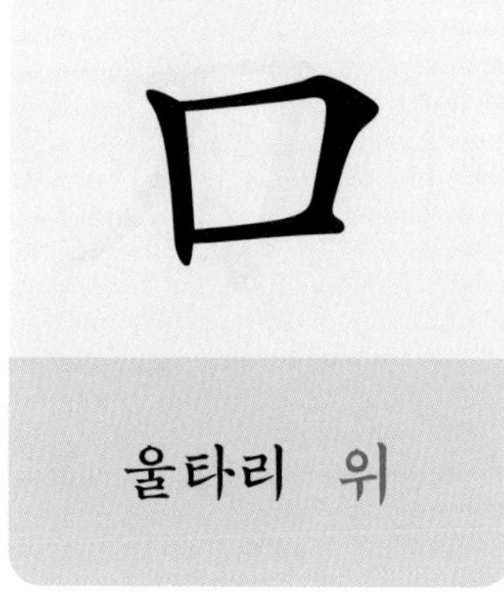

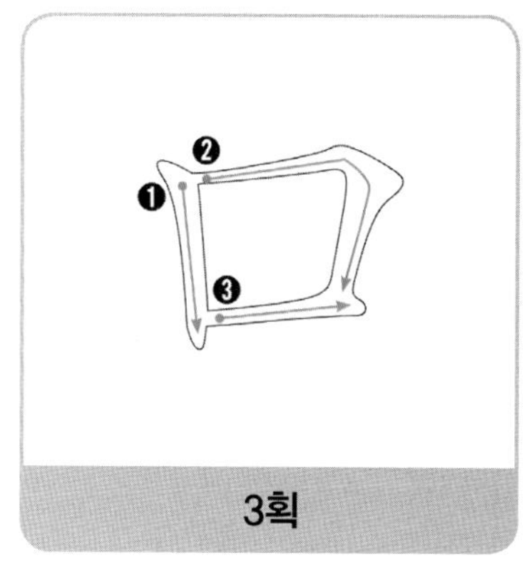

＊사방을 에워싼 울타리 모양

- 口(**입** 구), 口(**울타리** 위) 모양이 같아서 헷갈리죠? 口 안이 비어 있으면 口(**입** 구), 口 안에 글자가 들어 있으면 口(**울타리** 위)로 구별하세요.
- 예) 言(**말씀** 언) ⇨ 口 안이 비어 있으면 '**입** 구'
  囚(**가둘** 수) ⇨ 口 안에 글자가 들어 있으면 '**울타리** 위'

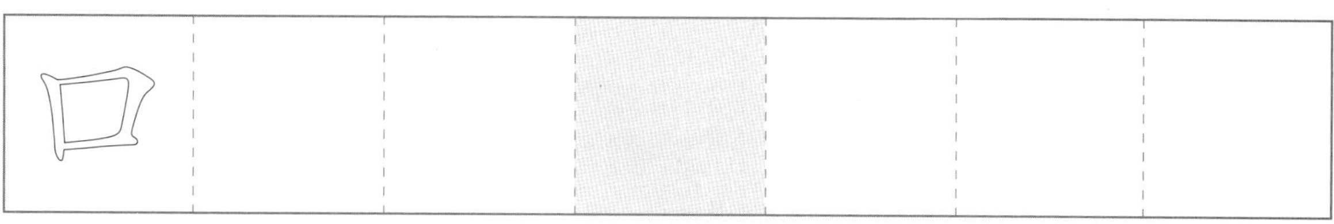

부수 결합하여 한자 만들기

口	+	人	=	囚
울타리 위		사람 인		가둘 수

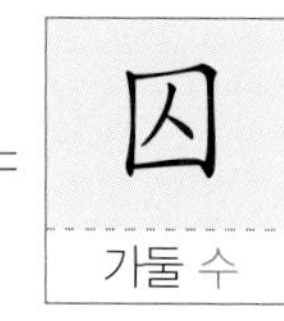

울타리(口) 안에 죄지은 사람(人)을 가두니

口	+	戈	+	口	+	一	=	國
울타리 위		창 과		사람 구		땅 일		나라 국

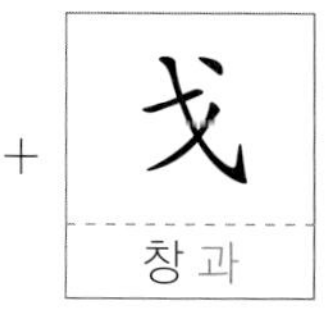
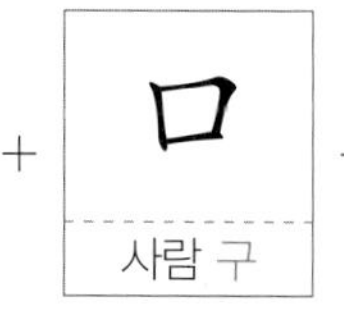

울타리(口) 안에서 창(戈)을 들고 사람(口)과 땅(一)을 지키는 나라

주머니에서 정답을 찾아 쓰세요.

*비스듬히(丿) (　　　　)
(乚) 앉아 (　　　)를 살피는 모양

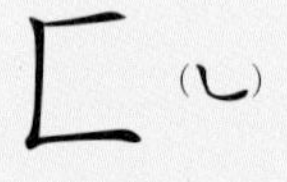

*뚜껑이 열려 있는 네모진 (　　　)를 옆에서 바라본 모양

*상자에 물건을 넣어서 감추거나 숨으니 (　　　　), (　　　　)는 뜻을 나타냅니다.

*하나(一)같이 (　　) 번씩 뚫으니(丨)

*거북을 구워서 등껍데기에 나타난 금으로 (　　　　)는 뜻

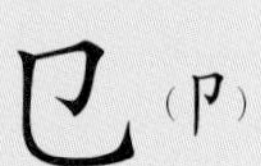

*두 다리를 구부리고(㇆) 구부려(乚) (　　　　　　) 있는 모양

* 윗부분이 툭 튀어나와 그 밑에서 사람이 살 수 있는 (   )의 모양

* 팔을 구부려 (   )를 가리키는 모양
* 나를 가리키니 개인적인, 즉 (   )는 뜻이 됩니다.

彐(ナ)(又)

* 물건을 쥔 (   )을 옆에서 바라본 모양
* 손은 자주 쓰이니 (   )라는 뜻을 나타냅니다.

* (   ) 모양
* (   )(인구, 식구) 또는 (   )(입구, 출구)의 뜻으로도 쓰입니다.

* 사방을 에워싼 (   ) 모양

아래의 빈칸에 알맞은 부수를 넣어 한자를 만들어 볼까요?

성 경	+	入 들 입	=	内 안 내	성(冂)으로 들어가니(入) 안이라는 뜻입니다.

且 또 차	+	힘 력	=	助 도울 조	또(且) 힘(力)써 도와준다는 뜻입니다.

쌀 포	+	丿 끈 별	+	丿 끈 별	=	勿 없앨 물	물건을 싸서(勹) 끈(丿)과 끈(丿)을 교차시켜 묶어 없애니

상자 방	+	品 물건 품	=	區 나눌 구분할 구	상자(匚)에 물건(品)을 넣어서 나누어 구분하니

人 사람 인	+	一 한 일	+	무릎 꿇을 절	=	令 명령할 령	사람(人)들을 하나(一)같이 무릎 꿇려(卩) 놓고 명령하니

손 우	+	又 손 우	=	友 벗 우	손(𠂇)과 손(又)을 잡고 악수하는 벗(친구)

亠 머리 두	+	二 둘 이	+	입 구	=	言 말씀 언	머리(亠)로 두(二) 번 정도 생각하고 입(口)으로 하는 말씀

울타리 위	+	人 사람 인	=	囚 가둘 수	울타리(口) 안에 죄지은 사람(人)을 가두니

愚(어리석을 우) 公(공평할 공) 移(옮길 이) 山(산 산)

우공이 산을 옮긴다는 뜻으로, 어떤 일이라도 끊임없이 노력하면 반드시 이루어진다는 의미로 쓰인다.

중국의 북산에 우공이라는 90세 된 노인이 살고 있었다. 그런데 그 노인의 집 앞에는 둘레가 7백 리나 되고, 높이가 만 길이나 되는 태행산과 왕옥산이 가로막고 있어서 생활하는 데 무척 불편했다. 그래서 우공은 가족을 모아 놓고 이렇게 물었다.

"우리 가족이 전부 힘을 합쳐서 저 두 산을 옮기고자 한다. 너희들은 어떻게 생각하느냐?" 이에 모두 찬성했으나 그의 아내만은 무리라며 반대했다. "늙은 당신의 힘으로 어떻게 저 큰 산을 깎아 없앤단 말예요? 또 파낸 흙은 어디다 버리고?" 그러자 아들과 손자들이 말했다.

"발해에 갖다 버리면 되지 않습니까?"

다음날 아침부터 우공은 가족을 데리고 돌을 깨고 흙을 파서 삼태기로 발해에 갖다 버리기 시작했다. 한 번 갔다 돌아오는 데 꼬박 1년이 걸렸다.

그러던 어느 날 지수라는 사람이 죽을 날이 멀지 않은 노인이 정말 노망이라며 비웃자 우공은 태연히 말했다. "내가 죽으면 아들이 하고, 아들은 손자를 낳고, 손자는 또 아들을……, 이렇게 자자손손 계속하면 언젠가는 저 두 산이 평평해질 날이 오겠지."

이 말을 듣고 깜짝 놀란 것은 두 산을 지키는 산신령이었다. 산이 없어지면 큰일이라고 생각한 산신령은 상제에게 호소했다. 그러자 우공의 끈기에 감동한 상제는 태행산은 삭동 땅에, 왕옥산은 옹남 땅에 옮겨 놓았다.

31

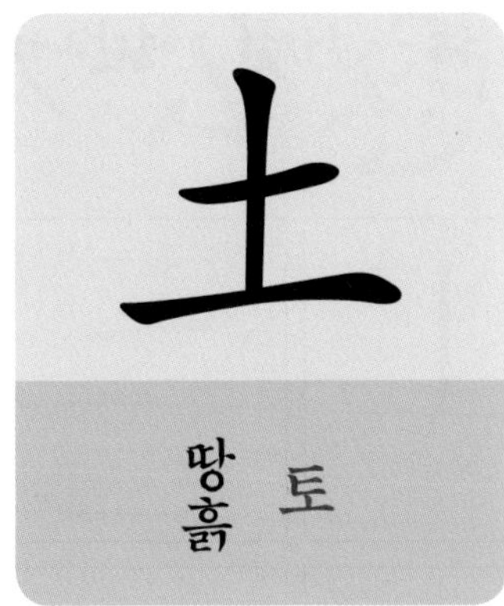

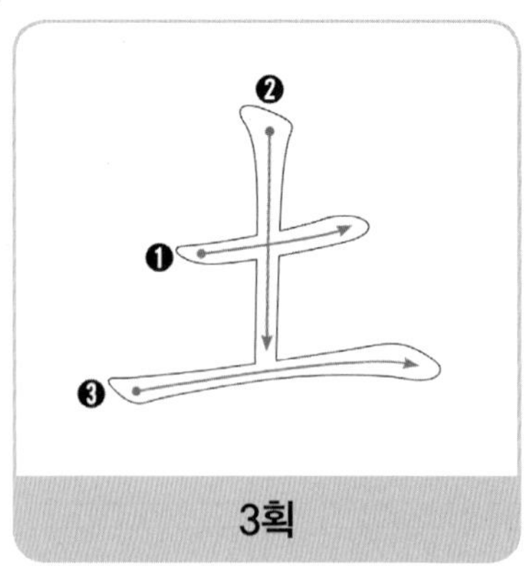

*많은(十) 싹이 땅(一)에 난 모양으로 만물을 자라게 하는 흙을 뜻합니다.

부수 결합하여 한자 만들기

行	+	土	+	土	=	街
다닐 행		땅 토		흙 토		거리 가

다닐(行) 수 있도록 땅(土)에 흙(土)을 쌓아 만든 거리(차나 사람이 다닐 수 있도록 땅에 흙을 쌓아 포장하여 만든 길이라는 뜻입니다.)

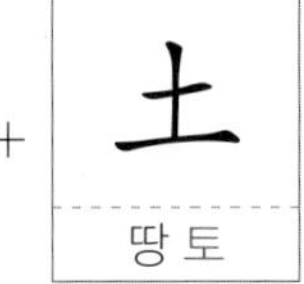

黑	+	土	=	墨
검을 흑		흙 토		먹 묵

검은(黑) 흙(土)으로 만든 먹
(먹 : 벼루에 물을 붓고 갈아서 검은 물감을 만드는 재료)

32

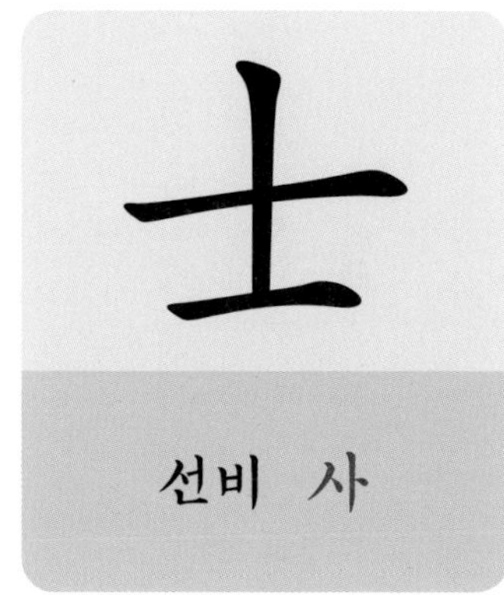

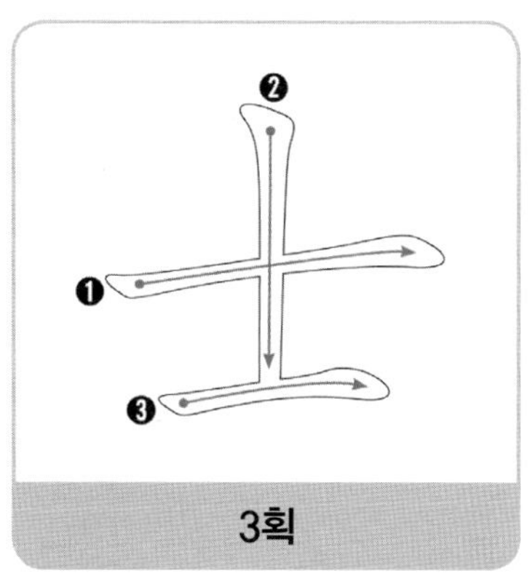

*많은(十) 것을 하나(一)만 들어도 아는 선비

• 土(흙 토)는 위가 짧고, 士(선비 사)는 위가 길어요.

부수 결합하여 한자 만들기

+

=

사람(亻) 중에서 선비(士)만 벼슬하니
(옛날에는 신분 계급이 있어서 양반인 선비만 벼슬했다는 뜻입니다.)

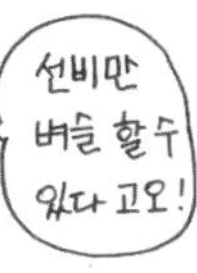

33

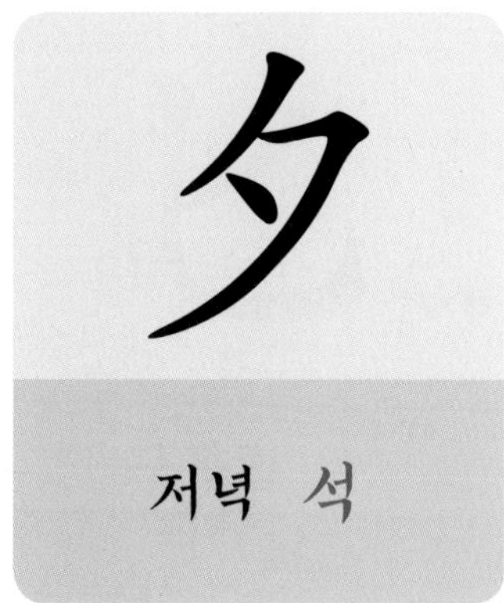

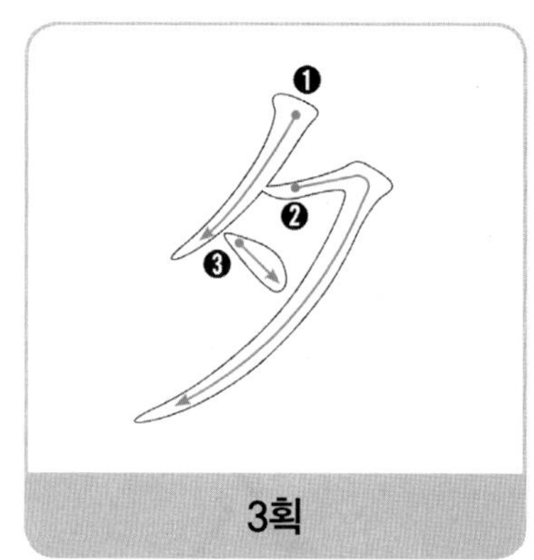

＊月(**달** 월)에서 1획을 뺀 모양으로 달이 뜨기 시작하는 **저녁**을 뜻합니다.

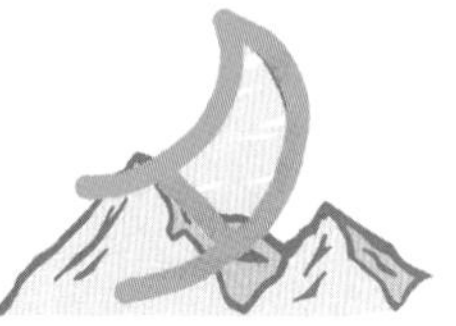

부수 결합하여 한자 만들기

夕	+	卜	=	外
저녁 석		점칠 복		바깥 외

저녁(夕)에 별을 보고 점치려고(卜) 바깥에 나가니

한자를 왜 공부해야 하는지 궁금하죠?
우리말의 70% 이상이 한자로 이루어져 있습니다.
우리말의 뜻을 정확하게 이해하고, 올바른 의사소통을 위해서는
한자를 공부해야 합니다.

34

천천히 걸을 쇠
뒤져 올 치

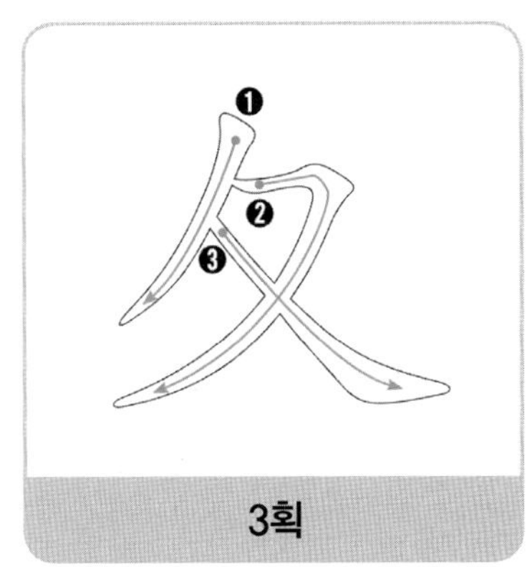

3획

＊삐쳐서(丿) 또(乂) 천천히 걸어 뒤져오니

• 夕(저녁 석), 夂(뒤져 올 치) 잘 구별하세요.

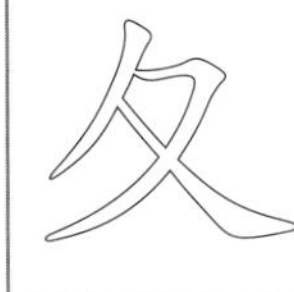

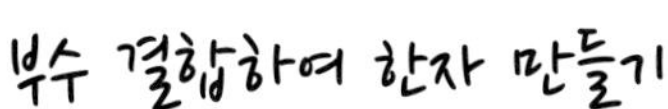

彳	+	幺	+	夊	=	後
걸을 척		어릴 요		천천히 걸을 쇠		뒤 후

걸어서(彳) 어린(幺)아이가 천천히 걸어(夊) 뒤따라오니

夂	+	冫	=	冬
뒤져 올 치		얼음 빙		겨울 동

봄, 여름, 가을, 겨울 중에서 뒤져 오면서(夂) 얼음(冫)까지 어는 계절은? 겨울입니다.

35

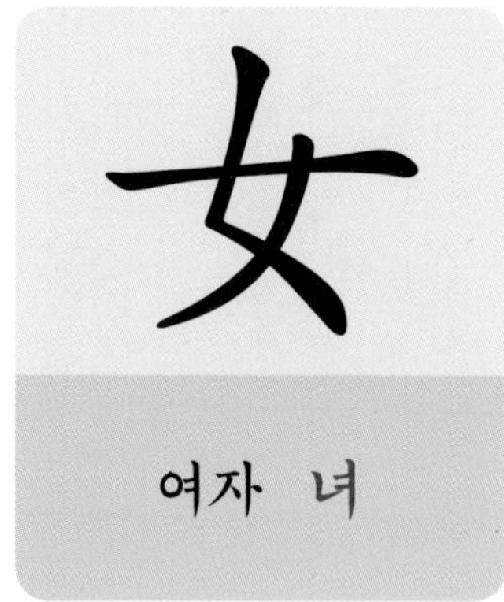

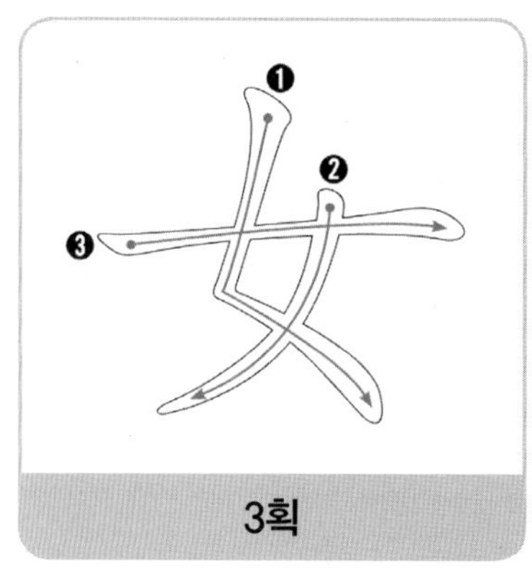

*무릎을 굽히고 앉아 있는 **여자**의 모양

부수 결합하여 한자 만들기

女	+	古	=	姑
여자 녀		오랠 고		할머니 고

여자(女)가 오래(古) 살면 할머니가 되니

36

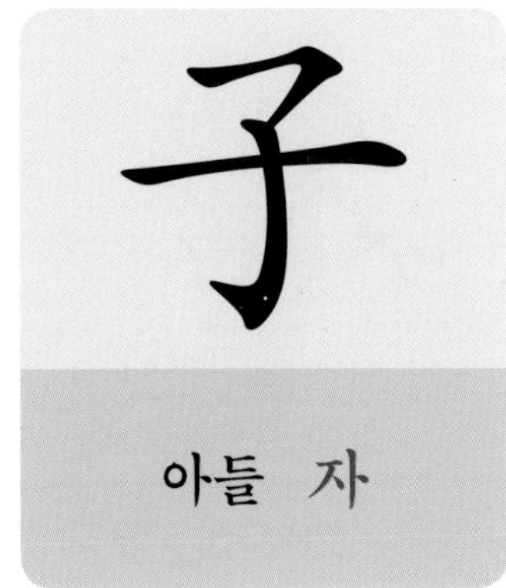

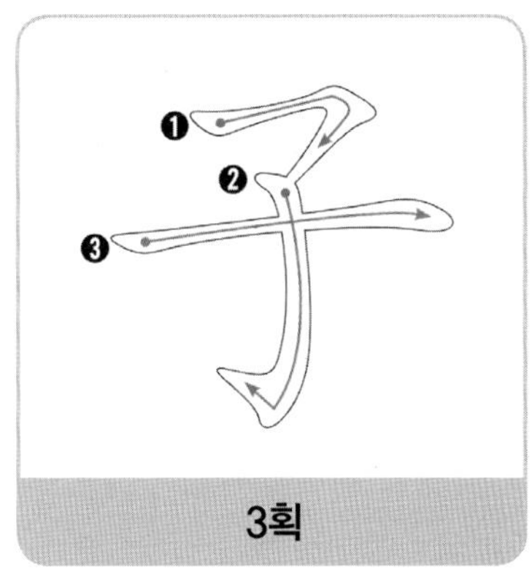

*팔을 벌리고 있는 **아들**의 모양

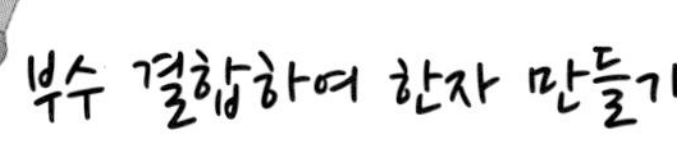

+

=
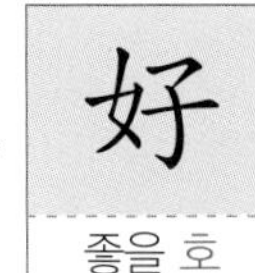

여자(女)가 아들(子)을 안고 좋아하니

37

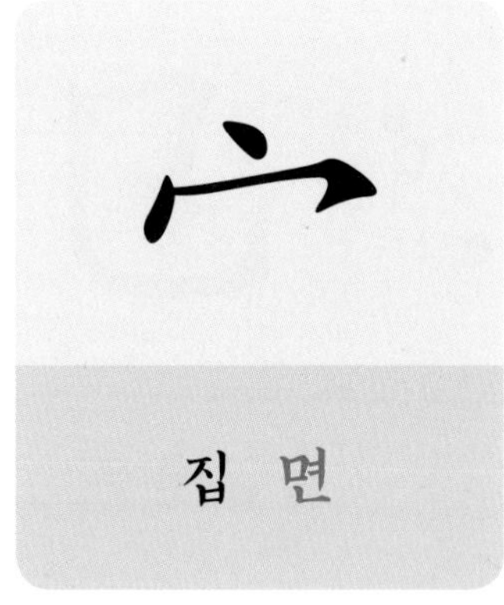

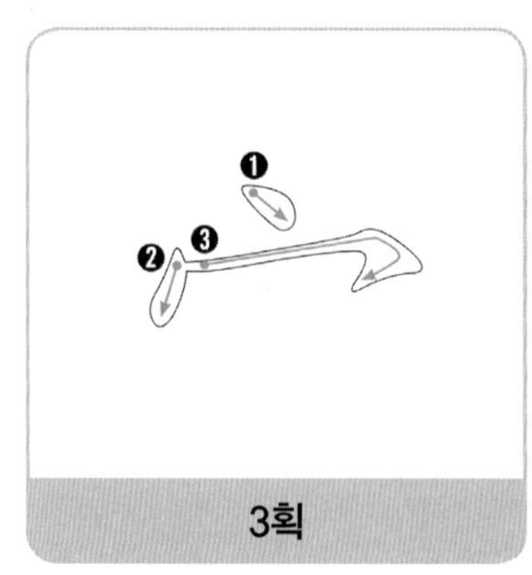

＊점(丶)처럼 굴뚝이 있고, 지붕에 덮여(冖) 있는 집의 모양

• 冖(덮을 멱), 宀(집 면) 잘 구별하세요.

부수 결합하여 한자 만들기

\+

= 安 편안할 안

집(宀)에 여자(女)가 있어야 편안하니

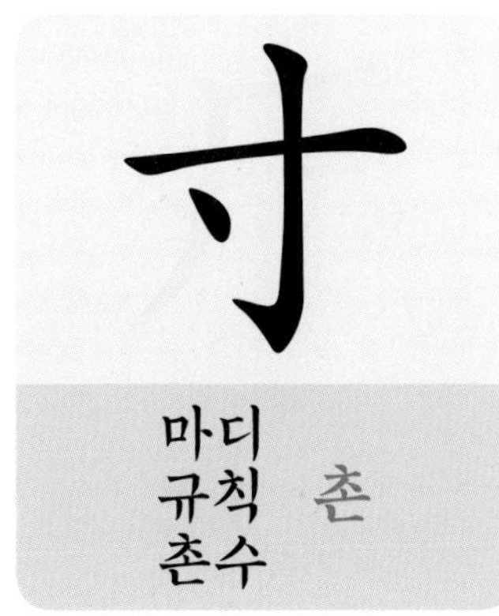

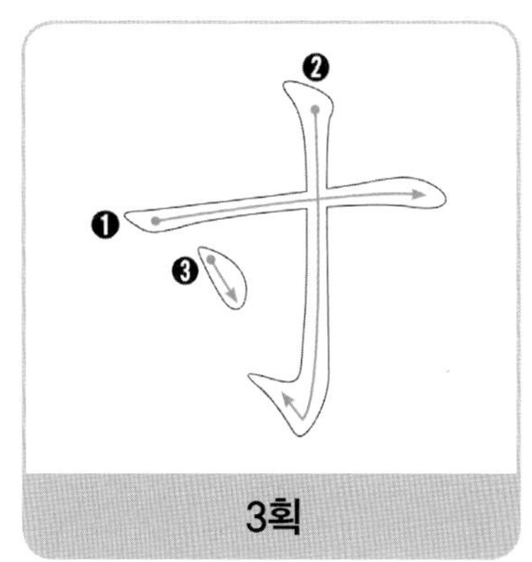

*하나(一)의 갈고리(亅)를 점(丶)처럼 손가락 마디를 구부려 쥐니
*마디는 규칙적으로 나 있기 때문에 규칙 촌
*규칙에 따라 촌수가 정해지니 촌수 촌

• 마디 : 뼈와 뼈가 맞닿은 부분
• 촌수 : 친족 사이의 멀고 가까운 정도를 나타내는 수(예 : 삼촌, 사촌)

부수 결합하여 한자 만들기

 身 몸 신	+	 寸 마디 촌	=	射 쏠 사	총이나 활을 몸(身)에 의지하고 손가락 마디(寸)로 당겨 쏘니
土 땅 토	+	 寸 규칙 촌	=	寺 절 사 / 관청 시	땅(土)에서 규칙(寸)을 지키는 절이나 관청
宀 집 면	+	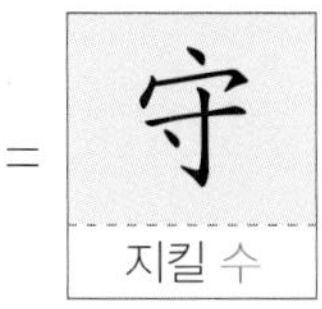 寸 촌수 촌	=	守 지킬 수	집(宀)에서 촌수(寸)를 지키니

39

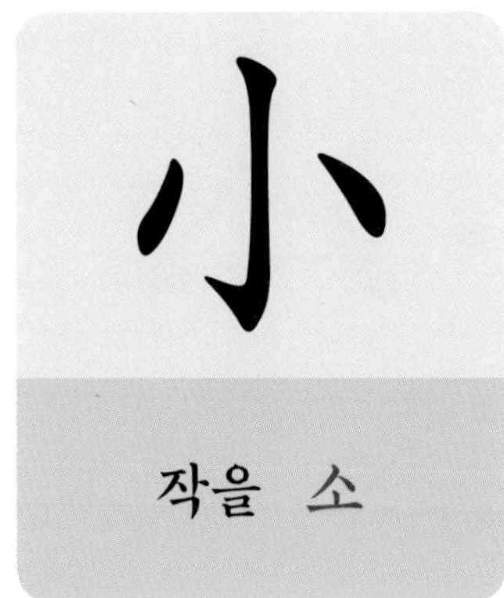

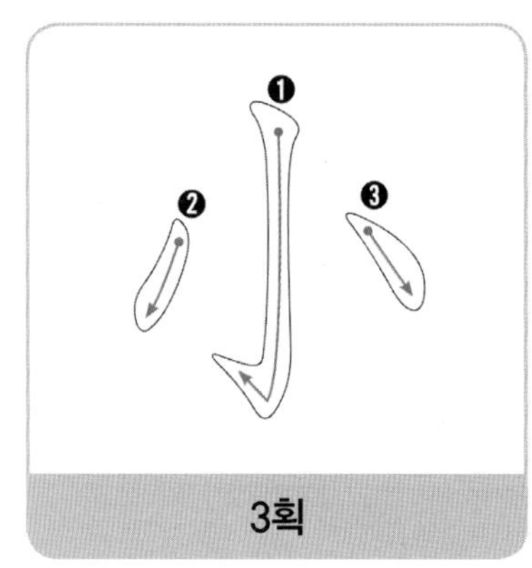

*갈고리(亅)로 나누어(八) 작으니

부수 결합하여 한자 만들기

小	+	大	=	尖
작을 소		큰 대		뾰족할 첨

모양이 위가 작고(小) 아래는 커(大) 뾰족하니

40

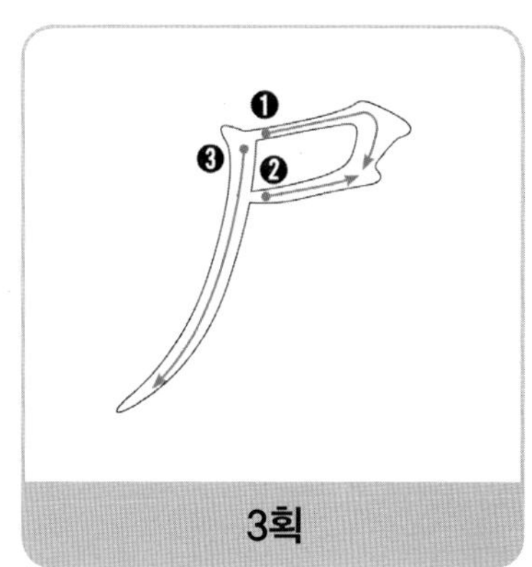

＊**지붕**의 모양

부수 결합하여 한자 만들기

尸	+	出	=	屈
지붕 시		날 출		굽힐 굴

지붕(尸)이 낮아서 밖으로 나오려고(出) 몸을 굽히니

주머니에서 정답을 찾아 쓰세요.

*많은(十) 싹이 ( )(一)에 난 모양으로 만물을 자라게 하는 ( )을 뜻합니다.

士

*많은(十) 것을 하나(一)만 들어도 아는 ( )

夕

*月(달 월)에서 1획을 뺀 모양으로 달이 뜨기 시작하는 ( )을 뜻합니다.

*삐쳐서(丿) 또(又)
( )

女

*무릎을 굽히고 앉아 있는 ( )의 모양

*팔을 벌리고 있는 (　　　)의 모양

*점(丶)처럼 굴뚝이 있고, 지붕에 덮여(冖) 있는 (　　)의 모양

寸

*하나(一)의 갈고리(亅)를 점(丶)처럼 손가락 (　　　)를 구부려 쥐니

*마디는 규칙적으로 나 있기 때문에 (　　　　　)

*규칙에 따라 촌수가 정해지니 (　　　　　)

小

*갈고리(亅)로 나누어(八) (　　　　)

尸

*(　　　)의 모양

아래의 빈칸에 한자는 뜻과 음을, 뜻과 음은 한자를 쓰세요.

21~40번 형성평가

	匕	匚(乚)	十	卜	㔾(卩)
厂	厶	彐(ナ)(又)	口	囗	土
士	夕	夂	女	子	宀
寸	小	尸		구부릴 비	상자 방
열 십	점칠 복	무릎 꿇을 절	바위 엄	나 사	손 우
입 구	울타리 위	땅 토	선비 사	저녁 석	천천히 걸을 쇠
여자 녀	아들 자	집 면	마디 촌	작을 소	지붕 시

다음 한자의 뜻과 음을 쓰세요.

1~40번 중간평가

一	丨	丶	丿	乙(乚)(乛)	
亅	二	亠	人(亻)(𠆢)	儿	入
八(丷)	冂	冖	冫	几	凵
刀(刂)	力	勹(⺈)	匕	匚(乚)	十
卜	㔾(卩)	厂	厶	彐(ナ)(又)	口
口	土	士	夕	夂	女
子	宀	寸	小	尸	

다음 뜻과 음을 지닌 한자를 쓰세요.

1~40번 중간평가

	하늘 일	뚫을 곤	불꽃 주	삐침 별	구부릴 을
갈고리 궐	하늘땅 이	머리 두	사람 인	걷는 사람 인	들 입
나눌 팔	성 경	덮을 멱	얼음 빙	책상 궤	입 벌릴 감
칼 도	힘 력	쌀 포	비수 비	숨을 혜	많을 십
점칠 복	무릎 꿇을 절	바위 엄	사사로울 사	손 우	입 구
울타리 위	흙 토	선비 사	저녁 석	뒤져 올 치	여자 녀
	아들 자	집 면	규칙 촌	작을 소	지붕 시

指(가리킬 지) 鹿(사슴 록) 爲(할 위) 馬(말 마)

사슴을 가리켜 말이라 한다는 뜻으로, 거짓된 사실로 윗사람을 농락하여 제멋대로 권세를 휘두른다는 의미로 쓰인다.

중국 진나라에 시황제를 섬기던 환관 조고란 자가 있었다. 조고는 시황제가 죽자 조서를 위조하여 태자 부소를 죽이고, 어린 데다가 어리석은 호해를 내세워 황제로 옹립했다. 그래야만 자기가 권력을 마음대로 휘두를 수 있기 때문이었다. 조고는 호해를 온갖 환락 속에 빠뜨려 정신을 못 차리게 한 다음 교묘한 술책으로 승상 이사를 비롯한 원로 중신들을 처치하고 자기가 승상이 되어 조정을 완전히 한 손에 틀어쥐었다.

조고는 중신들 중에서 자기를 좋지 않게 생각하는 자를 가리기 위해서 술책을 썼다. 어느 날 사슴 한 마리를 어전에 끌어다 놓고 말했다.

"폐하, 저것은 참으로 좋은 말입니다. 폐하를 위해 구했습니다."

"승상은 농담도 심하시오. 사슴을 가리켜 말이라 하니 무슨 소리요?"

"아닙니다. 말이 틀림없습니다."

조고가 우기자 호해는 중신들을 둘러보며 물었다.

"제공들 보기에는 저게 뭐 같소? 말이오, 아니면 사슴이오?"

그러자 대부분 조고가 두려워서 말이라고 대답했지만, 그나마 의지가 남아 있는 사람들은 사슴이라고 바로 대답했다. 조고는 사슴이라고 대답한 사람들을 똑똑히 기억해 두었다가 죄를 씌워 죽여 버렸다. 그러고 나니 누구도 감히 조고의 말에 반대하는 자가 없게 되었다.

41

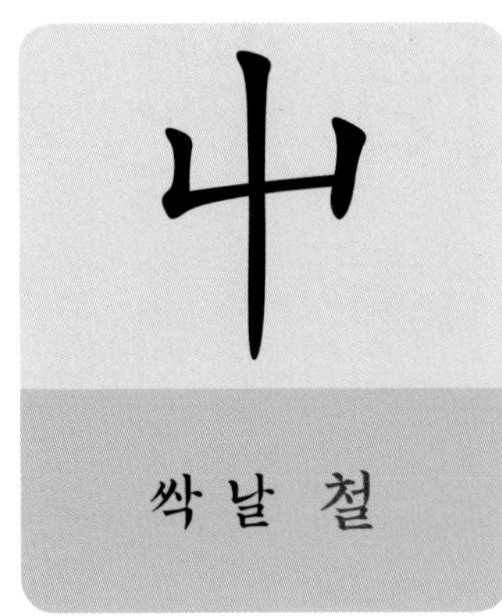

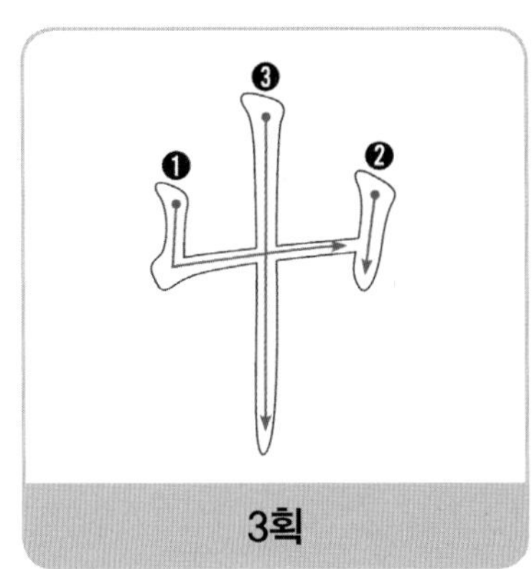

*입 벌리고(凵) 땅을 뚫고(丨) 싹이 나는 모양

부수 결합하여 한자 만들기

屮	+	凵	=	出
싹날 철		입 벌릴 감		날 출

싹(屮)이 입 벌리고(凵) 나오니

한자는 처음에 새와 짐승의 발자국의 모양을 본떠서 만들었다고 합니다.
이후 시간이 흐르면서 여러 사람에 의해 만들어져서
현재 약 10만자가 있다고 합니다.

42

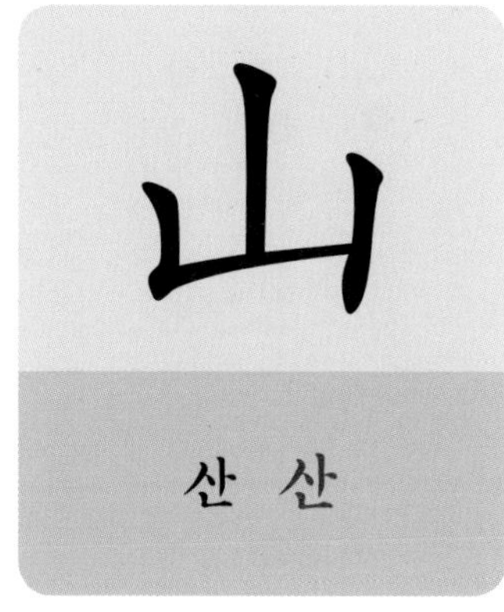

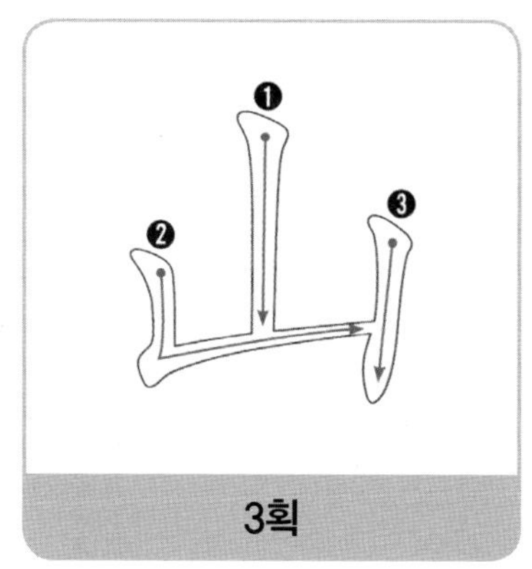

*산봉우리가 뾰족하게 솟은 **산**의 모양

부수 결합하여 한자 만들기

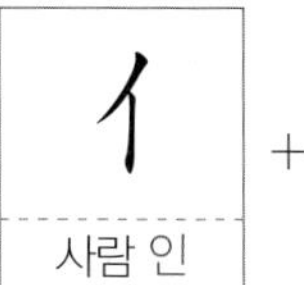

亻	+	山	=	仙
사람 인		산 산		신선 선

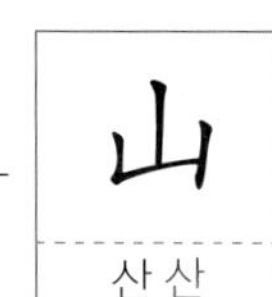

사람(亻)이 산(山)에서 도를 닦으며 신선처럼 사니
(도 : 무술이나 기예 따위를 행하는 방법)

43

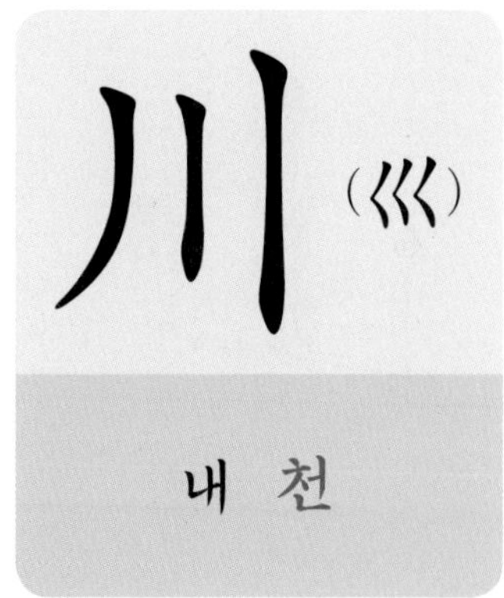

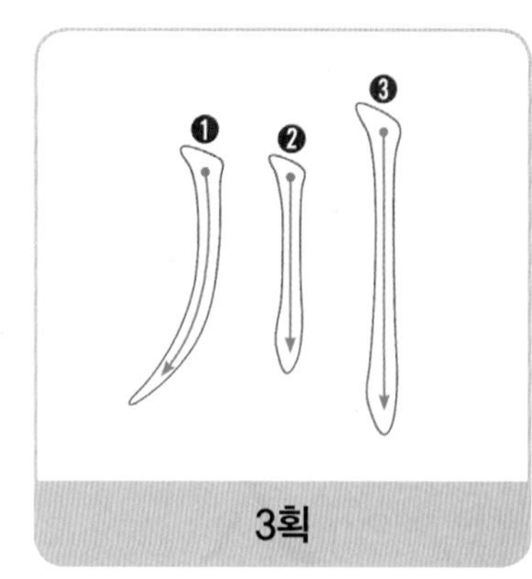

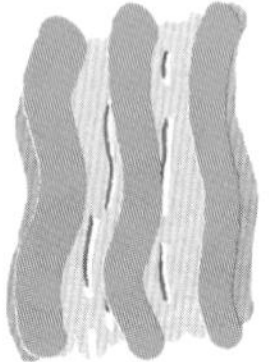

*냇물이 흐르는 모양

• 변형은 영어 알파벳 'ccc'로 기억하세요.

부수 결합하여 한자 만들기

 말씀 언 +  내 천 = 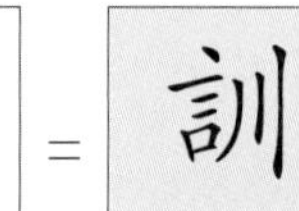 가르칠 훈

말(言)하여 냇물(川)이 흐르듯 자연스럽게 가르치니

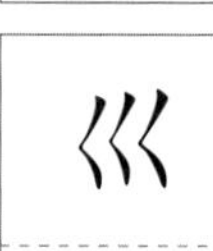 내 천 +  불 화 = 災 재앙 재

냇물(巛)이 불어나고 불(火)이 나서 생기는 재앙
(여름에는 홍수로, 겨울에는 불이 나서 재앙이 많이 일어납니다.)

44

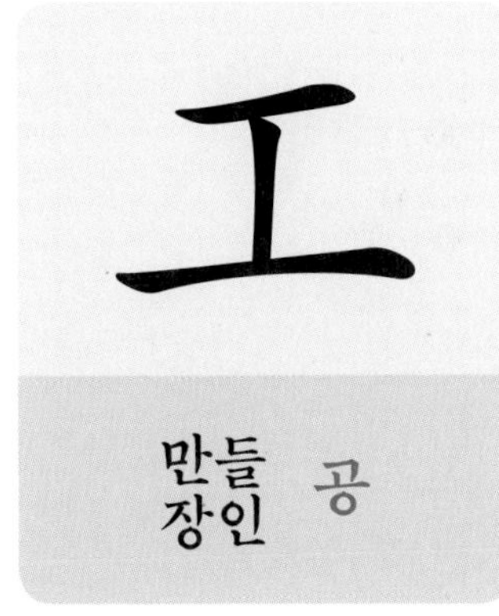

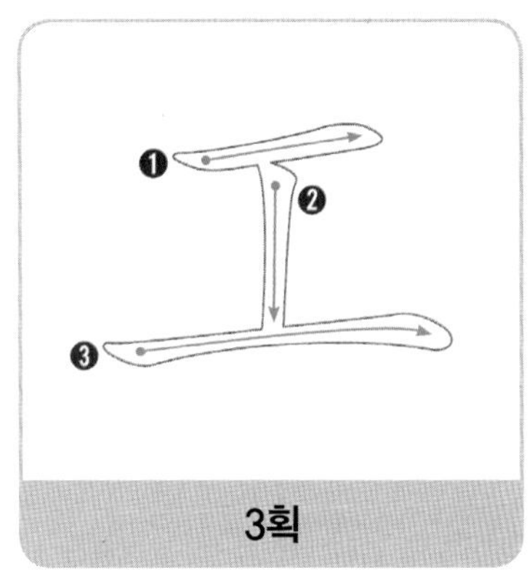

*하나(一)같이 머리(亠)로 생각해 보고 물건을 만드는 장인

• 장인 : 물건 만드는 사람

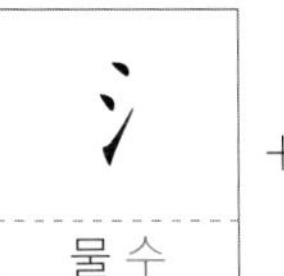

부수 결합하여 한자 만들기

氵 물 수	+	工 만들 공	=	江 강 강	물(氵)이 모여서 만들어진(工) 강
工 장인 공	+	力 힘 력	=	功 공 공	장인(工)이 힘(力)을 써서 세운 공 (장인이 힘을 써서 물건을 만들어 공을 세웠다는 뜻입니다.) (공 : 어떤 일을 하는 데에 들인 힘이나 노력)

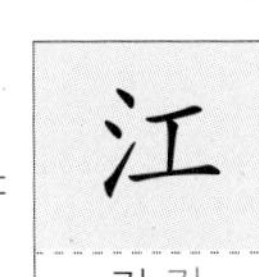

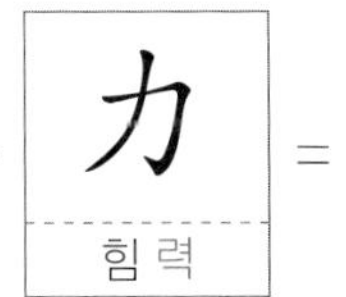

45

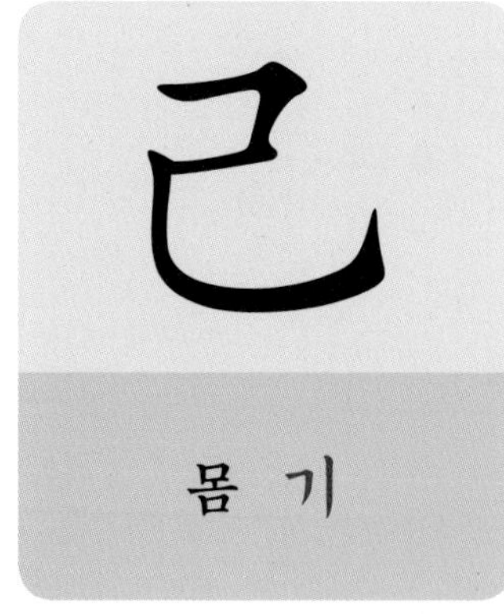

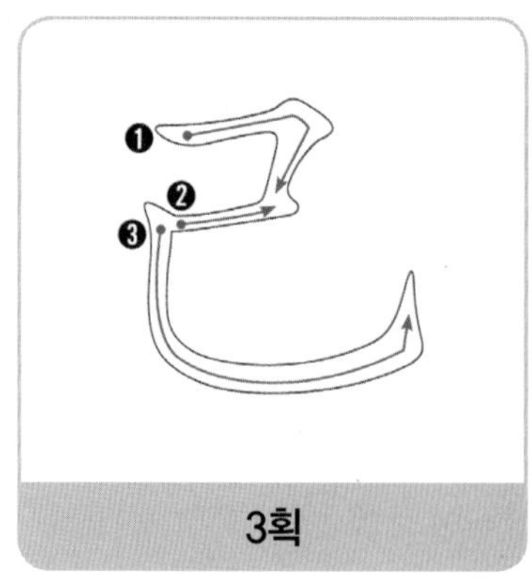

＊무릎을 꿇고 큰절하는 **몸**의 모양

• 乙(새 을, 1획), 己(**몸 기**, 3획) 잘 구별하세요.

부수 결합하여 한자 만들기

몸 기

\+

칠 복

=

改

고칠 개

몸(己)을 쳐(攵) 잘못을 고치니
(회초리로 몸을 때리며 잘못을 고치게 한다는 뜻입니다.)

46

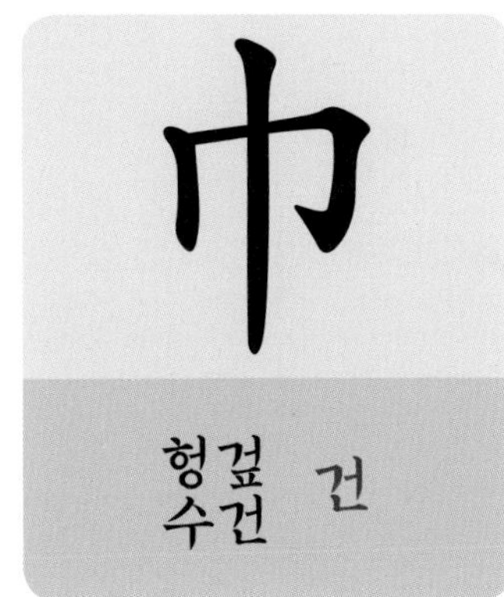

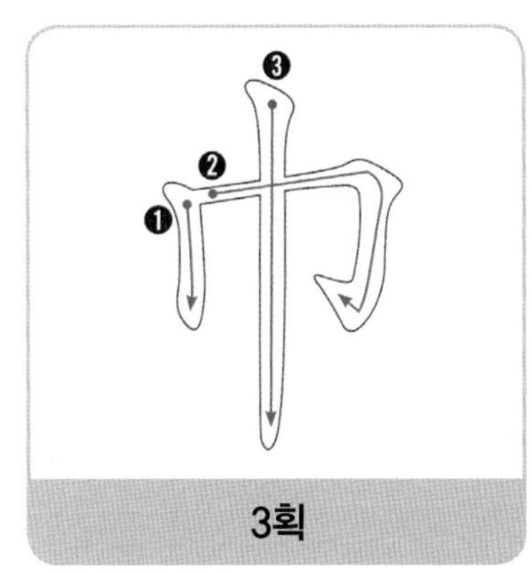

* **헝겊**으로 만든 **수건**을 몸에 두르고 있는 모양

부수 결합하여 한자 만들기

巾	+	長	=	帳
헝겊 건		길 장		장막 장

헝겊(巾)을 길게(長) 둘러친 장막
(장막 : 비바람을 피할 수 있도록 둘러치는 막)

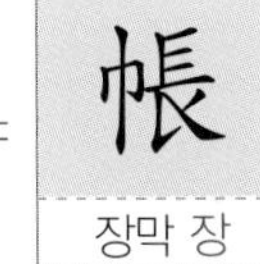

亠	+	巾	=	市
머리 두		수건 건		시장 시

머리(亠)에 수건(巾)을 두르고 시장에 가니

47

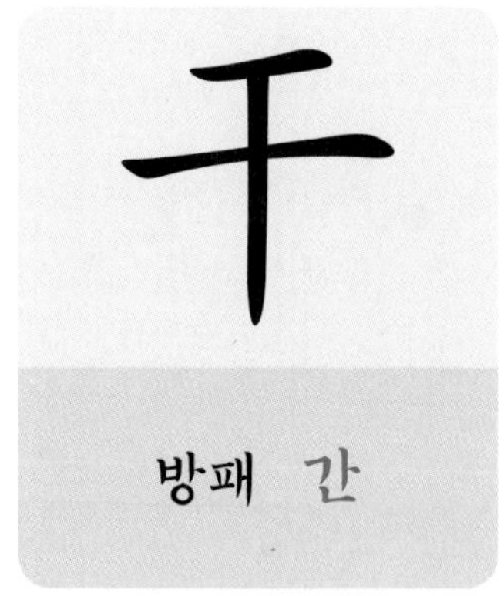

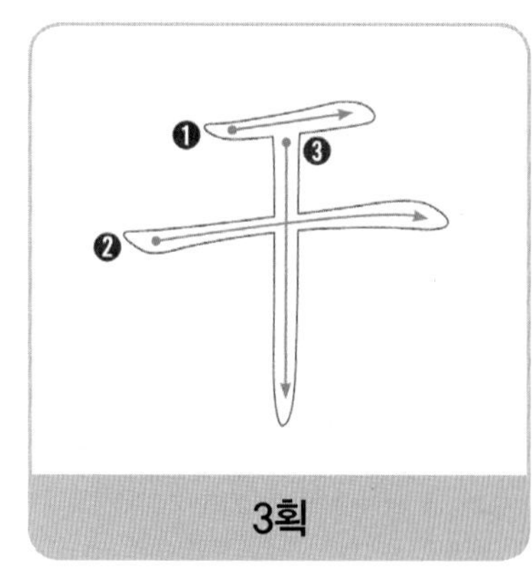

*하나(一)로 많은(十) 것을 막을 수 있는 방패

• 방패로 칼, 창, 화살 등 많은 것을 막지요?

부수 결합하여 한자 만들기

 해 일 +  방패 간 = 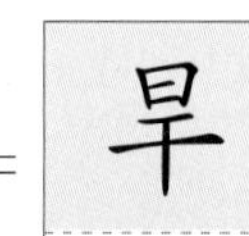 가물 한

해(日)를 방패(干)로라도 막아야 할 정도로 가무니
(날이 가물어 해를 방패로라도 가리고 싶다는 뜻입니다.)
(가뭄 : 식물이 말라죽을 만큼 비는 오지 않고 해만 내리쬐는 날씨)

 코 비 +  방패 간 =  코골 한

코(鼻)를 방패(干)로 막고 싶을 정도로 코고니

48

작을
어릴 요

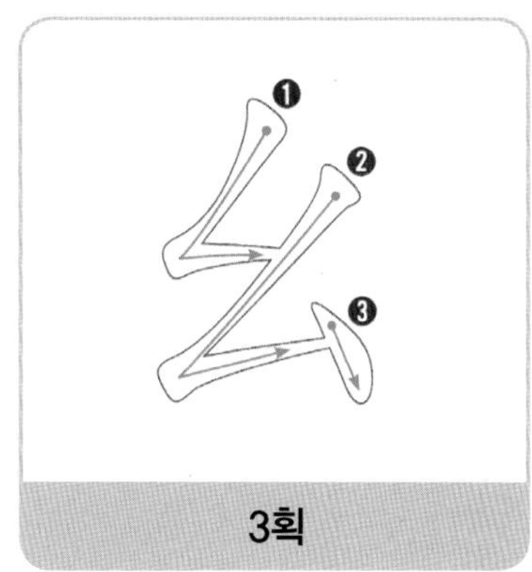

3획

*갓 태어난 **작고 어린**아이의 모양

• 厶(**나** 사, **사사로울** 사), 幺(**작을** 요, **어릴** 요) 잘 구별하세요.

부수 결합하여 한자 만들기

幺	+	力	=	幼			작은(幺) 힘(力)이면 아직 어리니
작을 요		힘 력		어릴 유			
彳	+	幺	+	夊	=	後	길어서(彳) 어린(幺)아이가 천천히 걸어(夊) 뒤따라오니
걸을 척		어릴 요		천천히 걸을 쇠		뒤 후	

49

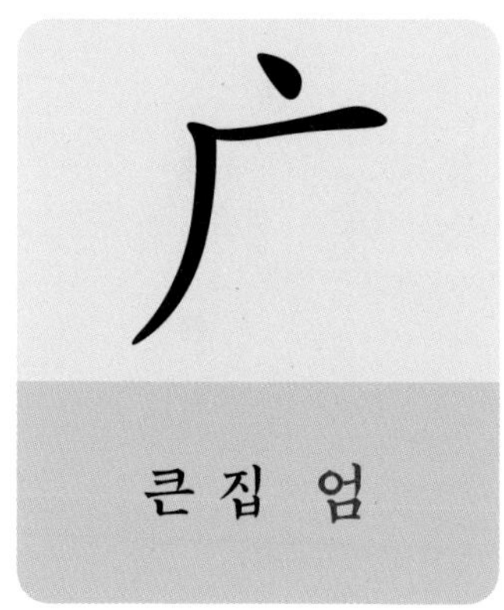

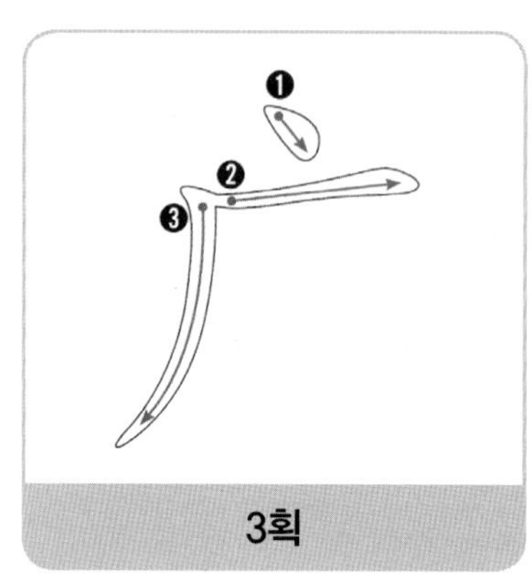

*점(丶)처럼 **바위**(厂) 위에 지은 **큰 집** 모양

• 厂(**바위 엄**, 2획), 广(**큰 집 엄**, 3획) 잘 구별하세요.

부수 결합하여 한자 만들기

广 큰 집 엄	+	車 수레 거	=	庫 창고 고	큰 집(广)에서 수레(車)를 넣어 보관하는 창고
广 큰 집 엄	+	聽 들을 청	=	廳 관청 청	큰 집(广)을 지어 놓고 백성의 어려움을 들어(聽)주는 관청 (도청, 시청, 구청을 생각해 보세요.)

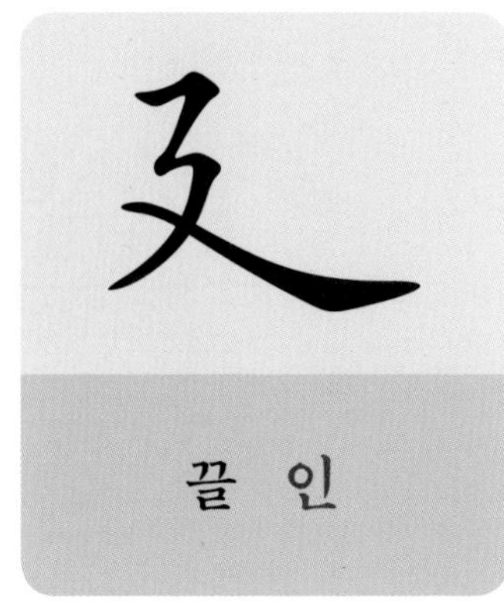

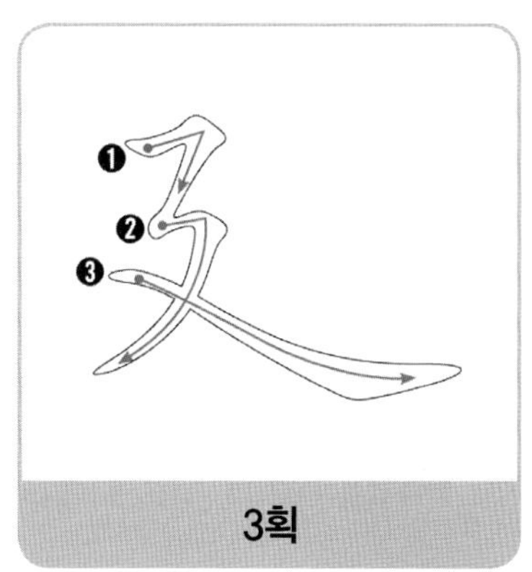

*옷을 **끌며** 걷는 모양

부수 결합하여 한자 만들기

+ 廴 (끌 인) =

붓(聿)을 이리저리 끌어(廴)가며 계획을 세우니
(붓을 이리저리 끌어가며 글을 써서 계획을 세운다는 뜻입니다.)

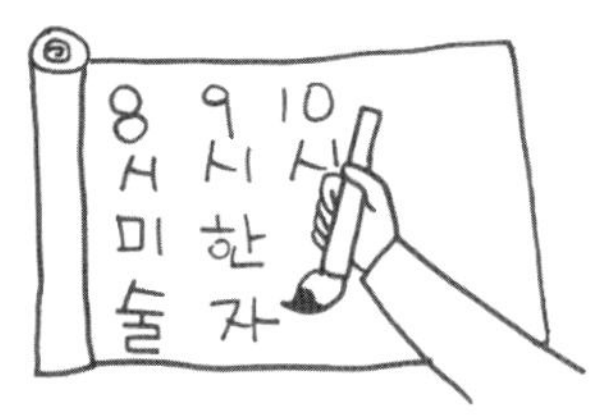

주머니에서 정답을 찾아 쓰세요.

*입 벌리고(凵) 땅을 뚫고(丨) (　)이 나는 모양

山

*산봉우리가 뾰족하게 솟은 (　) 의 모양

川 (巛)

*(　)이 흐르는 모양

工

*하나(一)같이 머리(亠)로 생각해 보고 물건을 (　)

己

*무릎을 꿇고 큰절하는 (　)의 모양

巾

*(　　　)으로 만든 (　　　)을 몸에 두르고 있는 모양

干

*하나(一)로 많은(十) 것을 막을 수 있는 (　　　)

幺

*갓 태어난 (　　　　　)
아이의 모양

广

*점(丶)처럼 바위(厂) 위에 지은 (　　　) 모양

夂

*옷을 (　　　) 걷는 모양

아래의 빈칸에 알맞은 부수를 넣어 한자를 만들어 볼까요?

亻 사람 인	+	선비 사	=	仕 벼슬 사	사람(亻) 중에서 선비(士)만 벼슬하니 (옛날에는 신분 계급이 있어서 양반인 선비만 벼슬했다는 뜻입니다.)
저녁 석	+	卜 점칠 복	=	外 바깥 외	저녁(夕)에 별을 보고 점치려고(卜) 바깥에 나가니
뒤져 올 치	+	冫 얼음 빙	=	冬 겨울 동	봄, 여름, 가을, 겨울 중에서 뒤져 오면서(夂) 얼음(冫)까지 어는 계절은? 겨울입니다.
집 면	+	女 여자 녀	=	安 편안할 안	집(宀)에 여자(女)가 있어야 편안하니
土 땅 토	+	규칙 촌	=	寺 절 사 / 관청 시	땅(土)에서 규칙(寸)을 지키는 절이나 관청
싹 날 철	+	凵 입 벌릴 감	=	出 날 출	싹(屮)이 입 벌리고(凵) 나오니
亻 사람 인	+	산 산	=	仙 신선 선	사람(亻)이 산(山)에서 도를 닦으며 신선처럼 사니 (도 : 무술이나 기예 따위를 행하는 방법)
日 해 일	+	방패 간	=	旱 가물 한	해(日)를 방패(干)로라도 막아야 할 정도로 가무니 (날이 가물어 해를 방패로라도 가리고 싶다는 뜻입니다.) (가뭄 : 식물이 말라죽을 만큼 비는 오지 않고 해만 내리쬐는 날씨)

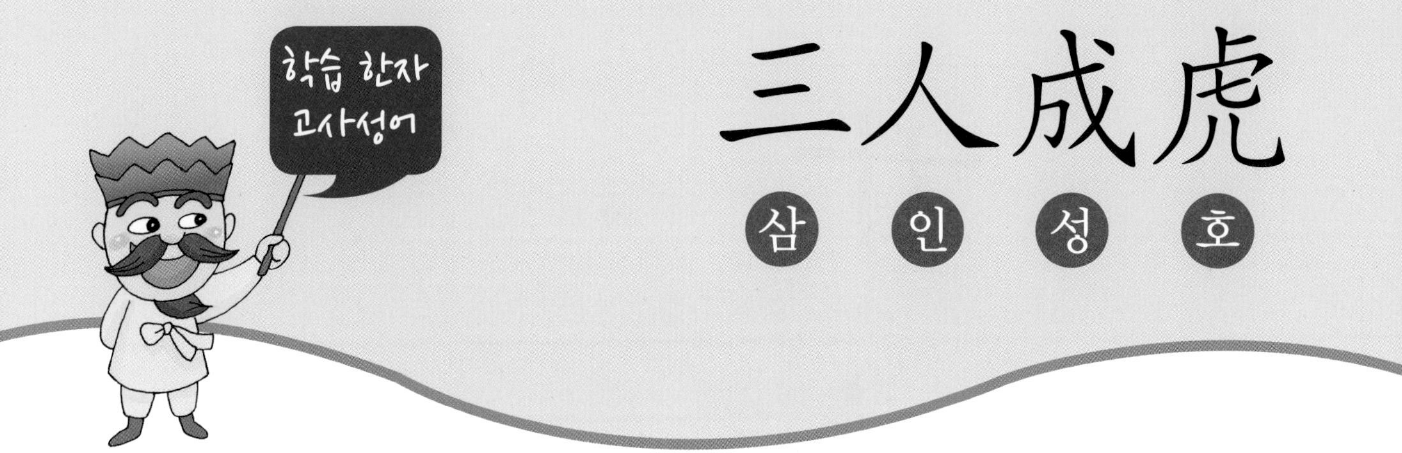

三(석 삼) 人(사람 인) 成(이룰 성) 虎(범 호)

사람 셋이면 호랑이도 만들어 낸다는 뜻으로, 거짓말도 여러 사람이 하면 곧이들린다는 의미로 쓰인다.

중국 전국시대 위나라 혜왕은 조나라와 강화를 맺고 태자를 볼모로 보내게 되었다. 그러나 태자를 홀로 보낼 수는 없으므로 돌봐 줄 후견인으로 방총을 발탁했다. 방총은 조나라로 출발하기 전에 하직인사를 하며 임금에게 이렇게 물었다.

"전하, 지금 누가 저잣거리에 호랑이가 나타났다고 한다면 전하께서는 믿으시겠습니까?"

"그런 터무니없는 소리를 누가 믿겠소."

"그러면 또 한 사람이 같은 소리를 한다면 믿으시겠습니까?" "역시 믿지 않을 거요."

"만약 세 번째 사람이 똑같은 말을 아뢰면 그때도 믿지 않으시겠습니까?"

"그땐 믿어야겠지."

이 말을 들은 방총은 한숨을 내쉬고 간곡한 목소리로 말했다.

"전하, 저잣거리에 호랑이가 나타날 수 없다는 것은 어린애도 알 만한 사실입니다. 그러나 전하는 입이 여럿이다 보면 솔깃해서 믿게 됩니다. 제가 태자마마를 모시고 조나라로 떠나면 아마도 신을 비방하는 사람들이 여럿 나타날 것입니다. 전하께서는 이 점을 참작해 주십시오."

이렇게 말하고 방총이 태자를 모시고 떠난 지 얼마 지나지 않아 그를 헐뜯는 참소가 임금의 귀를 어지럽히기 시작했다. 혜왕도 처음에는 무시하고 말았으나 같은 소리가 두 번, 세 번 이어지자 어느덧 자기도 모르게 귀가 솔깃해지는 것을 어쩔 수 없었다. 그로부터 몇 년이 지나 태자는 볼모 신세를 면하여 귀국하게 되었지만 방총은 끝내 돌아올 수 없는 신세가 되고 말았다.

51

스물 입
두 손 잡을 공

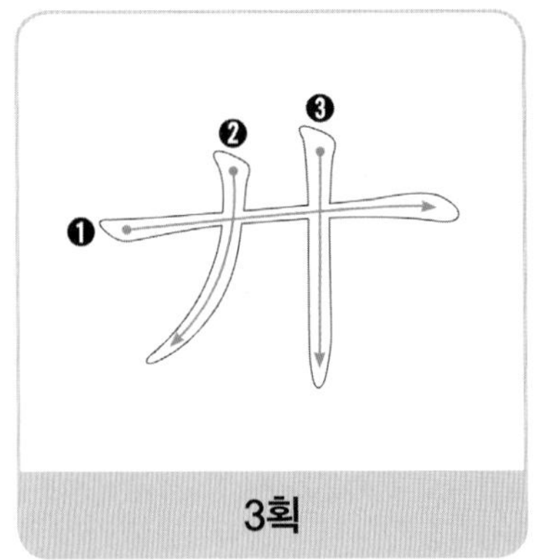

3획

* 열(十)과 열(十)을 합하여 스물의 뜻을 나타냅니다.
* 물건을 두 손으로 잡고 있는 모양

부수 결합하여 한자 만들기

十	+	廾	=	卅	열(十) 더하기 스물(廾)은? 서른
열 십		스물 입		서른 삽	
戈	+	廾	=	戒	창(戈)을 두 손으로 잡고(廾) 경계하니 (창을 두 손에 들고 적을 경계한다는 뜻입니다.)
창 과		두 손 잡을 공		경계할 계	

52

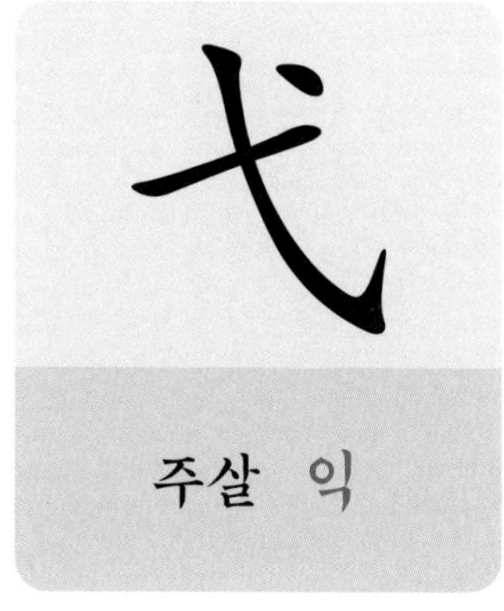

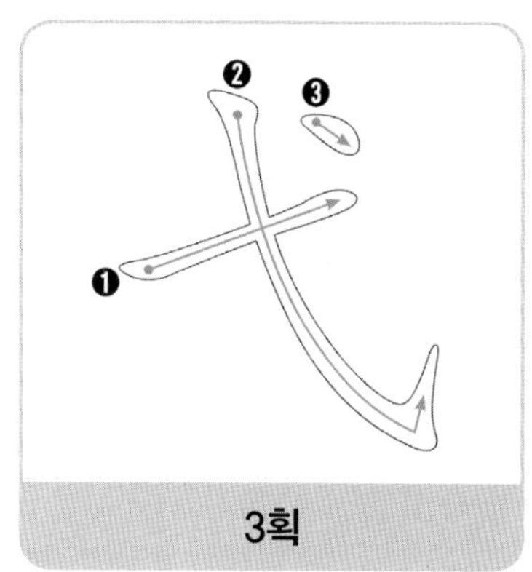

＊주살의 모양

• 주살 : 줄이 달린 화살(활 쏘는 연습을 할 때 사용)

부수 결합하여 한자 만들기

사람 인

\+

주살 익

=

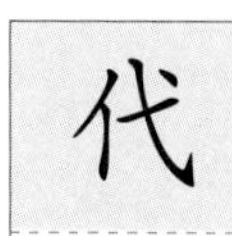

대신할 대

사람(亻)이 할 일을 주살(弋)로 대신하니
(활 쏘는 연습을 할 때 뒤에서 사람이 보고 자세를 바로잡아 줘야 하는 데 주살을 이용하여 대신한다는 뜻입니다.)

53

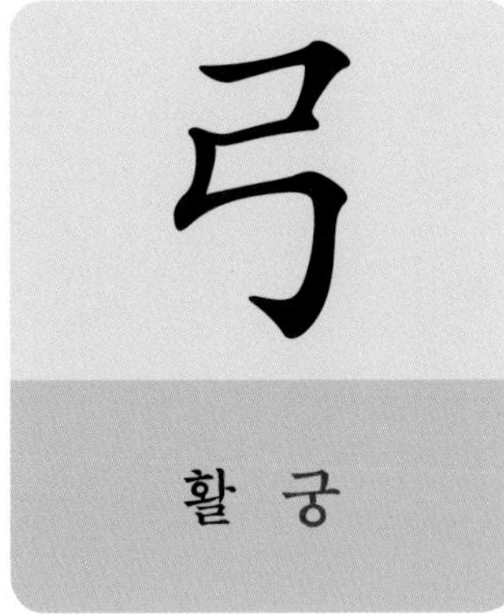

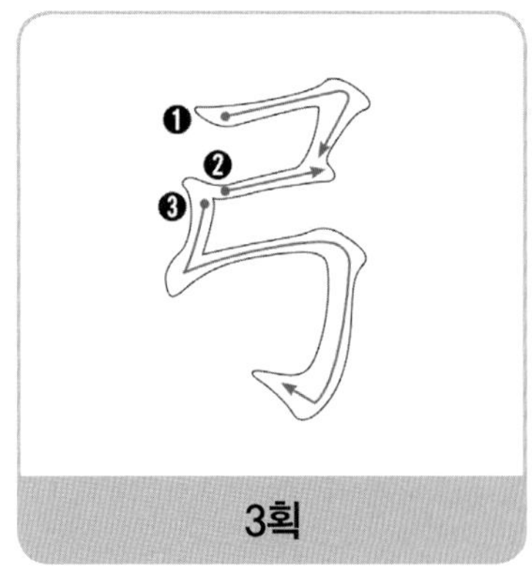

*활의 모양

• 己(몸 기), 弓(활 궁) 잘 구별하세요.

부수 결합하여 한자 만들기

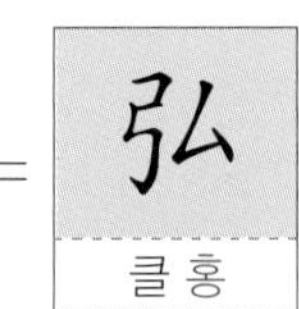

弓	+	厶	=	弘
활 궁		나 사		클 홍

활(弓)시위를 내(厶) 쪽으로 당기면 늘어나 커지니
(활줄을 내 쪽으로 당기면 늘어나 활의 모양이 커진다는 뜻입니다.)

54

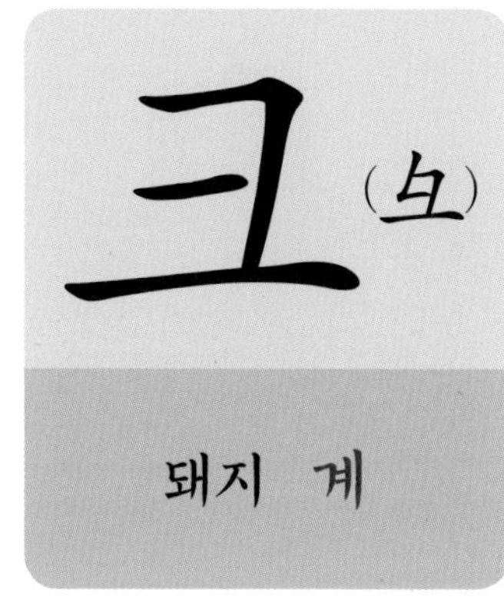

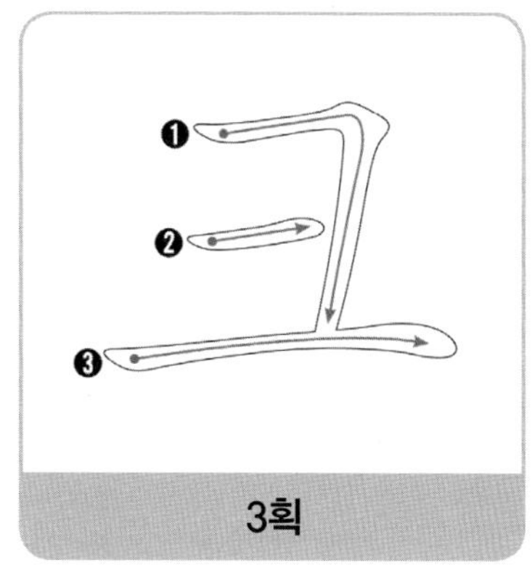

*주둥이가 나온 **돼지** 머리의 모양

- 돼지가 '크크크' 웃으며 요트(彑)를 타니로 기억하세요.
- ⺕(**손 우**, **또 우**), 彑(**돼지 계**) 잘 구별하세요.

부수 결합하여 한자 만들기

+

+

=

실(糸)로 돼지(彑)와 돼지(豕)를 묶은 것처럼 떼려야 뗄 수 없는 인연(결혼할 때 청실홍실 엮는다고 하죠?)

55

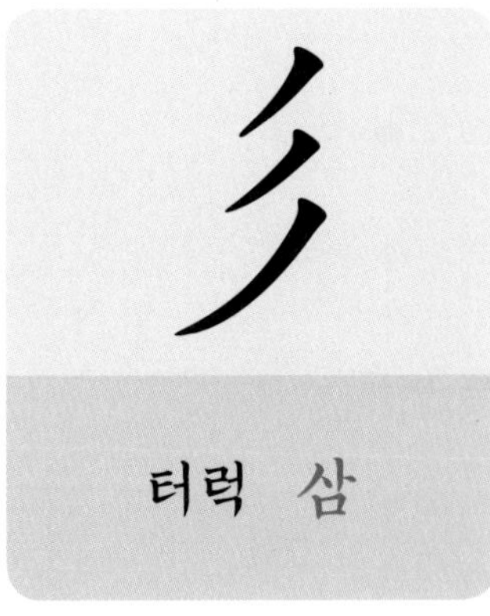

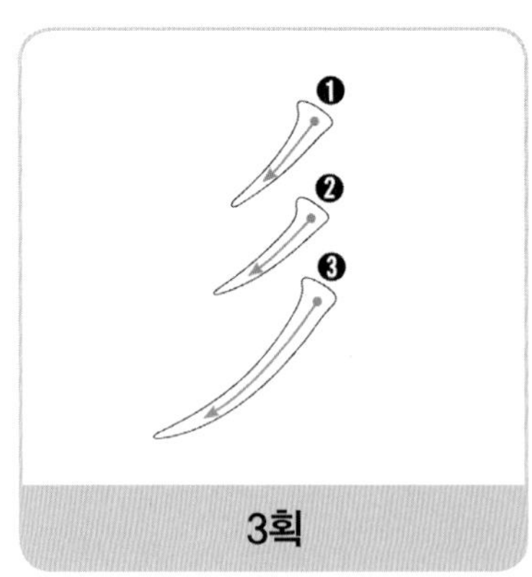

*빗질해 놓은 **터럭** 모양

- 터럭 : 털
- 三(**석** 삼), 川(**내** 천), 彡(**터럭** 삼) 잘 구별하세요.

부수 결합하여 한자 만들기

+

= 髟 (긴 터럭 표)

긴(長) 터럭(彡)이니 긴 터럭 표

56

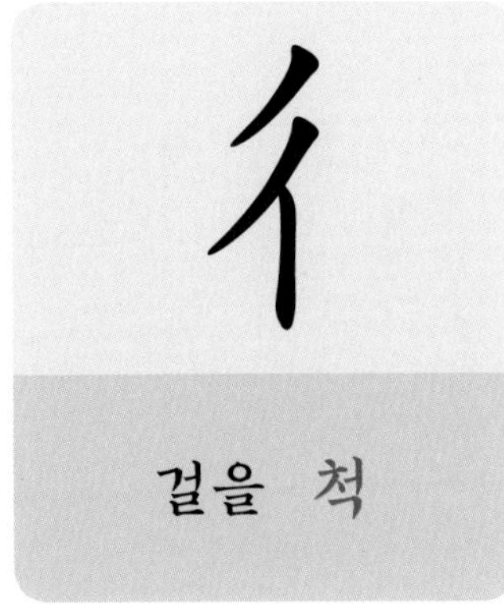

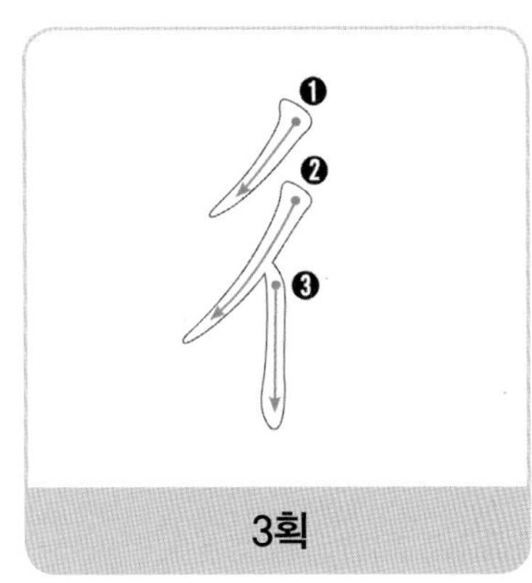

*두 사람(亻)이 나란히 걷는 모양

• 亻(사람 인), 彳(걸을 척) 잘 구별하세요.

彳						

부수 결합하여 한자 만들기

彳	+	幺	+	夂	=	後
걸을 척		어릴 요		천천히 걸을 쇠		뒤 후

걸어서(彳) 어린(幺)아이가 천천히 걸어(夂) 뒤따라오니

57

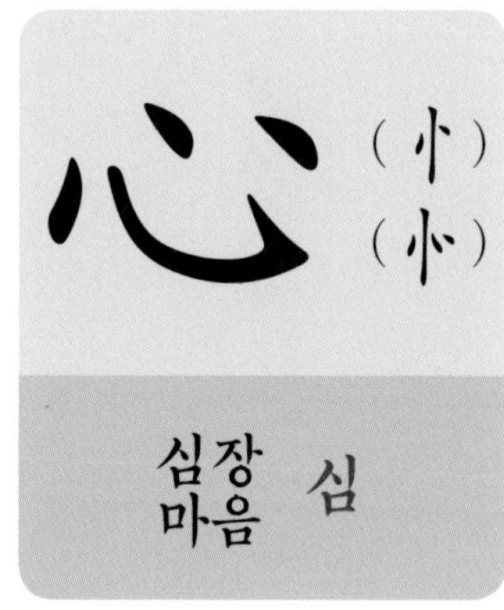

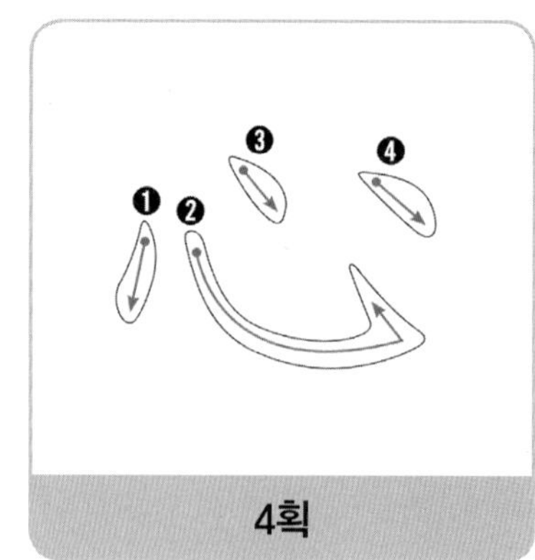

*심장의 모양을 본떠서 만든 글자로 마음이란 뜻으로 씁니다.

- 忄: 왼쪽에 쓰일 때의 모양
- ⺗: 아래에 쓰일 때의 모양

부수 결합하여 한자 만들기

自 (코 자)	+	心 (심장 심)	=	息 (숨 쉴 식)	코(自)와 심장(心)으로 숨 쉬니
忄 (마음 심)	+	生 (날 생)	=	性 (성품 성)	마음(忄)에서 나오는(生) 성품 (마음을 잘 먹으라고 하죠? 마음에서 성품이 나온다고 합니다.)
共 (함께 공)	+	⺗ (마음 심)	=	恭 (공손할 공)	함께(共) 어울려 살면 마음(⺗)이 공손하니

58

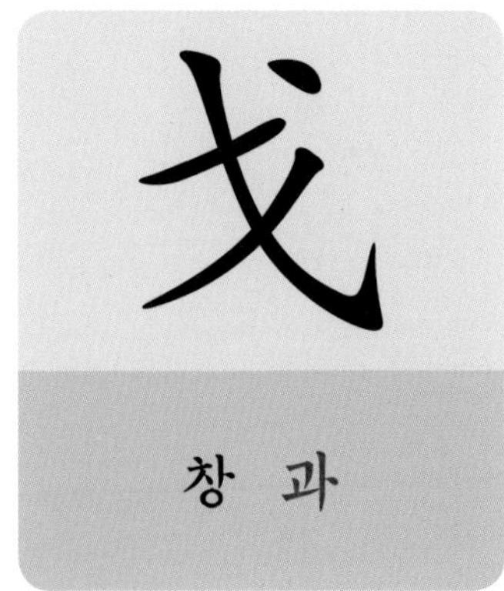

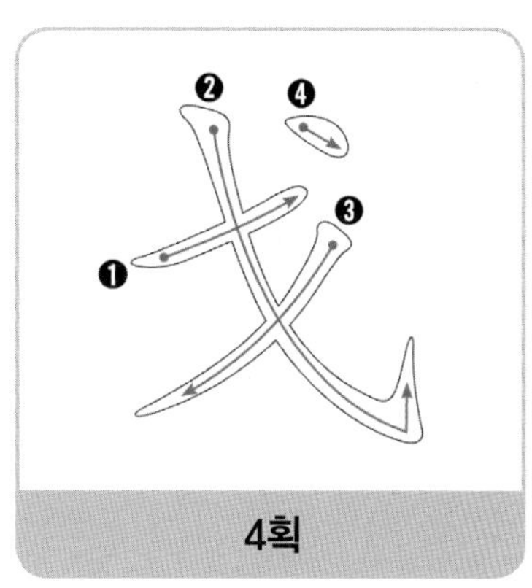

*주살(弋)처럼 끈(丿)이 달려 있는 창의 모양

• 弋(**주살 익**, 3획), 戈(**창 과**, 4획) 잘 구별하세요.

戈						

부수 결합하여 한자 만들기

戈	+	廾	=	戒
창 과		두 손 잡을 공		경계할 계

창(戈)을 두 손으로 잡고(廾) 경계하니
(창을 두 손에 들고 적을 경계한다는 뜻입니다.)

亻	+	戈	=	伐
사람 인		창 과		찌를 벌

사람(亻)이 창(戈)으로 찌르니

59

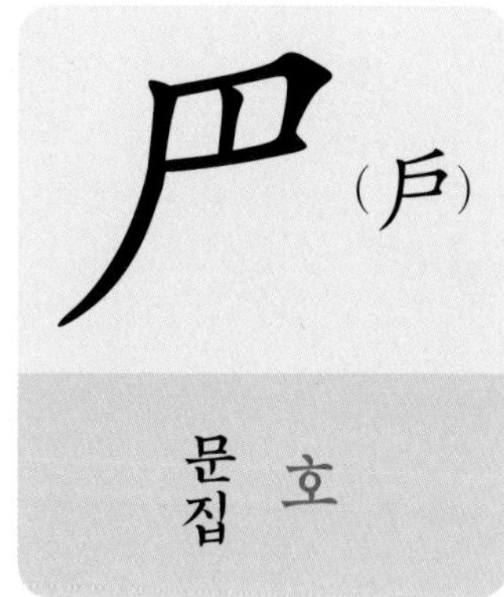

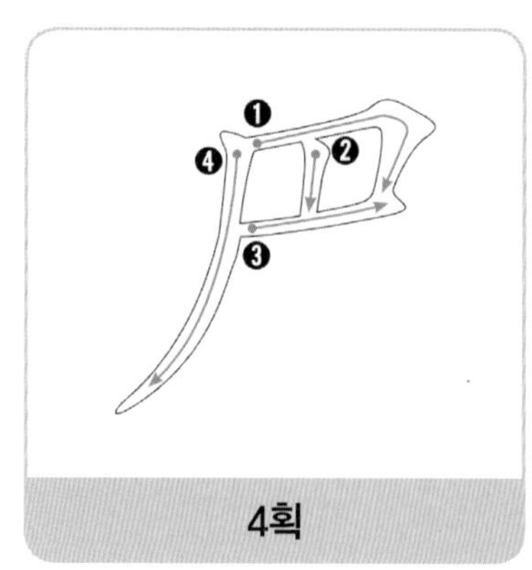

*문짝이 한 개인 문의 모양
*외짝 문이 달려 있는 집의 뜻을 나타냅니다.
• 尸(지붕 시, 3획), 戶(문 호, 4획) 잘 구별하세요.

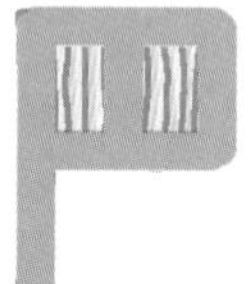

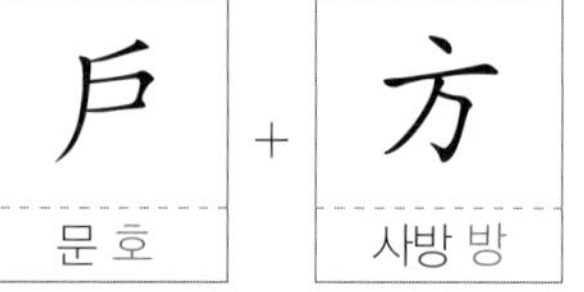

戸	+	方	=	房	문(戸)을 사방(方)으로 낸 방 (한옥은 방에 여러 개의 문이 달려 있습니다.)
문 호		사방 방		방 방	
戸	+	斤	=	所	집(戸)에서 위험한 도끼(斤)를 두는 일정한 곳(도끼는 위험해서 어린아이들의 손이 잘 닿지 않는 높은 곳에 두었습니다.)
집 호		도끼 근		곳 소	

60

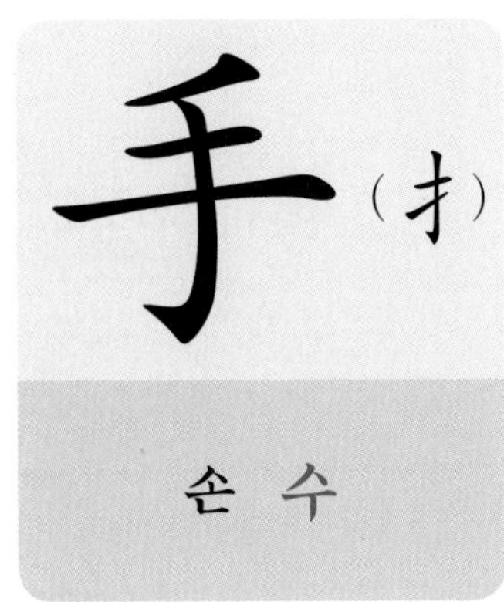

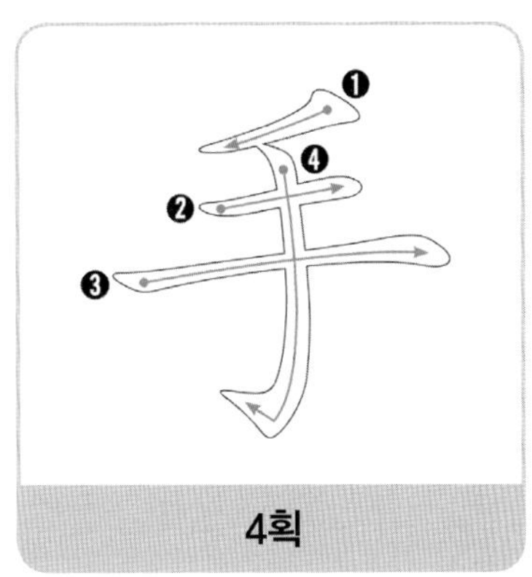

*끈(ノ) 두(二) 개와 갈고리(亅)를 쥐고 있는 손의 모양

부수 결합하여 한자 만들기

手 손 수	+	目 눈 목	=	看 볼 간	손(手)을 눈(目) 위에 얹고 보니(눈이 부셔서 손을 눈 위 이마에 얹어 빛을 가리고 본다는 뜻입니다.)
扌 손 수	+	殳 창 수	=	投 던질 투	손(扌)으로 창(殳)을 던지니

주머니에서 정답을 찾아 쓰세요.

廾

* 열(十)과 열(十)을 합하여 ( ) 의 뜻을 나타냅니다.
* 물건을 ( ) 있는 모양

弋

* ( )의 모양

弓

* ( )의 모양

彐(彑)

* 주둥이가 나온 ( ) 머리의 모양

彡

* 빗질해 놓은 ( ) 모양

彳

*두 **사람**(亻)이 나란히 (   ) 모양

心(忄)(⺗)

*(   )의 모양을 본떠서 만든 글자로 (   )이란 뜻으로 씁니다.

戈

***주살**(弋)처럼 **끈**(丿)이 달려 있는 (   )의 모양

尸(戶)

*문짝이 한 개인 (   )의 모양

*외짝 문이 달려 있는 (   )의 뜻을 나타냅니다.

手(扌)

***끈**(丿) **두**(二) 개와 **갈고리**(亅)를 쥐고 있는 (   )의 모양

아래의 빈칸에 한자는 뜻과 음을, 뜻과 음은 한자를 쓰세요.

41~60번 형성평가

	屮	山	川(巛)	工	己
巾	干	幺	广	廴	廾
弋	弓	彐(彑)	彡	彳	心(忄)(㣺)
戈	戸(戶)	手(扌)		싹날 철	산 산
내 천	만들 공	몸 기	헝겊 건	방패 간	작을 요
큰집 엄	끌 인	스물 입	주살 익	활 궁	돼지 계
터럭 삼	걸을 척	심장 심	창 과	문 호	손 수

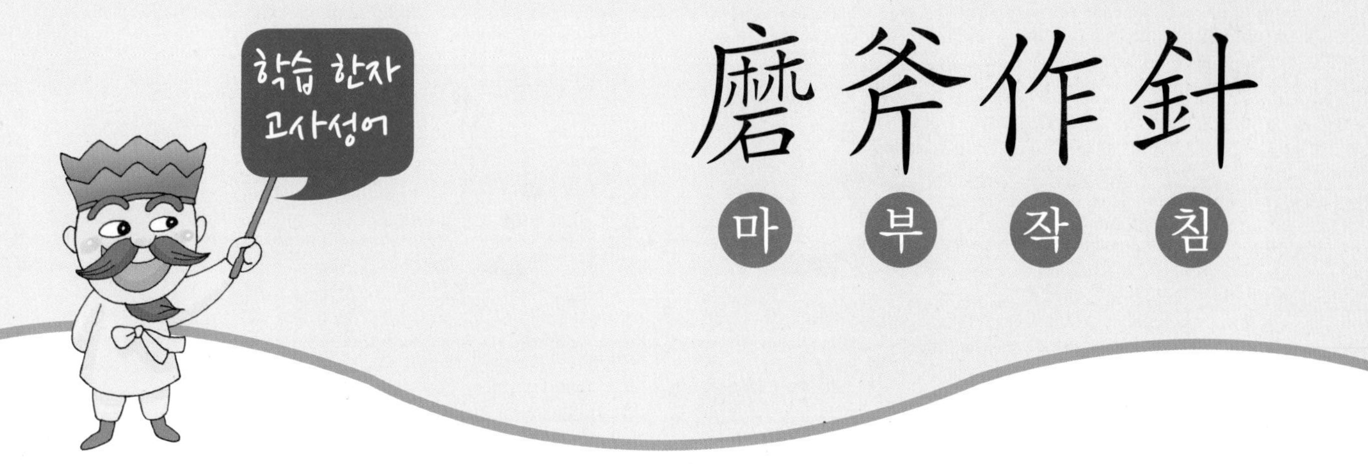

磨(갈 마) 斧(도끼 부) 作(만들 작) 針(바늘 침)

도끼를 갈아서 바늘을 만든다는 뜻으로, 아무리 어려운 일이라도 꾸준히 노력하면 이룰 수 있다는 의미로 쓰인다.

이백은 시선(詩仙)이라고 추앙받는 중국 당나라의 대표적인 시인이다. 그는 5살 때 아버지를 따라 촉 땅에 가서 어린 시절을 보냈는데, 10살에 시와 글씨에서 어른을 능가할 정도의 특출한 재능을 보였지만 정작 공부에는 열성이 없었다. 아버지는 그에게 훌륭한 스승을 붙여 주어 상의산에 들어가 학문에 정진하게 했지만, 그는 따분한 산 생활과 끝도 없는 글 읽기가 진력이 나서 견딜 수가 없었다. 결국 이백은 스승 몰래 산을 내려가기로 결심했다. 집을 향해서 한참 가는데 한 노파가 물가에 앉아 바윗돌에 도끼를 갈고 있었다. 이백은 호기심이 생겨서 물어 보았다.

"할머니, 지금 무엇을 하고 계십니까?"

"바늘을 만들고 있단다."

노파의 대답을 들은 이백이 기가 막혀서 "도끼로 바늘을 만든단 말씀입니까?" 하고 큰 소리로 웃자 노파는 가만히 이백을 쳐다보며 꾸짖듯 말했다.

"얘야, 비웃을 일이 아니다. 중도에 그만두지만 않는다면 언젠가는 이 도끼로 바늘을 만들 수 있단다."

이 말을 듣고 이백은 크게 깨달은 바가 있어서 그 후로는 한눈팔지 않고 글공부를 열심히 하였다고 한다.

61

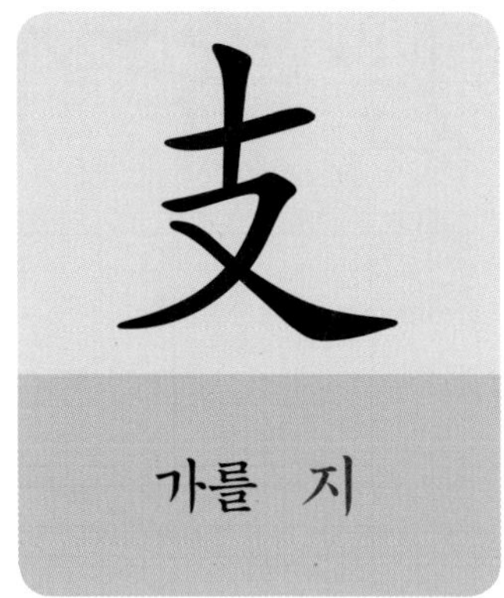

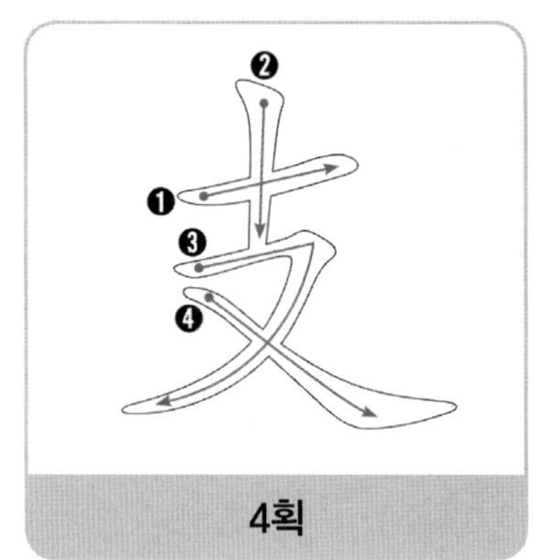

*열(十) 개씩 또(又) 가르니

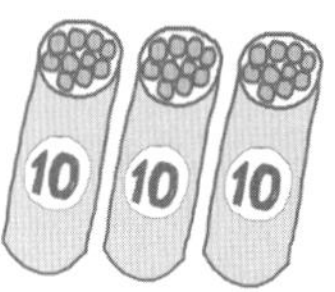

부수 결합하여 한자 만들기

+

=

손(扌)으로 일정하게 가르는(支) 재주

62

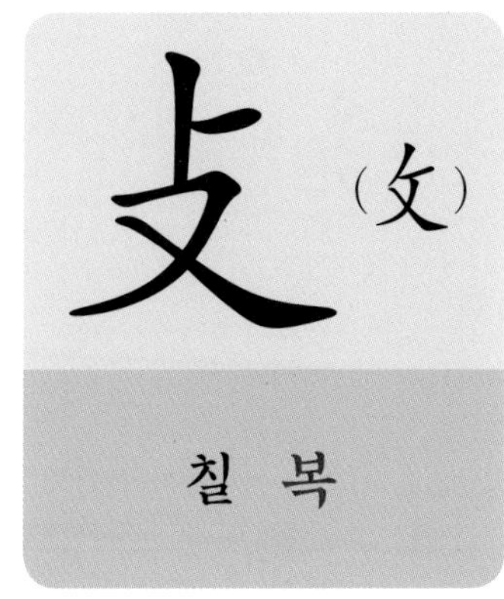

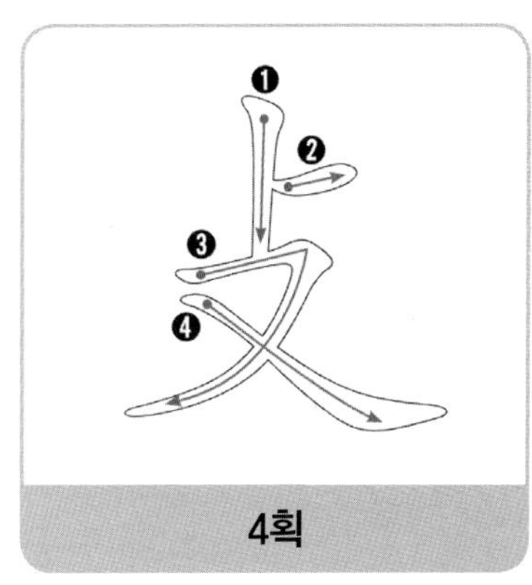

＊점칠(卜) 때 손(又)으로 '폭' 소리가 나게 치니

• 夂(**뒤져 올 치**, 3획), 攵(**칠 복**, 4획) 잘 구별하세요.

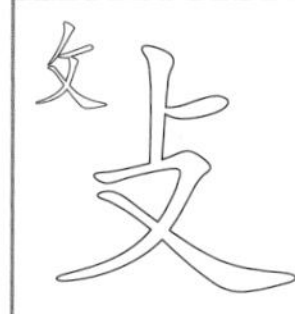

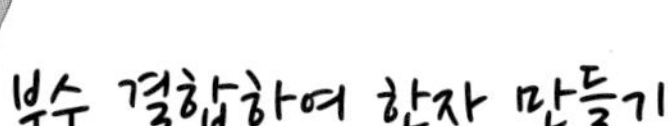

부수 결합하여 한자 만들기

高	+	攴	=	敲	높이(高) 손을 들어 쳐(攴) 두드리니 (큰북을 손을 높이 들어서 쳐 두드린다는 뜻입니다.)
높을 고		칠 복		두드릴 고	
己	+	攵	=	改	몸(己)을 쳐(攵) 잘못을 고치니 (회초리로 몸을 때리며 잘못을 고치게 한다는 뜻입니다.)
몸 기		칠 복		고칠 개	

63

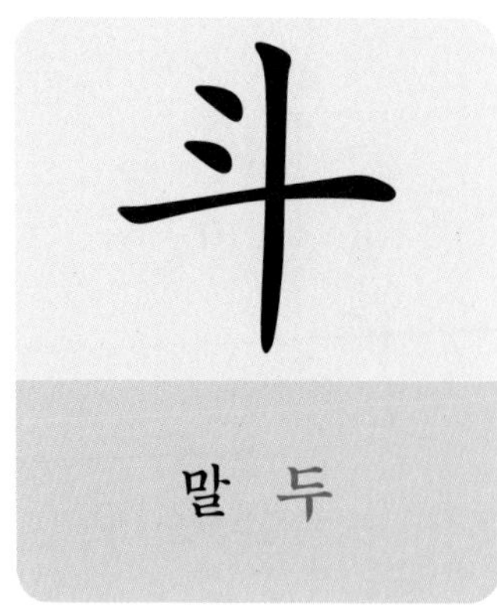

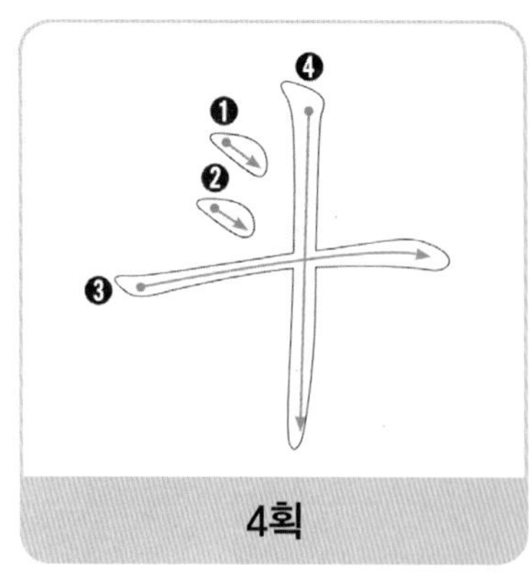

*점(丶) 점(丶)이 모여 있는 곡식의 양을 열(十) 번을 기준으로 측정하는 말

- 말 : 곡식, 액체, 가루 따위의 분량을 잴 때 쓰는 그릇
- 쌀 10홉 = 쌀 1되, 쌀 10되 = 쌀 1말, 쌀 10말 = 쌀 1가마

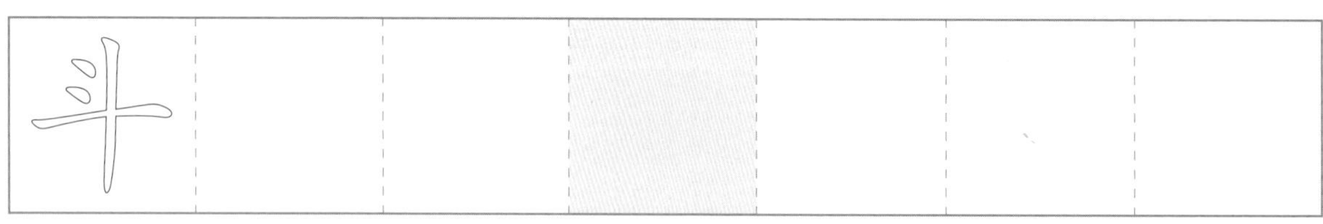

부수 결합하여 한자 만들기

米 + 斗 = 料

쌀 미 / 말 두 / 헤아릴 료

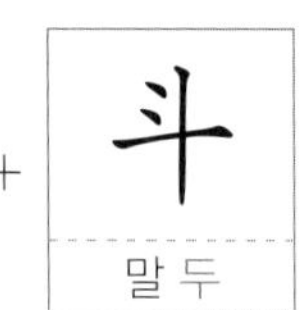

쌀(米)의 양을 말(斗)로 헤아리니

64

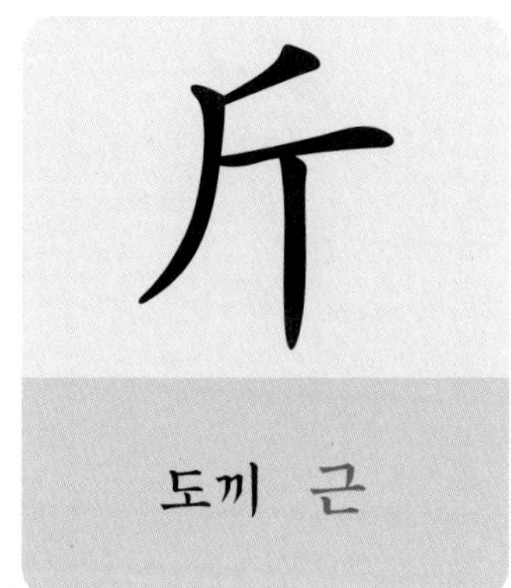

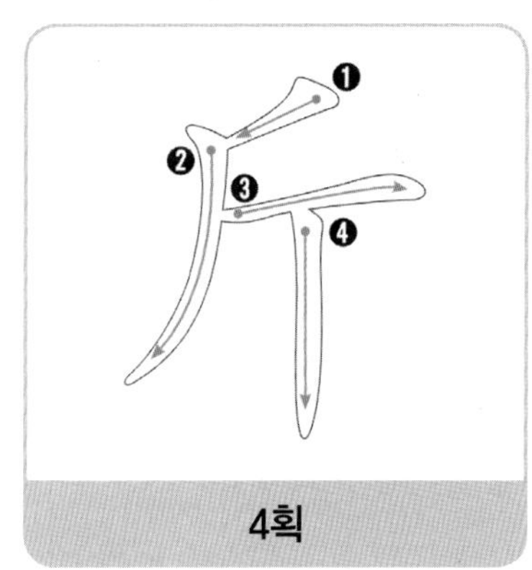

*자루 달린 **도끼**의 모양

부수 결합하여 한자 만들기

+

= 析 쪼갤 석

나무(木)를 도끼(斤)로 쪼개니

65

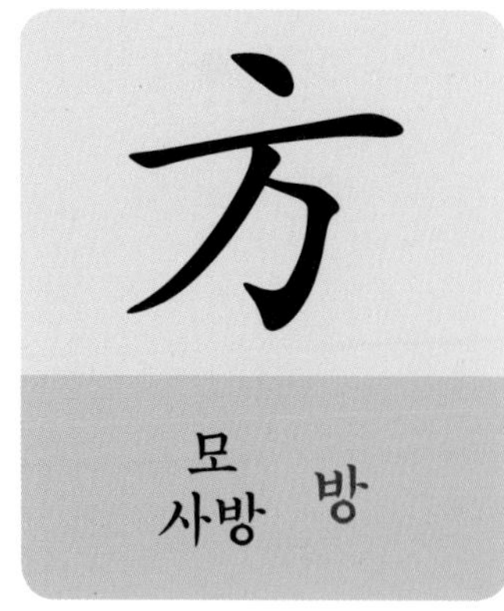

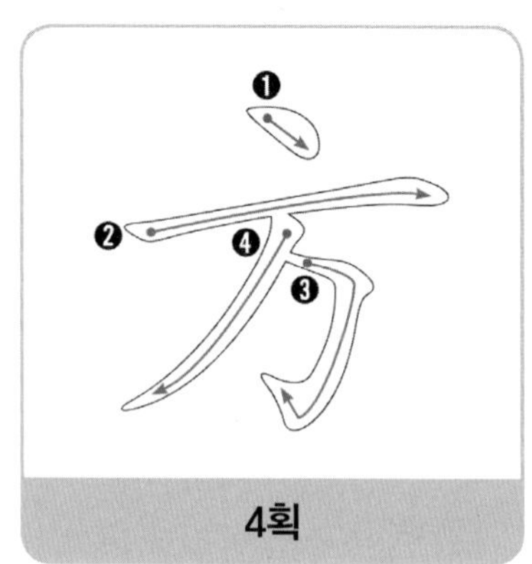

＊머리(亠)를 구부리고(𠃌) 끈(丿)으로 묶어 뾰족하게 모가 난 모양

• 모 : 겉으로 튀어 나온 곳

부수 결합하여 한자 만들기

方	+	𠆢	+	𠆢	+	大	=	族
사방 방		사람 인		사람 인		큰 대		겨레 족

사방(方)에서 사람(𠆢)과 사람(𠆢)들이 모여 큰(大) 겨레를 이루니(겨레 : 역사적으로 조상이 같고 말과 풍습이 같은 사람들)

66

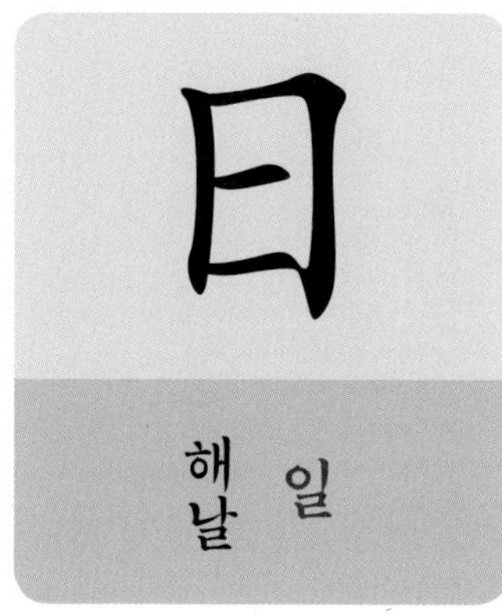

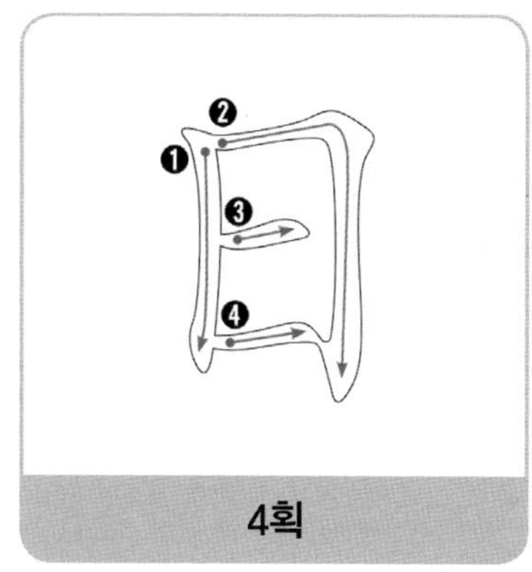

*해의 모양
*해가 지고 뜨는 것에 따라 날이 바뀌니 **날**이라는 뜻을 나타냅니다.

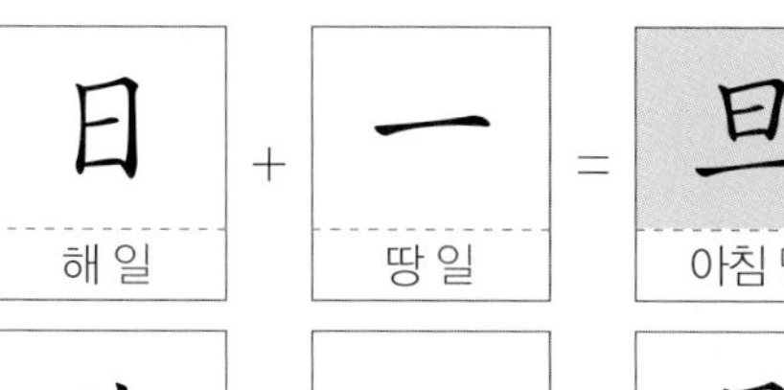

日	+	一	=	旦	
해 일		땅 일		아침 단	해(日)가 땅(一) 위로 떠오를 때는 아침이니

卄	+	一	+	日	=	昔	
스물 입		한 일		날 일		예 석	스물(卄) 하고도 하루(一)가 지난 날(日)이니 옛날이라는 뜻입니다.

67

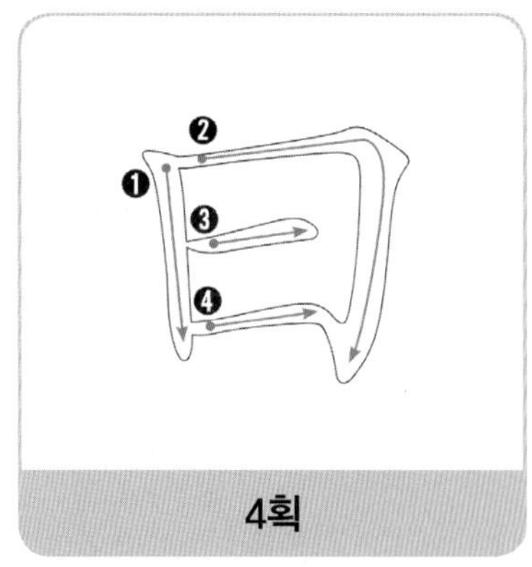

*입(口)을 벌려 하나(一)같이 말하니

• 日(해 일)은 홀쭉이, 曰(**말할 왈**)은 뚱뚱이로 구별하세요.

부수 결합하여 한자 만들기

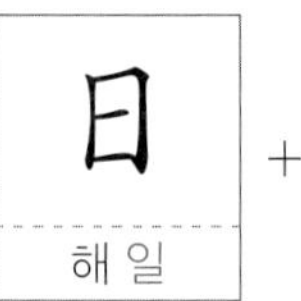 +  = 

日	+	曰	=	昌
해 일		말할 왈		창성할 창

해(日)처럼 말(曰)을 밝게 해야 앞날이 창성하니
(말을 긍정적으로 밝게 해야 일이 잘 된다는 뜻입니다.)

68

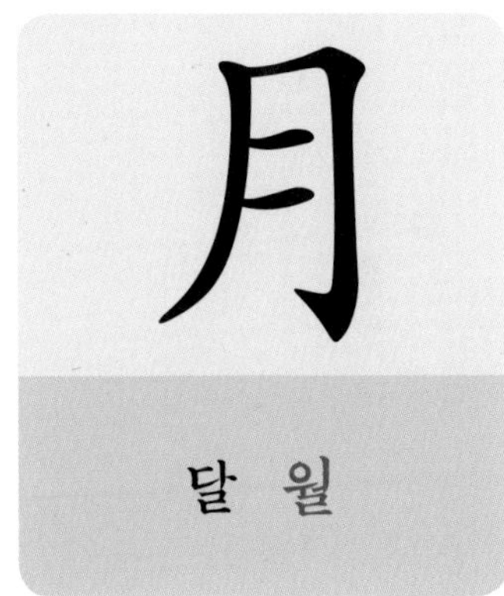

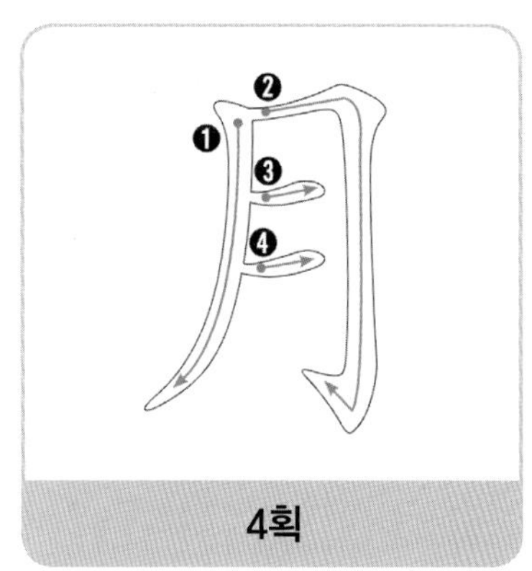

*이지러진 달의 모양

• 실제로 달은 둥글지만 이지러진 모양으로 보일 때가 많아 이렇게 만들었습니다.

부수 결합하여 한자 만들기

+

= 明 밝을 명

해(日)와 달(月)이 비추면 밝으니
(낮에는 해가, 밤에는 달이 비추니 밝다는 뜻입니다.)

69

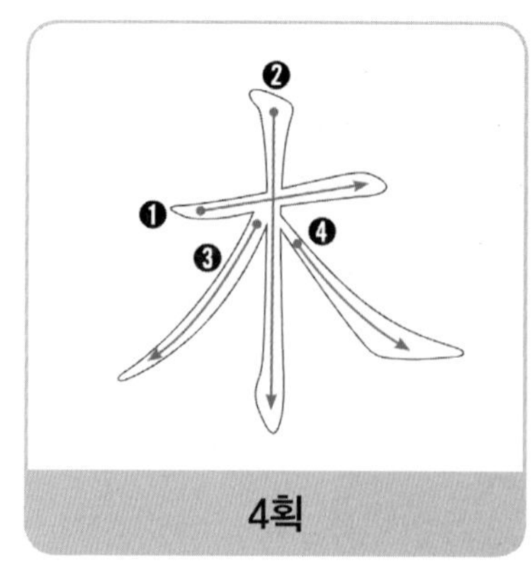

*땅(一)을 **뚫고**(丨) 뿌리를 **팔**(八)방으로 뻗고 서 있는 **나무**의 모양

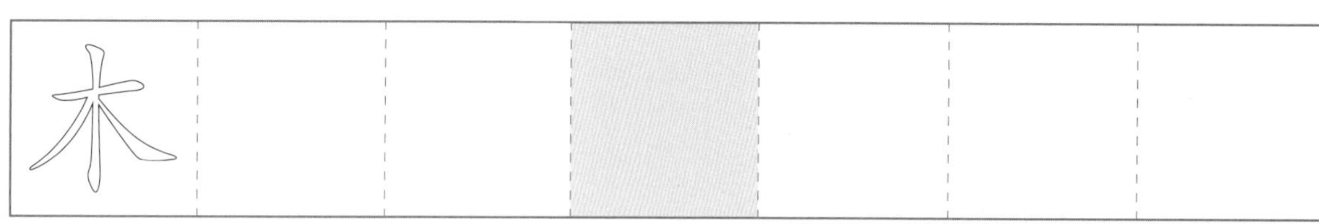

부수 결합하여 한자 만들기

木 나무 목	+	木 나무 목	=	林 수풀 림	나무(木)와 나무(木)로 우거진 숲
亻 사람 인	+	木 나무 목	=	休 쉴 휴	사람(亻)이 나무(木)에 기대어 쉬니

70

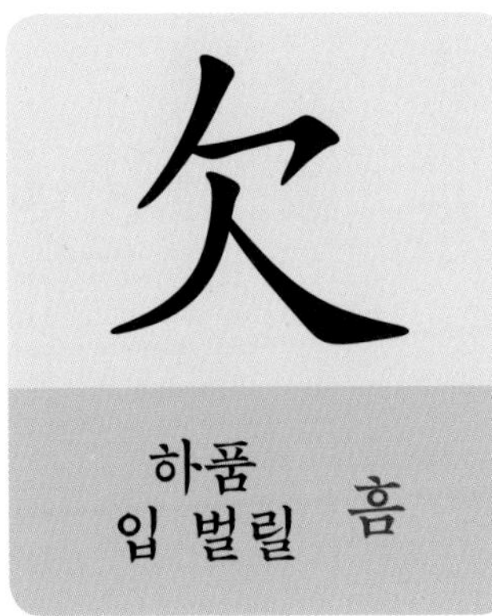

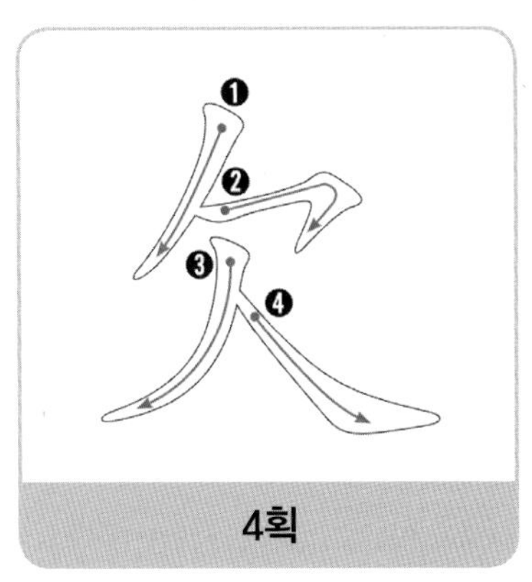

* 입을 **싸고**(⺈) **사람**(人)이 **하품**하니
* 하품할 때 입을 벌리니 **입을 벌린다**는 뜻을 나타냅니다.

부수 결합하여 한자 만들기

 +  = 

둘 이 + 하품 흠 = 다음 차

피곤하여 두(二) 번이나 하품(欠)하고 다음으로 미루니

 +  = 

입 구 + 입 벌릴 흠 = 불 취

입(口)으로 '후~' 하고 입 벌려(欠) 부니

주머니에서 정답을 찾아 쓰세요.

*열(十) 개씩 또(又) (   )

攴(攵)

*점칠(卜) 때 손(又)으로 '폭' 소리가 나게 (   )

斗

*점(丶) 점(丶)이 모여 있는 곡식의 양을 열(十) 번을 기준으로 측정하는 (   )

*자루 달린 (   )의 모양

方

*머리(亠)를 구부리고(乛) 끈(丿)으로 묶어 뾰족하게 (   )가 난 모양

日

* ( )의 모양
* 해가 지고 뜨는 것에 따라 날이 바뀌니 ( )이라는 뜻을 나타냅니다.

曰

* 입(口)을 벌려 하나(一)같이 ( )

月

* 이지러진 ( )의 모양

* 땅(一)을 뚫고(丨) 뿌리를 팔(八)방으로 뻗고 서 있는 ( )의 모양

欠

* 입을 싸고(⺈) 사람(人)이 ( ) 하니
* 하품할 때 입을 벌리니 ( )는 뜻을 나타냅니다.

아래의 빈칸에 알맞은 부수를 넣어 한자를 만들어 볼까요?

(　) 활 궁	+	厶 나 사	=	弘 클 홍		활(弓)시위를 내(厶) 쪽으로 당기면 늘어나 커지니 (활줄을 내 쪽으로 당기면 늘어나 활의 모양이 커진다는 뜻입니다.)
亻 사람 인	+	(　) 창 과	=	伐 찌를 벌		사람(亻)이 창(戈)으로 찌르니
(　) 문 호	+	方 사방 방	=	房 방 방		문(戶)을 사방(方)으로 낸 방 (한옥은 방에 여러 개의 문이 달려 있습니다.)
己 몸 기	+	(　) 칠 복	=	改 고칠 개		몸(己)을 쳐(攵) 잘못을 고치니 (회초리로 몸을 때리며 잘못을 고치게 한다는 뜻입니다.)
木 나무 목	+	(　) 도끼 근	=	析 쪼갤 석		나무(木)를 도끼(斤)로 쪼개니

(　) 사방 방	+	𠂉 사람 인	+	𠂉 사람 인	+	大 큰 대	=	族 겨레 족

사방(方)에서 사람(𠂉)과 사람(𠂉)들이 모여 큰(大) 겨레를 이루니(겨레 : 역사적으로 조상이 같고 말과 풍습이 같은 사람들)

日 해 일	+	(　) 말할 왈	=	昌 창성할 창		해(日)처럼 말(曰)을 밝게 해야 앞날이 창성하니 (말을 긍정적으로 밝게 해야 일이 잘 된다는 뜻입니다.)
口 입 구	+	(　) 입 벌릴 흠	=	吹 불 취		입(口)으로 '후~' 하고 입 벌려(欠) 부니

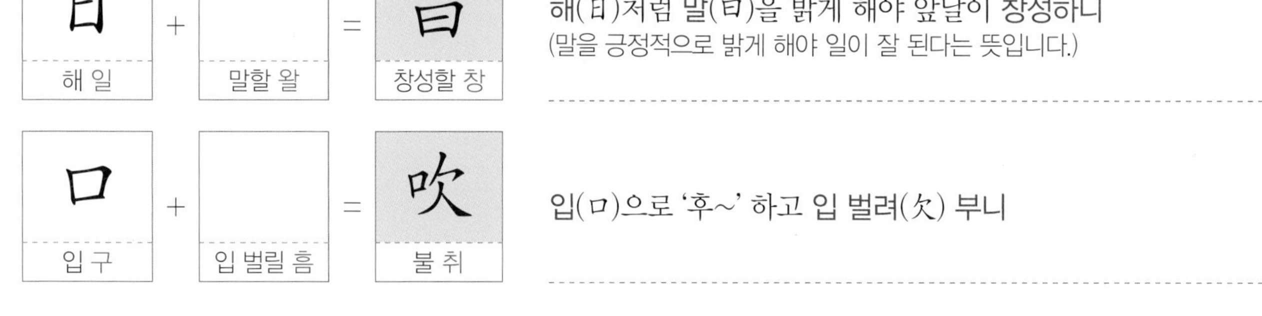

孟(맏 맹) 母(어미 모) 斷(끊을 단) 機(베틀 기)

맹자의 어머니가 베틀의 실을 끊었다는 뜻으로, 학문을 중도에서 그만두면 아무 쓸모가 없다는 의미로 쓰인다.

중국 전국시대 노나라의 철학자 맹자는 성선설(性善說)을 바탕으로 왕도정치(王道政治)를 주창한 당대 최고의 학자였다.

맹자는 어려서 아버지를 여의고 어머니 밑에서 자랐는데, 어머니는 맹자의 교육을 위하여 세 번이나 이사할 정도로 아들의 교육에 남다른 관심을 가진 훌륭한 분이었다. 이 고사도 맹자 어머니의 교육에 관한 일화이다.

맹자는 학문에 전념할 만한 나이가 되자 고향을 떠나 공부를 하였다. 그런데 어느 날 기별도 없이 맹자가 집으로 돌아왔다. 마침 베틀에 앉아 길쌈을 하고 있던 맹자의 어머니는 갑자기 찾아온 아들을 보고 기쁘기는 하였지만, 감정을 억누르고 아들에게 물었다.

"네 공부가 어느 정도 되었느냐?"

"아직 마치지 못하였습니다." 하고 맹자가 대답하자, 맹자 어머니는 짜고 있던 베틀의 날실을 끊어버리고는 이렇게 아들을 꾸짖었다.

"네가 공부를 중도에 그만두고 돌아온 것은 지금 내가 짜고 있던 베의 날실을 끊어버린 것과 같은 것이다. 무엇을 이룰 수 있겠느냐?"

맹자는 어머니의 말에 크게 깨달은 바가 있어서 다시 스승에게로 돌아가 더욱 열심히 공부하였다. 그리하여 훗날 공자에 버금가는 유학자가 되었다.

71

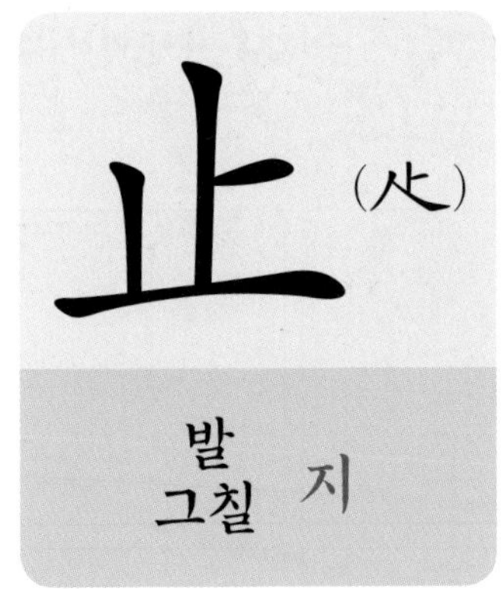

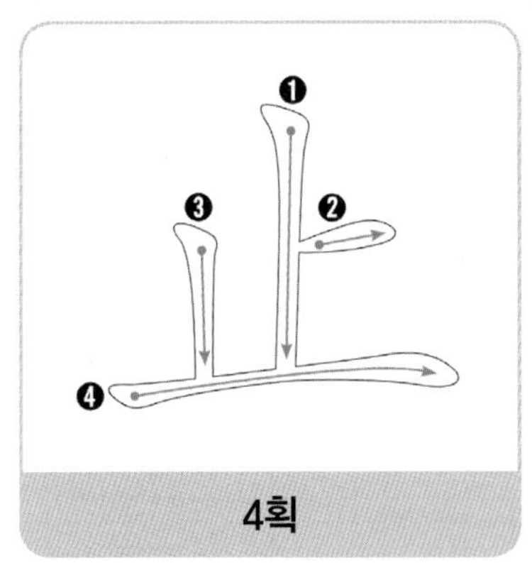

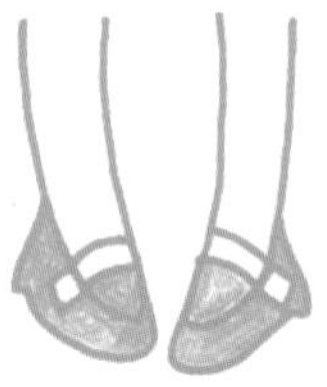

*발의 모양으로 발로 서고 그친다는 뜻입니다.

부수 결합하여 한자 만들기

止 발 지	+	少 작을 소	=	步 걸음 보	발(止)로 조금씩 작게(少) 걸으니
彡 터럭 삼	+	⺊ 발 지	=	辵 뛸 착	터럭(彡)을 휘날리며 발(⺊)로 뛰니
一 한 일	+	止 그칠 지	=	正 바를 정	하나(一)의 잘못이라도 그쳐야(止) 바르니

72

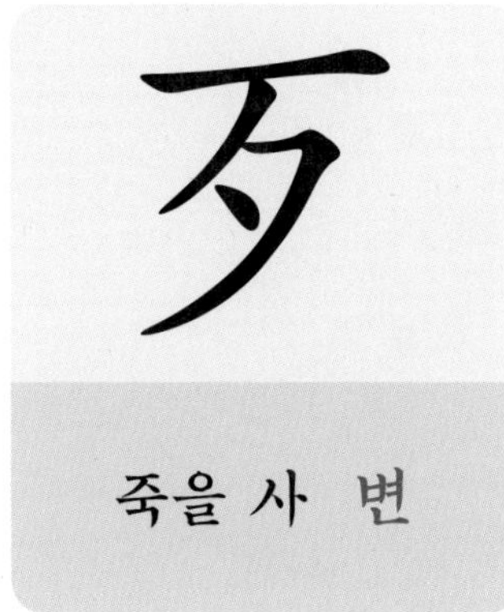

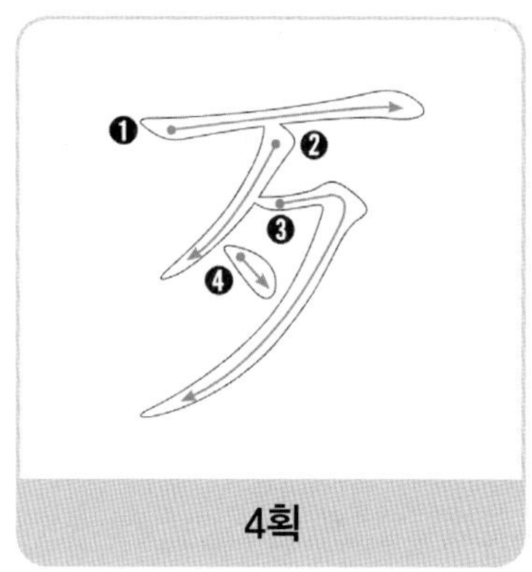

***하나(一)같이 대부분 저녁(夕)에 죽으니**

• 낮보다는 저녁에 많이 죽는다는 뜻입니다.

부수 결합하여 한자 만들기

 죽을 사 변 +  비수 비 =  죽을 사

죽을(歹) 정도로 비수(匕)에 찔려 죽으니

歹 죽을 사 변 +  창 과 +  창 과 = 殘 잔인할 잔

죽을(歹) 정도로 창(戈)과 창(戈)으로 잔인하게 찌르니

73

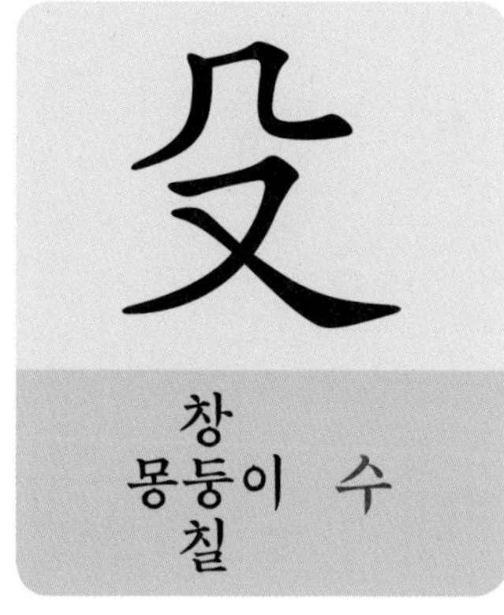

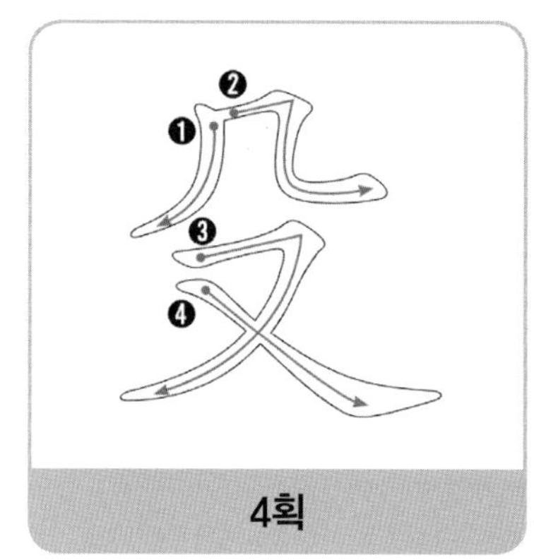

＊**책상**(几)을 **손**(又)에 **창**이나 **몽둥이**를 쥐고 **치니**

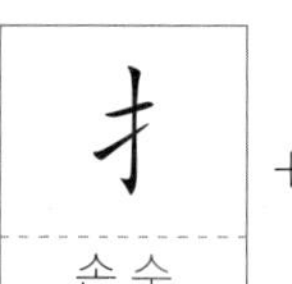

부수 결합하여 한자 만들기

扌 (손 수)	+	殳 (창 수)	=	投 (던질 투)				손(扌)으로 창(殳)을 던지니
亻 (사람 인)	+	三 (석 삼)	+	殳 (몽둥이 수)	=	段 (층계 단)		사람(亻) 셋(三)이서 몽둥이(殳)를 쌓아 만든 층계
臼 (절구 구)	+	工 (만들 공)	+	殳 (칠 수)	=	毁 (헐 훼)		절구(臼)를 만들어(工) 곡식을 안에 넣고 쳐서(殳) 허니

74

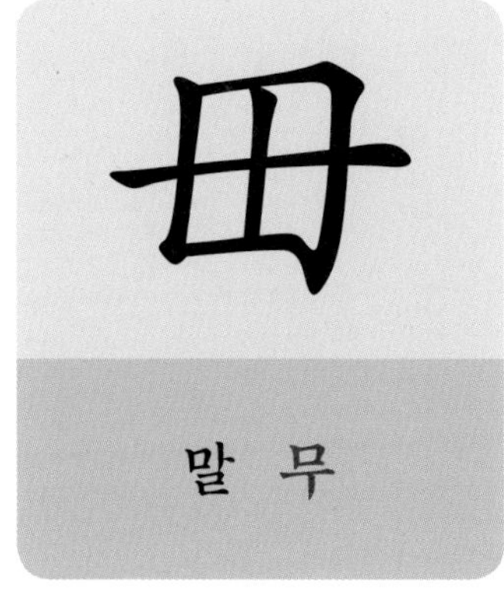

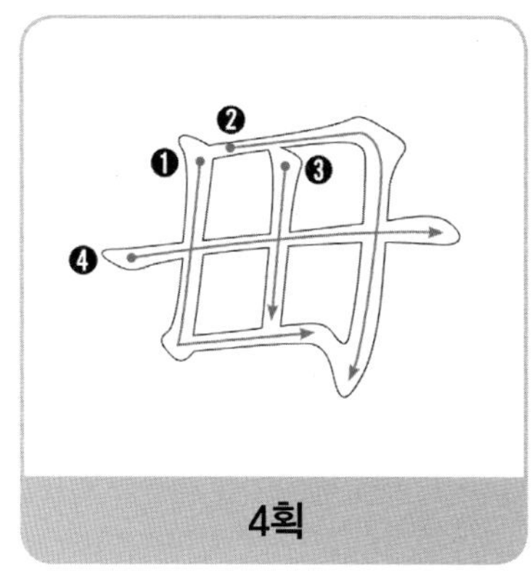

*새(乚)처럼 몸을 **구부리고**(𠃌) **점**(丶) **하나**(一)도 찍지 **말라** 하니

- 毋(**말 무**)는 '하지 말라'는 뜻으로 금지사로 쓰입니다.
- 毋(**말 무**, 4획), 母(**어미 모**, 5획) 잘 구별하세요.

부수 결합하여 한자 만들기

 + 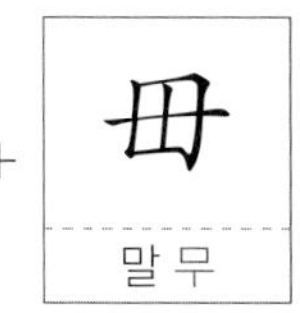 = 

生	+	毋	=	毒
살 생		말 무		독할 독

살지(生) 말라(毋) 하니 독하다는 뜻입니다.

75

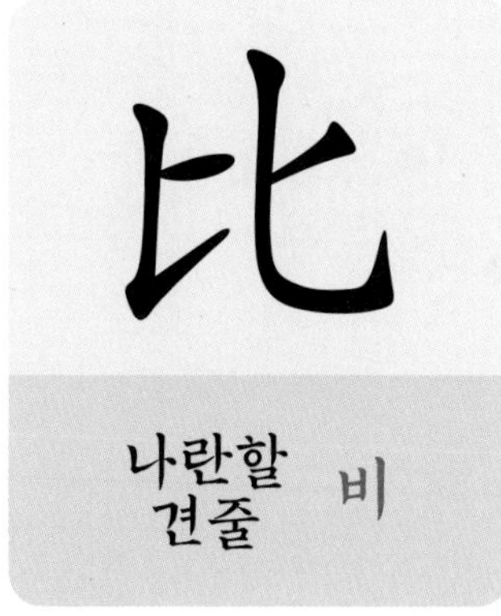

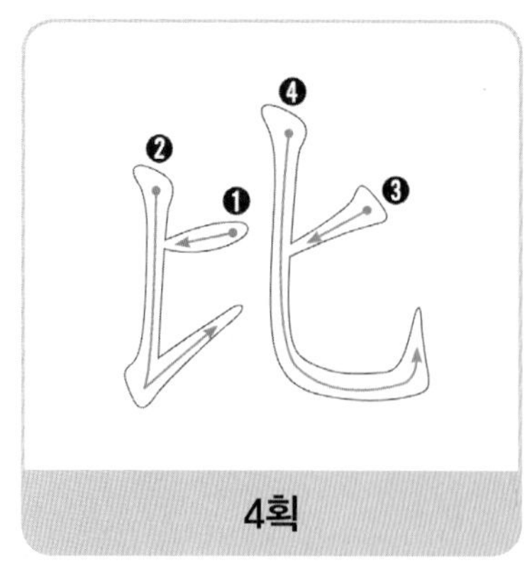

＊두 사람이 나란히 구부리고(匕) 앉아 견주고 있는 모양

• 匕(**구부릴** 비, 2획), 比(**나란할** 비, 4획) 잘 구별하세요.

부수 결합하여 한자 만들기

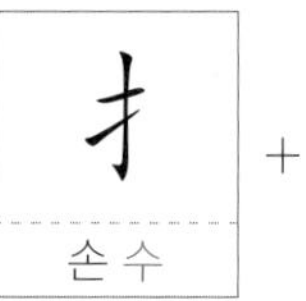

扌	+	比	=	批
손 수		견줄 비		비평할 비

손(扌)으로 물건을 견주어(比) 보며 비평한다는 뜻입니다.

76

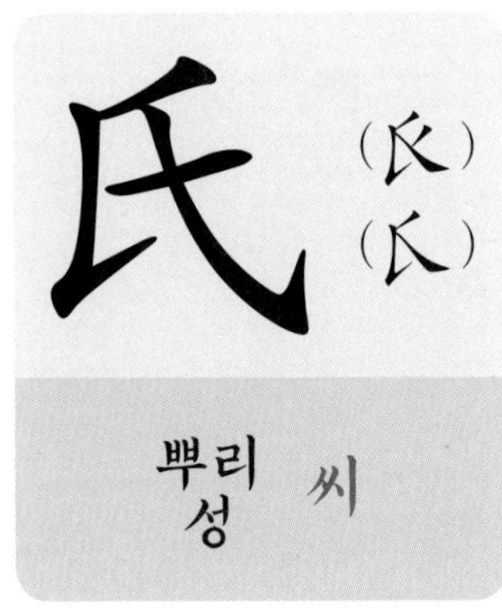

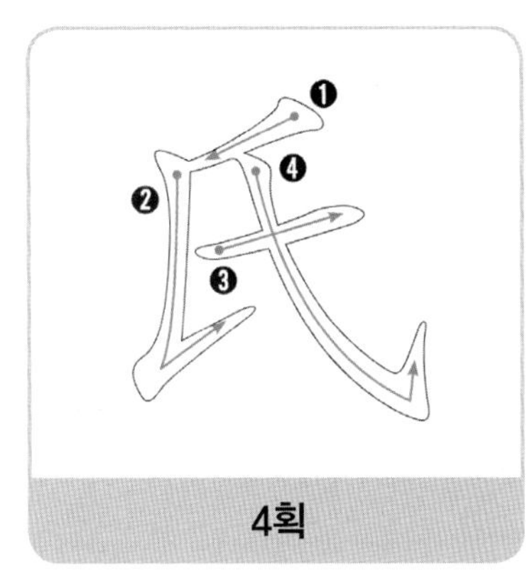

*얽히고설켜 있는 **뿌리**의 모양
*자신의 뿌리인 **성씨**를 뜻합니다.

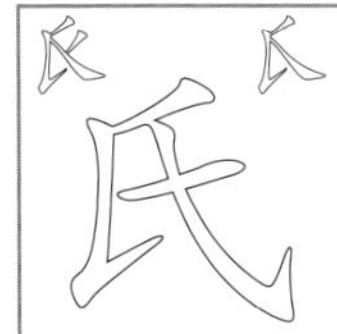

부수 결합하여 한자 만들기

 +  = 

糸	+	氏	=	紙
실 사		뿌리 씨		종이 지

섬유질 실(糸)을 뿌리(氏)처럼 얽히고설키게 하여 만드는 **종이**(종이는 닥나무나 펄프 같은 식물의 섬유를 얽어서 만듭니다.)

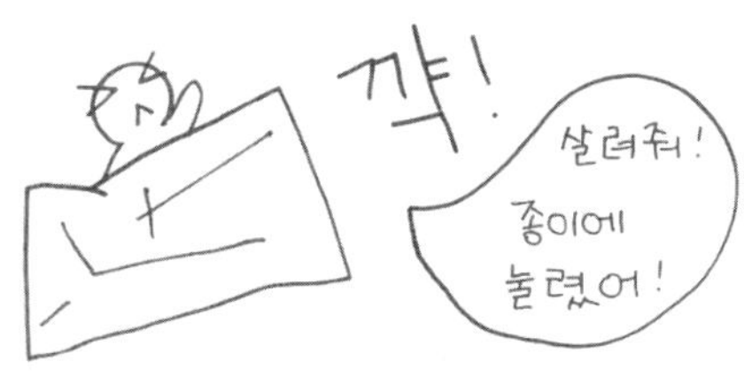

77

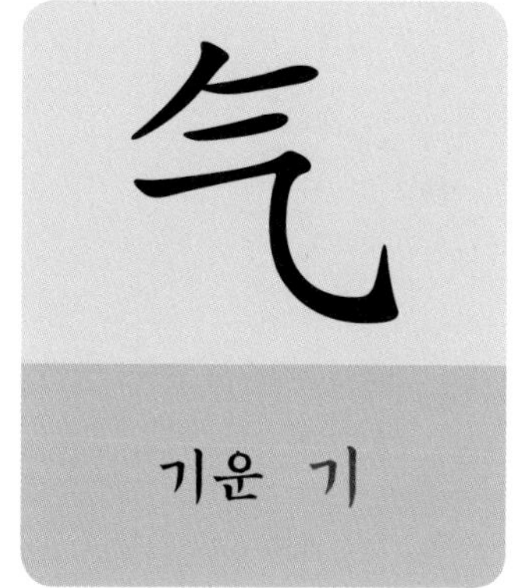

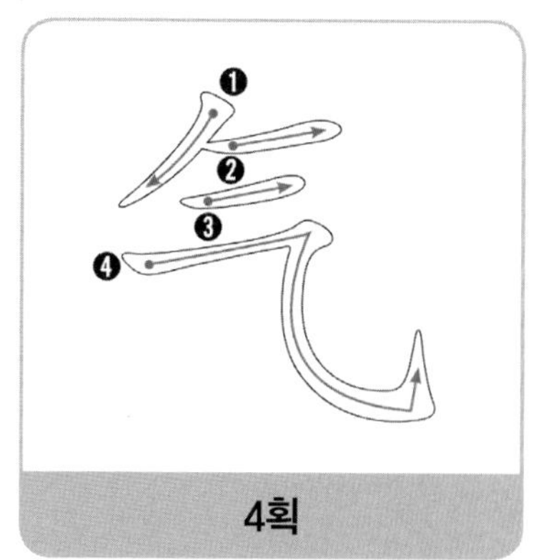

*사람(𠂉)들이 하나(一)같이 몸을 구부리고(乙) 기운을 쓰니

부수 결합하여 한자 만들기

氵	+	气	=	汽
물 수		기운 기		김 기

물(氵)이 끓을 때 기운(气)차게 생기는 김(수증기)

78

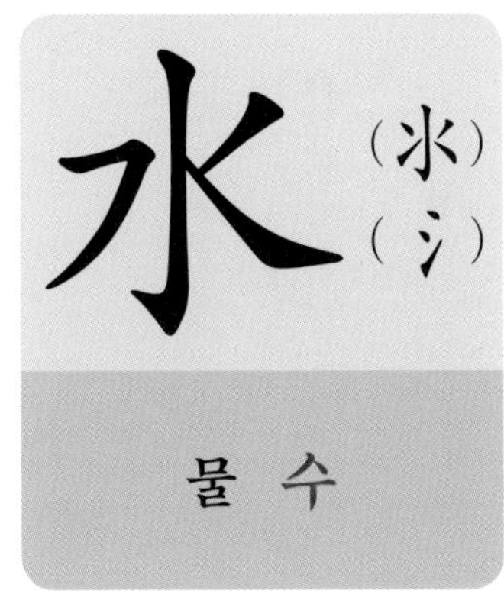

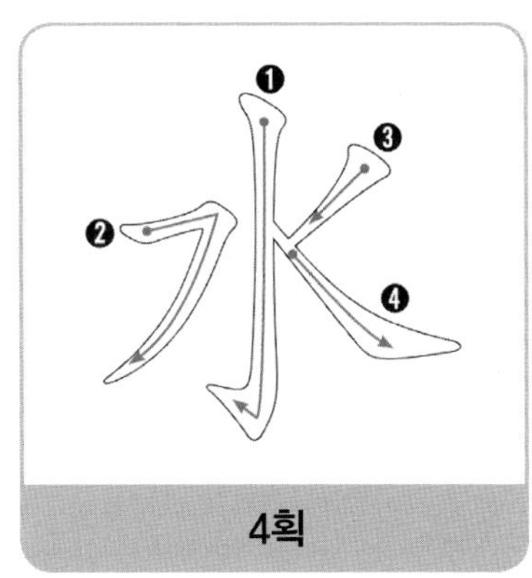

*** 흐르는 물의 모양**

- 氺 : 아래에 쓰일 때의 모양
- 氵 : 왼쪽에 쓰일 때의 모양으로 점(丶)이 셋이라서 '삼수 변'이라고 합니다.
- 冫(**얼음 빙**, 2획), 氵(**물 수**, 3획) 잘 구별하세요.

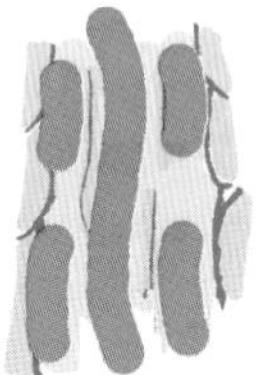

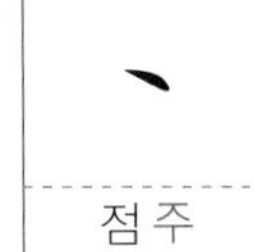

부수 결합하여 한자 만들기

丶 (점 주) + 水 (물 수) =  永 (길 영)

점(丶) 같은 물(水)방울이 모여서 길게 흐르니(한 점 한 점 점처럼 생긴 물방울이 모여서 강을 이루어 길게 흐른다는 뜻입니다.)

一 (하늘 일) +  冖 (덮을 멱) +  氺 (물 수) =  雨 (비 우)

하늘(一)을 덮은(冖) 구름에서 내리는 물(氺)방울이 비라는 뜻입니다.

氵 (물 수) + 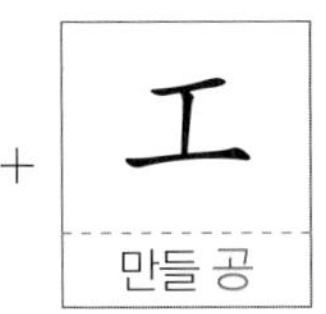 工 (만들 공) = 江 (강 강)

물(氵)이 모여서 만들어진(工) 강

79

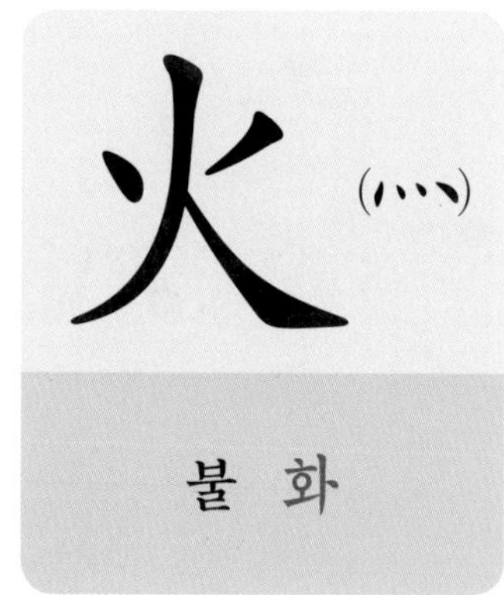

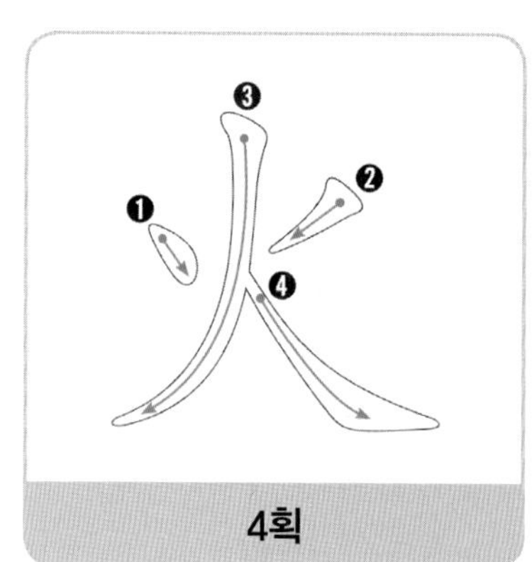

*불이 타오르는 모양

• 灬 : 아래에 쓰일 때의 모양으로 '불 화 발'이라고 합니다.

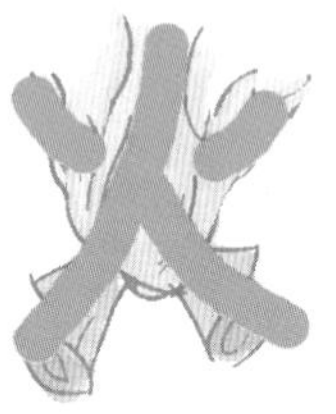

부수 결합하여 한자 만들기

火 불 화	+	火 불 화	=	炎 불탈 염	불(火)과 불(火)이 겹쳐 불타니
昭 밝을 소	+	灬 불 화	=	照 비출 조	밝게(昭) 불(火)을 비추니

80

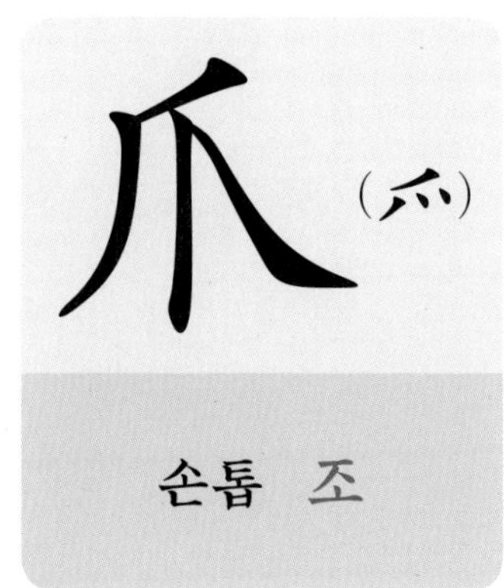

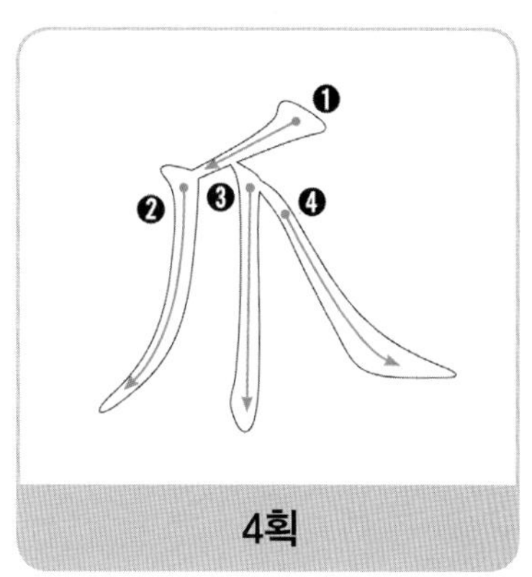

*손바닥을 아래로 하여 물건을 집으려는 손의 모양

• 爫 : 위에 쓰일 때의 모양

부수 결합하여 한자 만들기

 + 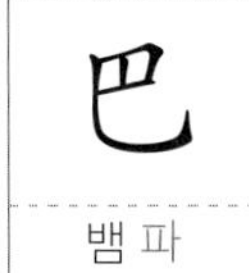 = 

爪	+	巴	=	爬
손톱 조		뱀 파		긁을 파

손톱(爪)으로 뱀(巴)처럼 이리저리 기어 다니듯 긁으니

爫	+	見	=	覓
손톱 조		볼 견		찾을 멱

손톱(爫)으로 긁어 가며 보면서(見) 찾으니

주머니에서 정답을 찾아 쓰세요.

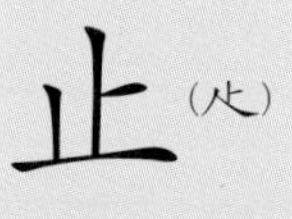

止

*(　　)의 모양으로 발로 서고
(　　　　　)는 뜻입니다.

歹

***하나**(一)같이 대부분 **저녁**(夕)에
(　　　　　)

殳

***책상**(几)을 **손**(又)에 (　　)이나
(　　　　　)를 쥐고 (　　　)

毋

***새**(乚)처럼 몸을 **구부리고**(㇆)
점(丶) **하나**(一)도 찍지 (　　　　　)
하니

比

*두 사람이 (　　　　　) **구부리고**
(匕) 앉아 (　　　　　) 있는 모양

氏 (氏)(𠂉)

*얽히고설켜 있는 (　　　)의 모양

*자신의 뿌리인 (　　　)를 뜻합니다.

气

*사람(𠂉)들이 하나(一)같이 몸을 구부리고(乙) (　　　)을 쓰니

*흐르는 (　)의 모양

*(　)이 타오르는 모양

*손바닥을 아래로 하여 물건을 집으려는 (　)의 모양

아래의 빈칸에 한자는 뜻과 음을, 뜻과 음은 한자를 쓰세요.

61~80번 형성평가

	支	攴(攵)	斗	斤	方
日	曰	月	木	欠	止(龰)
歹	殳	毋	比	氏 [illegible] [illegible]	气
水(氺)(氵)	火(灬)	爪(爫)		가를 지	칠 복
말 두	도끼 근	모 방	해 일	말할 왈	달 월
나무 목	하품 흠	발 지	죽을 사 변	창 수	말 무
나란할 비	뿌리 씨	기운 기	물 수	불 화	손톱 조

다음 한자의 뜻과 음을 쓰세요.

41~80번 중간평가

屮	山	川(巛)	工	己	
巾	干	幺	广	廴	廾
弋	弓	彐(彑)	彡	彳	心(忄)(⺗)
戈	戶(户)	手(扌)	支	攴(攵)	斗
斤	方	日	曰	月	木
欠	止(龰)	歹	殳	毋	比
氏([illegible])([illegible])	气	水(氺)(氵)	火(灬)	爪(爫)	

다음 뜻과 음을 지닌 한자를 쓰세요.

41~80번 중간평가

	싹날 철	산 산	내 천	장인 공	몸 기
헝겊 건	방패 간	어릴 요	큰 집 엄	끌 인	두 손 잡을 공
주살 익	활 궁	돼지 계	터럭 삼	걸을 척	마음 심
창 과	집 호	손 수	가를 지	칠 복	말 두
도끼 근	사방 방	날 일	말할 왈	달 월	나무 목
입 벌릴 흠	그칠 지	죽을 사 변	몽둥이 수	말 무	견줄 비
	성 씨	기운 기	물 수	불 화	손톱 조

結(맺을 결) 草(풀 초) 報(갚을 보) 恩(은혜 은)

풀을 맺어 은혜를 갚는다는 뜻으로, 죽어서도 잊지 않고 은혜를 갚는다는 의미로 쓰인다.

중국 춘추시대 진나라의 위무자에게는 사랑하는 첩이 있었다. 어느 날 위무자는 아들 위과를 불러 놓고 "내가 죽거든 네 서모를 좋은 사람에게 시집보내도록 하여라."라고 했다. 그런데 죽기 얼마 전에는 정신이 흐려져 "내가 죽거든 네 서모를 반드시 내 무덤에 같이 묻어라." 하고 죽었다.

전혀 다른 두 유언 사이에서 고민하던 위과는 '사람이 병이 위중하면 정신이 혼미해지는 것이니, 아버지께서 맑은 정신일 때 하신 말씀을 따르리라.' 하고는 처음 유언을 따라 서모를 좋은 집으로 시집을 보내 주었다.

세월이 흐른 후 위과가 전쟁에 나가 큰 위험에 처했는데, 웬 노인이 나타나 풀을 잡아매어 적장이 탄 말의 발을 자꾸만 걸리게 만들었다. 말이 자꾸만 넘어지자 적장은 말에서 내려와 싸웠다. 그러나 적장 역시 발이 풀에 걸려 자꾸만 넘어지는 바람에 결국 잡히어 포로가 되고 말았다. 이로써 위과는 뜻밖에도 큰 전공을 세우게 되었다.

그날 밤 위과의 꿈속에 한 노인이 나타나 이렇게 말했다. "나는 당신 서모의 애비 되는 사람이오. 그대가 아버지의 유언을 옳은 방향으로 따랐기 때문에 내 딸이 목숨을 유지하고 시집가 잘 살고 있소. 나는 그 은혜에 보답하고자 한 것이오."

아래의 빈칸에 한자는 뜻과 음을, 뜻과 음은 한자를 쓰세요.

1~20번 형성평가

	一	丨	丶	丿	乙 (乚)(乛)
亅	二	亠	人 (亻)(𠆢)	儿	入
八 (丷)	冂	冖	冫	几	凵
刀 (刂)	力	勹 (⺈)		한 일	송곳 곤
점 주	끈 별	새 을	갈고리 궐	둘 이	머리 두
사람 인	걷는 사람 인	들 입	수염 팔	성 경	덮을 멱
얼음 빙	책상 궤	그릇 감	칼 도	힘 력	쌀 포

아래의 빈칸에 한자는 뜻과 음을, 뜻과 음은 한자를 쓰세요.

21~40번 형성평가

匕	匚(乚)	十	卜	卩(㔾)	
厂	厶	彐(ナ)(又)	口	囗	土
士	夕	夊	女	子	宀
寸	小	尸		구부릴 비	상자 방
열 십	점칠 복	무릎 꿇을 절	바위 엄	나 사	손 우
입 구	울타리 위	흙 토	선비 사	저녁 석	천천히 걸을 쇠
여자 녀	아들 자	집 면	마디 촌	작을 소	지붕 시

다음 한자의 뜻과 음을 쓰세요.

1~40번 중간평가

	一	丨	丶	丿	乙(乚)(乛)
亅	二	亠	人(亻)(𠆢)	儿	入
八(丷)	冂	冖	冫	几	凵
刀(刂)	力	勹(⺈)	匕	匚(乚)	十
卜	㔾(卩)	厂	厶	⺕(ナ)(又)	口
囗	土	士	夕	夂	女
	子	宀	寸	小	尸

다음 뜻과 음을 지닌 한자를 쓰세요.

1~40번 중간평가

하늘 일	뚫을 곤	불꽃 주	삐침 별	구부릴 을	
갈고리 궐	하늘땅 이	머리 두	사람 인	걷는 사람 인	들 입
나눌 팔	성 경	덮을 멱	얼음 빙	책상 궤	입 벌릴 감
칼 도	힘 력	쌀 포	비수 비	숨을 혜	많을 십
점칠 복	무릎 꿇을 절	바위 엄	사사로울 사	손 우	입 구
올디리 위	흙 토	선비 사	저녁 석	뒤져 올 치	여자 녀
아들 자	집 면	규칙 촌	작을 소	지붕 시	

종합평가

아래의 빈칸에 한자는 뜻과 음을, 뜻과 음은 한자를 쓰세요.

41~60번 형성평가

	屮	山	川(巛)	工	己
巾	干	幺	广	廴	廾
弋	弓	彐(彑)	彡	彳	心(忄)(⺗)
戈	戶(戸)	手(扌)		싹날 철	산 산
내 천	만들 공	몸 기	헝겊 건	방패 간	작을 요
큰집 엄	끌 인	스물 입	주살 익	활 궁	돼지 계
터럭 삼	걸을 척	심장 심	창 과	문 호	손 수

아래의 빈칸에 한자는 뜻과 음을, 뜻과 음은 한자를 쓰세요.

61~80번 형성평가

支	攴(攵)	斗	斤	方	
日	曰	月	木	欠	止(龰)
歹	殳	毋	比	氏([illegible])([illegible])	气
水(氺)(氵)	火(灬)	爪(爫)		가를 지	칠 복
말 두	도끼 근	모 방	해 일	말할 왈	달 월
나무 목	하품 흠	발 지	죽을 사 변	창 수	말 무
나란할 비	뿌리 씨	기운 기	물 수	불 화	손톱 조

다음 한자의 뜻과 음을 쓰세요.

41~80번
중간평가

	屮	山	川(巛)	工	己
巾	干	幺	广	廴	廾
弋	弓	彐(彑)	彡	彳	心(忄)(⺗)
戈	戶(户)	手(扌)	支	攴(攵)	斗
斤	方	日	曰	月	木
欠	止(龰)	歹	殳	毋	比
	氏(⺠)(𠂒)	气	水(氺)(氵)	火(灬)	爪(爫)

다음 뜻과 음을 지닌 한자를 쓰세요.

41~80번 중간평가

싹날 철	산 산	내 천	장인 공	몸 기	
헝겊 건	방패 간	어릴 요	큰 집 엄	끌 인	두 손 잡을 공
주살 익	활 궁	돼지 계	터럭 삼	걸을 척	마음 심
창 과	집 호	손 수	가를 지	칠 복	말 두
도끼 근	사방 방	날 일	말할 왈	달 월	나무 목
입 벌릴 흠	그칠 지	죽을 사 변	몽둥이 수	말 무	견줄 비
성 씨	기운 기	물 수	불 화	손톱 조	

부수 5

읽기? 뜻, 음을 가리고 읽어본 후 틀린 글자는 V표 하세요.
한자를 가리고 써본 후 틀린 글자는 V표 하세요. **쓰기?**

읽기 1	읽기 2	한자	뜻	음	쓰기 1	쓰기 2
		父	아비	부		
		爻	엇갈릴 사귈	효		
		爿(丬)	장수 조각	장		
		片(𠂣)	조각	편		
		牙	어금니	아		
		牛(牜)(⺧)	소	우		
		犬(犭)	개	견		
		玉(王)	구슬	옥		
		生(⺮)	날 살	생		
		田	밭	전		

읽기 1	읽기 2	한자	뜻	음	쓰기 1	쓰기 2
		疒	병질	엄		
		癶	걸을	발		
		皮	가죽	피		
		皿	그릇	명		
		目	눈	목		
		矛(マ)	창	모		
		矢	화살	시		
		示(礻)	볼 신	시		
		禸	짐승	유		
		禾	벼	화		

부수 6

읽기? 뜻, 음을 가리고 읽어본 후 틀린 글자는 V표 하세요.
한자를 가리고 써본 후 틀린 글자는 V표 하세요. 쓰기?

읽기 1	읽기 2	한자	뜻	음	쓰기 1	쓰기 2
		穴	구멍	혈		
		立	설	립		
		竹(⺮)	대	죽		
		米	쌀	미		
		糸(糹)	실	사		
		缶	장군	부		
		网(罒)(⺲)	그물 법망	망		
		羊(⺶)	양	양		
		羽	깃	우		
		老(耂)	늙을	로		

읽기 1	읽기 2	한자	뜻	음	쓰기 1	쓰기 2
		而	수염	이		
		耳	귀	이		
		聿(⺻)	붓	율		
		肉(月)	고기 몸	육 월		
		自	코 스스로	자		
		至	이를 지극할	지		
		臼(臼)	절구	구		
		舌	혀	설		
		舛	어긋날	천		
		舟	배	주		

부수 7

읽기? 뜻, 음을 가리고 읽어본 후 틀린 글자는 V표 하세요.
한자를 가리고 써본 후 틀린 글자는 V표 하세요. 쓰기?

읽기 1	읽기 2	한자	뜻	음	쓰기 1	쓰기 2
		艮	그칠	간		
		艸(艹)(艹)	풀	초		
		虍	범	호		
		虫	벌레	충		
		血	피	혈		
		行	다닐	행		
		衣(衤)	옷	의		
		襾(西)	덮을	아		
		言	말씀	언		
		谷	골짜기	곡		

읽기 1	읽기 2	한자	뜻	음	쓰기 1	쓰기 2
		豆	제기 콩	두		
		豕	돼지	시		
		貝	조개 돈	패		
		足(⻊)	발	족		
		身	몸	신		
		車(車)	수레 차	거 차		
		辛	고생 매울	신		
		辰	별	진		
		辵(辶)	뛸	착		
		邑(阝)	고을	읍		

부수 8

읽기? 뜻, 음을 가리고 읽어본 후 틀린 글자는 V표 하세요.
한자를 가리고 써본 후 틀린 글자는 V표 하세요. 쓰기?

읽기 1	읽기 2	한자	뜻	음	쓰기 1	쓰기 2
		酉	닭 술	유		
		釆	분별할	변		
		里	마을 거리	리		
		長(镸)	길 어른	장		
		門	문	문		
		阜(𠂤)(阝)	언덕	부		
		隶	미칠 잡을	이		
		隹	새	추		
		雨	비	우		
		靑	푸를 젊을	청		

읽기 1	읽기 2	한자	뜻	음	쓰기 1	쓰기 2
		非	어긋날 아닐	비		
		韋	가죽 위대할	위		
		頁	머리 우두머리	혈		
		首	머리 우두머리	수		
		食(飠)	밥 먹을	식		
		香	향기	향		
		骨	뼈	골		
		高(高)(髙)	높을	고		
		魚	물고기	어		
		鳥	새	조		

81

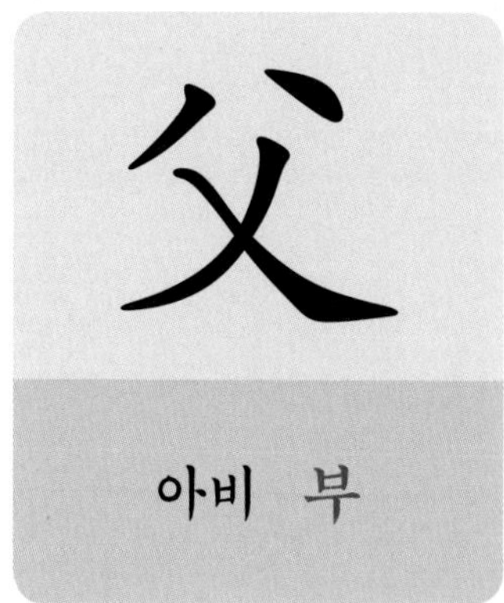

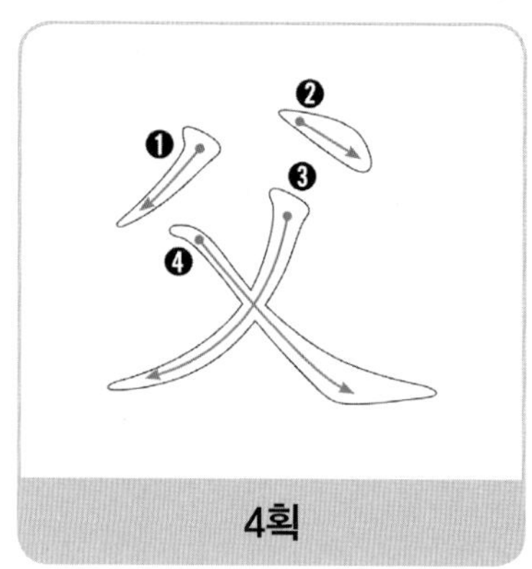

*수염(八)이 이리저리 삐치고(丿) 파여(乀) 난 아버지

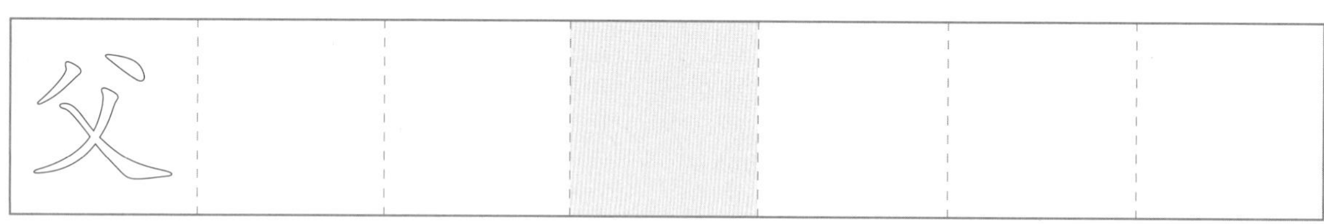

부수 결합하여 한자 만들기

亠	+	父	=	交
머리 두		아비 부		사귈 교

머리(亠)로 생각해 보고 아버지(父)는 좋은 사람을 사귀니
(좋은 사람인지 머리로 생각해 보고 친구를 가려서 사귄다는 뜻입니다.)

82

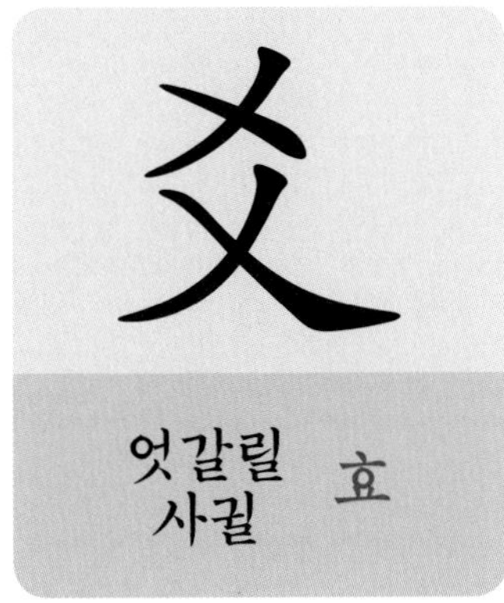

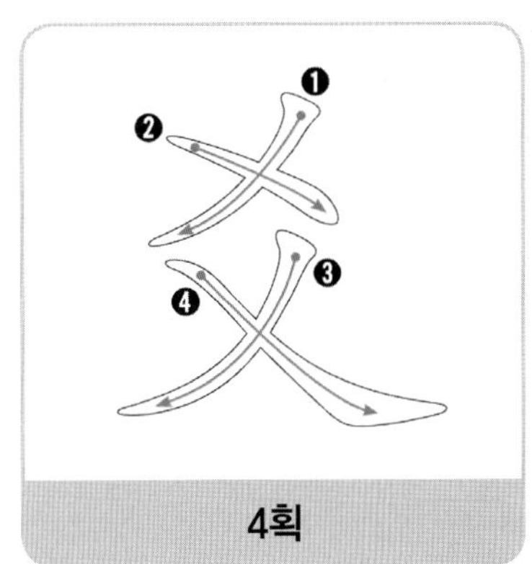

* 삐치고(丿) 파여(㇏) 엇갈려 사귀니

부수 결합하여 한자 만들기

臼	+	爻	+	冖	+	子	=	學
절구 구		사귈 효		덮을 멱		아들 자		배울 학

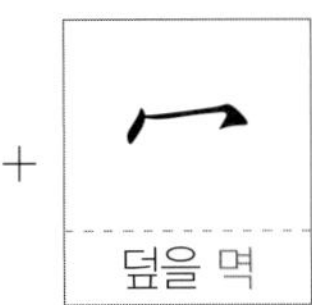

절구(臼) 같은 교실에서 친구를 사귀며(爻) 무식으로 덮인(冖) 아들(子)이 배우니

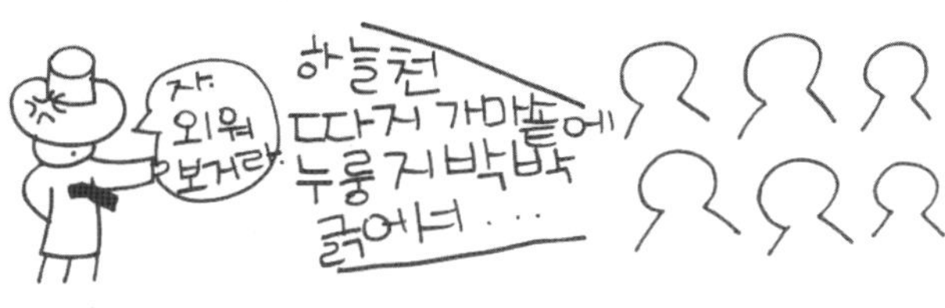

83

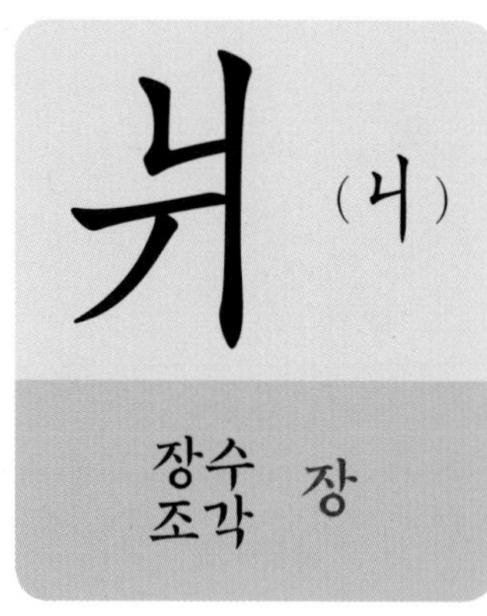

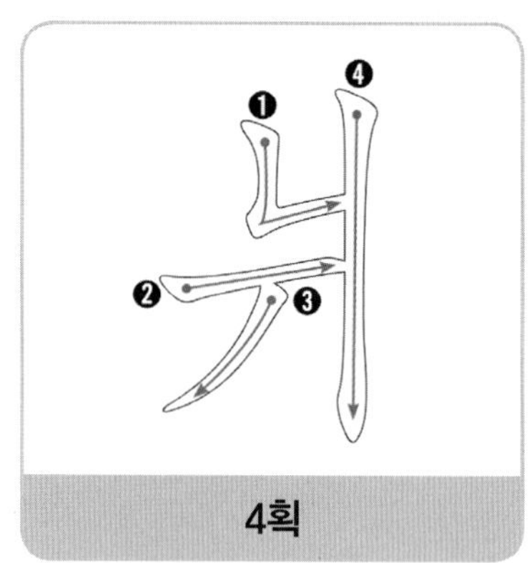

***장수**가 나무를 세로로 자른 왼쪽의 **조각** 모양

- 한글 '뉘' 변형은 '니'로 기억하세요.
- 84번의 片(**조각 편**)과 구별하기 위하여 '뉘가 장수나?'로 알아두세요.
- 장수 : 군사를 거느리는 우두머리

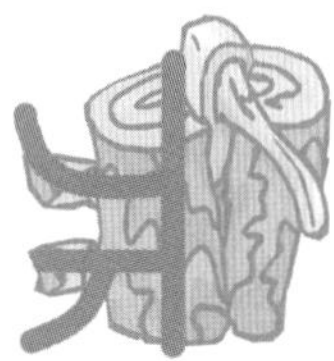

부수 결합하여 한자 만들기

 +  = 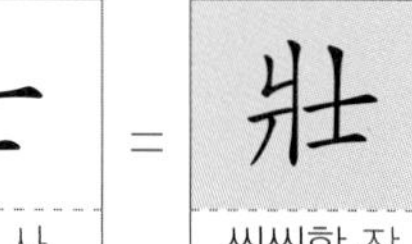

爿	+	士	=	壯	
장수 장		선비 사		씩씩할 장	장수(爿)처럼 선비(士)가 씩씩하니 (글공부만 한 선비가 장수처럼 씩씩하다는 뜻입니다.)
爿	+	木	=	牀	
조각 장		나무 목		평상 상	조각(爿)을 내서 나무(木)로 만든 평상 (평상 : 앉거나 드러누워 쉴 수 있도록 만든 것)
丬	+	攵	=	收	
조각 장		칠 복		거둘 수	곡식을 조각(丬)으로 쳐(攵) 거두니 (콩이나 깨 같은 곡식을 조각으로 쳐서 털어 거둔다는 뜻입니다.)

84

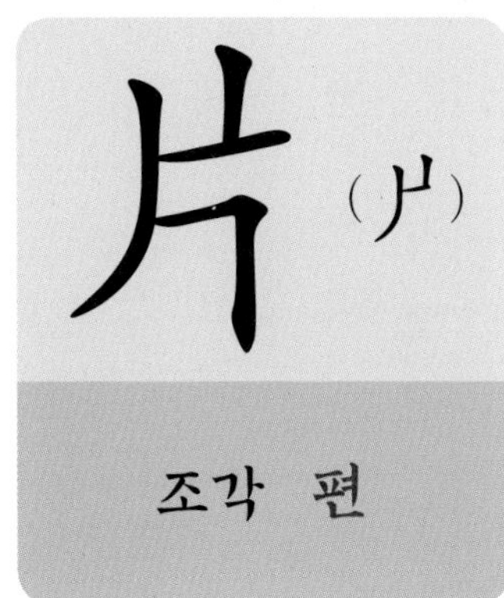

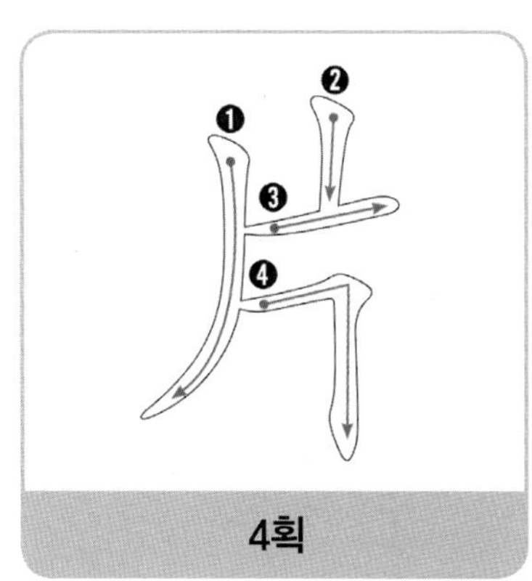

*나무를 세로로 자른 오른쪽의 **조각** 모양

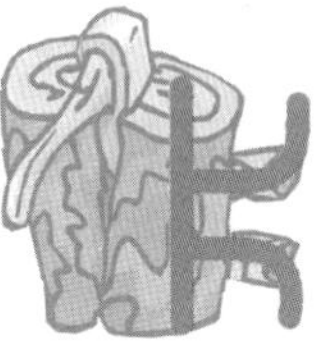

부수 결합하여 한자 만들기

片	+	反	=	版
조각 편		돌이킬 반		인쇄할 판

조각(片)에 글이나 그림을 새겨 돌이켜(反) 인쇄하니(조각에 글이나 그림을 새기고 잉크를 묻혀 뒤집어 인쇄한다는 뜻입니다.)

門	+	幺	+	丩	+	幺	+	丬	=	關
문 문		작을 요		조각 장		작을 요		조각 편		빗장 관

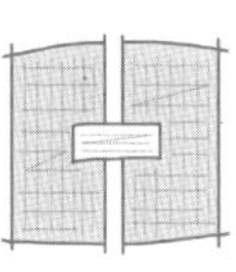

문(門)을 작은(幺) 조각(丩)과 작은(幺) 조각(丬)으로 걸어 잠그는 빗장(빗장 : 문을 닫고 가로질러 잠그는 막대기)

85

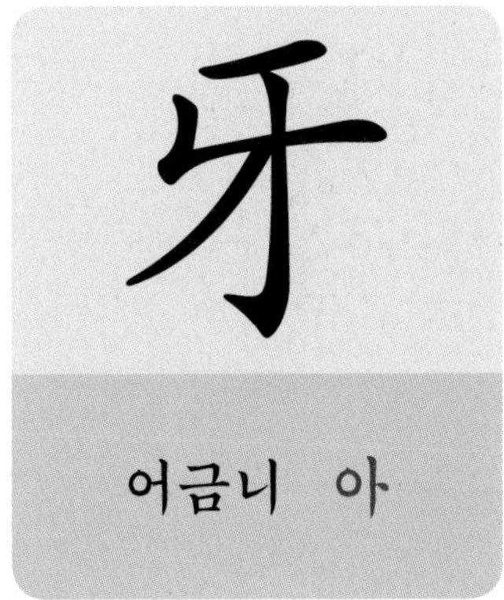

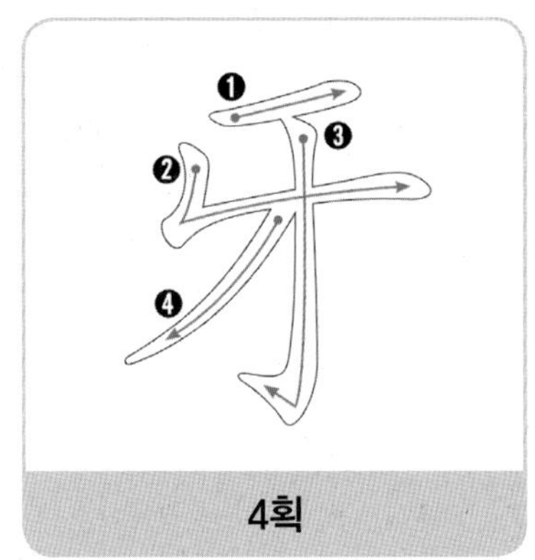

＊입속 깊숙이 **숨겨**(匸) 있는 **어금니**를 **갈고리**(亅)나 **끈**(ノ)으로 묶어 빼내니

• 匸(**숨을** 혜) 쓰고 亅(갈고리) 내려 ノ(끈) 묶으세요.

부수 결합하여 한자 만들기

 +  = 

牙	+	阝	=	邪
어금니 아		고을 읍		간사할 사

어금니(牙)를 악물고 고을(阝)에 침입한 간사한 무리를 치니

부수는 한자에서 공통된 부분만 뽑아서 만든 글자입니다.
총 214 자가 있는데 초등학교에서는 모두 배울 필요가 없습니다.
이 책에서는 160 자를 배웁니다.

86

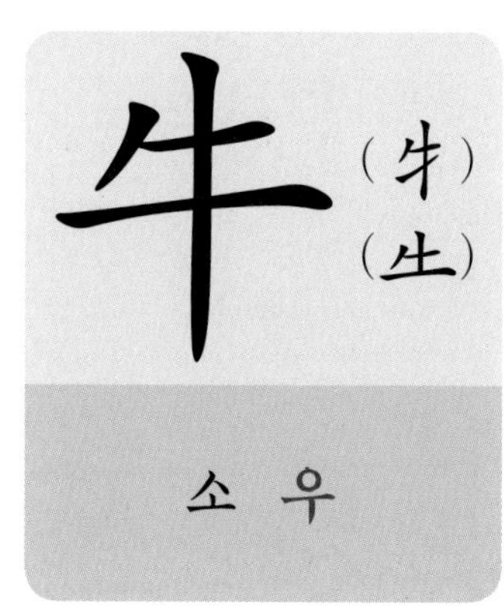

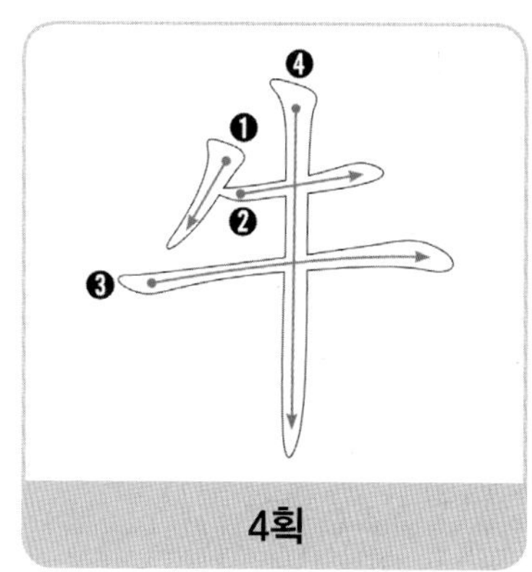

***사람(𠂉)에게 많은(十) 이로움을 주는 소**

- 牜: 왼쪽에 쓰일 때의 모양
- ⺧: 위에 쓰일 때의 모양

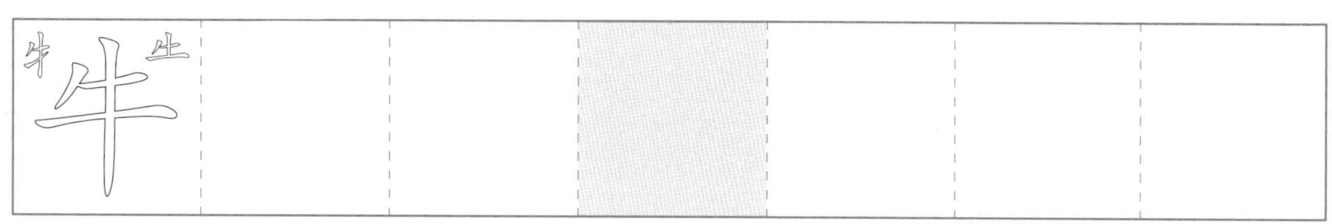

부수 결합하여 한자 만들기

 亻 사람 인	+	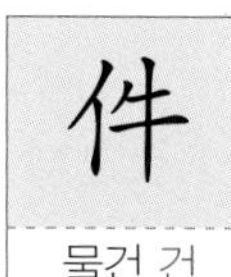 牛 소 우	=	件 물건 건	사람(亻)에게 소(牛)는 중요한 물건이니
 牜 소 우	+	 童 아이 동	=	犝 송아지 동	소(牜)의 아이(童)는 송아지라고 부르니
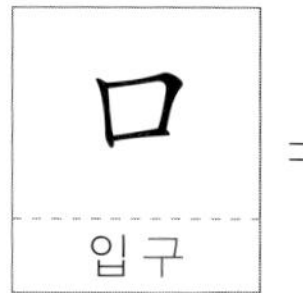 ⺧ 소 우	+	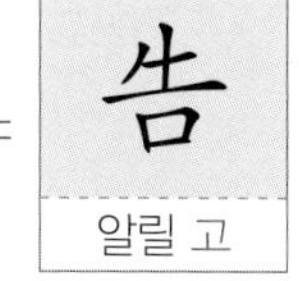 口 입 구	=	告 알릴 고	소(⺧)를 제물로 바치고 입(口)으로 소원을 알리니

87

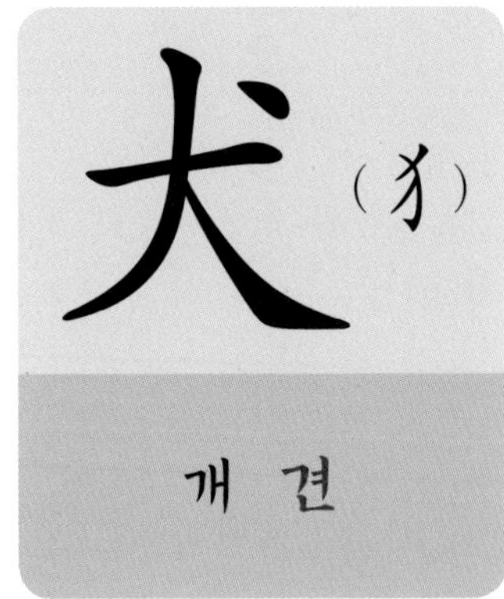

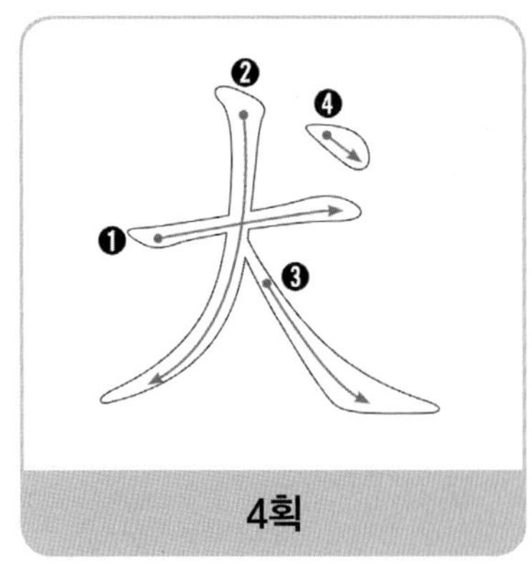

＊하나(一)같이 **사람**(人) 옆에서 **점**(丶)처럼 따라다니는 **개**

• 犭: 왼쪽에 쓰일 때의 모양

• 扌(손 수), 牜(소 우), 犭(개 견) 잘 구별하세요.

부수 결합하여 한자 만들기

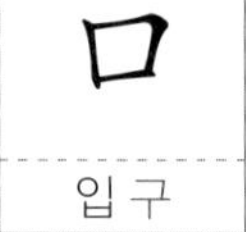

口 (입 구) + 犬 (개 견) = 吠 (짖을 폐) 입(口)으로 개(犬)가 짖으니

犭 (개 견) + 王 (임금 왕) = 狂 (미칠 광) 개(犭)처럼 왕(王)이 미쳐 날뛰니

88

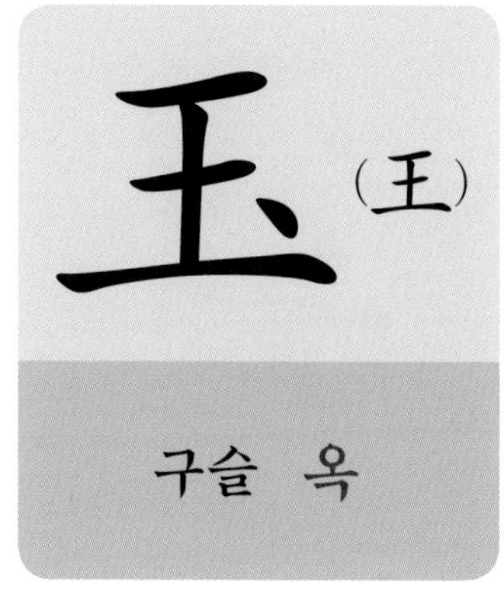

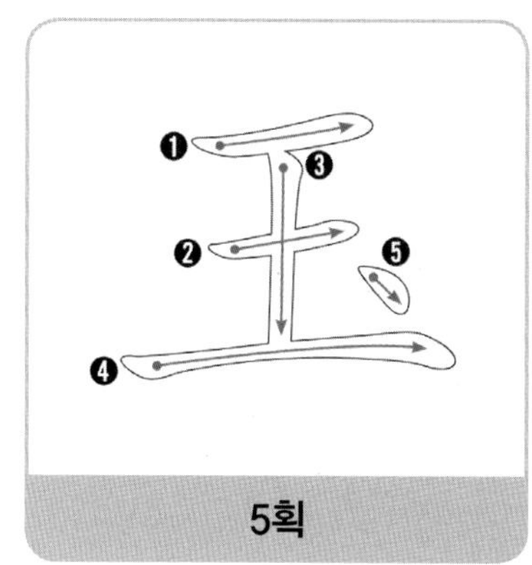

*하나(一)같이 **땅**(土)에서 **불꽃**(丶)처럼 빛나는 옥

- 王 : 왼쪽에 쓰일 때의 모양
- 王 : (**구슬 옥**)으로 쓰일 수도 있고, (**임금 왕**)으로 쓰일 수도 있습니다.

부수 결합하여 한자 만들기

王 구슬 옥	+	耳 귀 이	=	珥 귀고리 이	옥(王)으로 만들어 귀(耳)에 거는 귀고리
王 임금 왕	+	見 볼 견	=	現 나타날 현	왕(王)을 보려고(見) 나타나니 (왕을 보려고 많은 사람들이 나타난다는 뜻입니다.)

89

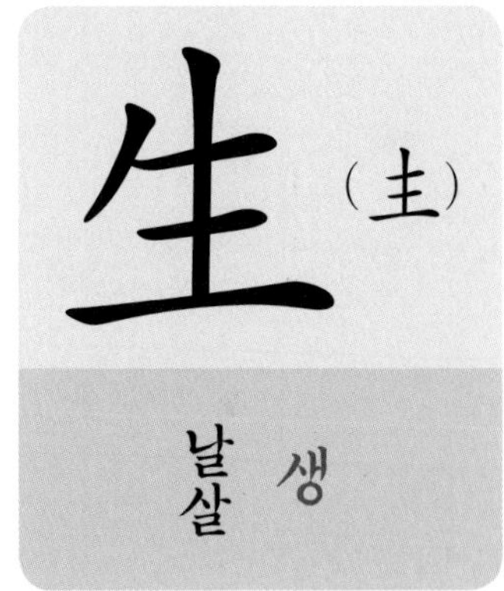

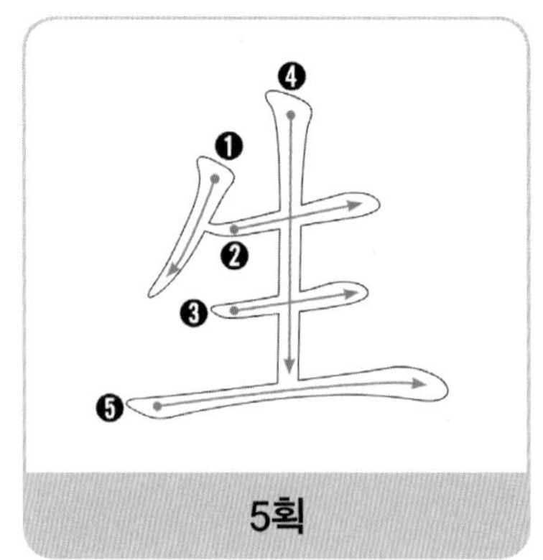

*사람(𠂉)은 땅(土)에서 나서 사니

부수 결합하여 한자 만들기

日	+	生	=	星	해(日)처럼 빛이 나는(生) 별
해 일		날 생		별 성	
主	+	毋	=	毒	살지(主) 말라(毋) 하니 독하다는 뜻입니다.
살 생		말 무		독할 독	

90

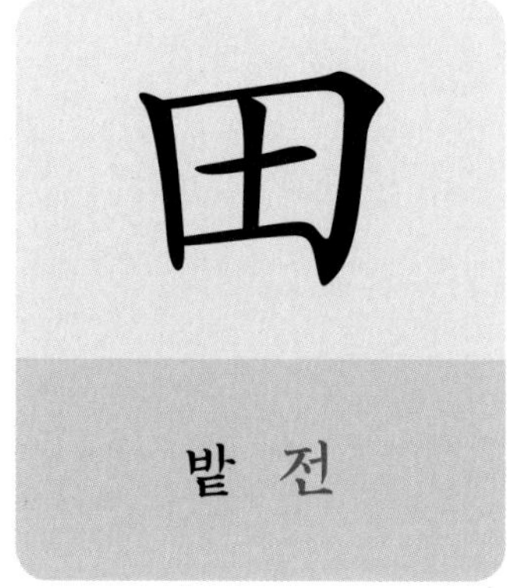

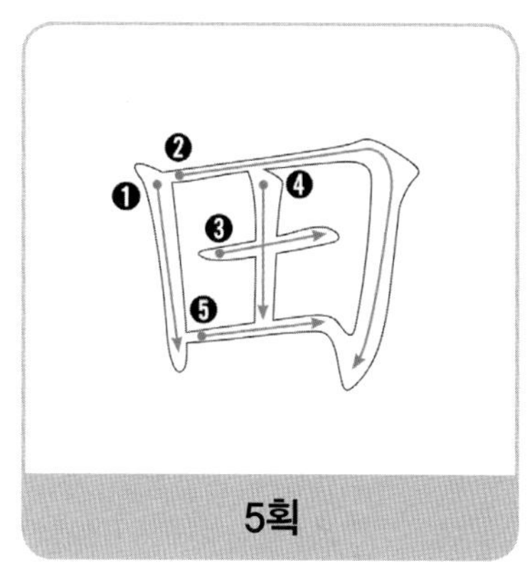

*경계 지은 밭의 모양

부수 결합하여 한자 만들기

田	+	力	=	男
밭 전		힘 력		사내 남

밭(田)에서 힘(力)써 일하는 사내

자음 : ㄱ.ㄴ.ㄷ.ㄹ.ㅁ.ㅂ.ㅅ.ㅇ.ㅈ.ㅊ.ㅋ.ㅌ.ㅍ.ㅎ
모음 : ㅏ.ㅑ.ㅓ.ㅕ.ㅗ.ㅛ.ㅜ.ㅠ.ㅡ.ㅣ

한글은 자음과 모음이 결합하여 글자가 됩니다. 한자는 부수와 부수가 결합하여 글자가 됩니다. 부수를 모르고서는 한자를 공부할 수 없습니다.

주머니에서 정답을 찾아 쓰세요.

父

*수염(八)이 이리저리 빼치고(丿) 파여(㇏) 난 (　　　　　)

爻

*빼치고(丿) 파여(㇏) (　　　　　　　　　)

爿(丬)

*(　　　)가 나무를 세로로 자른 왼쪽의 (　　　) 모양

片(丬)

*나무를 세로로 자른 오른쪽의 (　　　) 모양

牙

*입속 깊숙이 숨겨(匚) 있는 (　　　　)를 갈고리(亅)나 끈(丿)으로 묶어 빼내니

*사람(𠂉)에게 많은(十) 이로움을 주는(　　)

犬(犭)

*하나(一)같이 사람(人) 옆에서 점(丶)처럼 따라다니는(　　)

玉(王)

*하나(一)같이 땅(土)에서 불꽃(丶)처럼 빛나는(　　)

生(𤯓)

*사람(𠂉)은 땅(土)에서 (　　　　　　　　)

田

*경계 지은 (　　)의 모양

아래의 빈칸에 알맞은 부수를 넣어 한자를 만들어 볼까요?

一 (한 일)	+	(그칠 지)	=	正 (바를 정)	하나(一)의 잘못이라도 그쳐야(止) 바르니
扌 (손 수)	+	(창 수)	=	投 (던질 투)	손(扌)으로 창(殳)을 던지니
(살 생)	+	毋 (말 무)	=	毒 (독할 독)	살지(主) 말라(毋) 하니 독하다는 뜻입니다.
(물 수)	+	工 (만들 공)	=	江 (강 강)	물(氵)이 모여서 만들어진(工) 강
亠 (머리 두)	+	(아비 부)	=	交 (사귈 교)	머리(亠)로 생각해 보고 아버지(父)는 좋은 사람을 사귀니 (좋은 사람인지 머리로 생각해 보고 친구를 가려서 사귄다는 뜻입니다.)
(소 우)	+	口 (입 구)	=	告 (알릴 고)	소(牛)를 제물로 바치고 입(口)으로 소원을 알리니
口 (입 구)	+	(개 견)	=	吠 (짖을 폐)	입(口)으로 개(犬)가 짖으니
(밭 전)	+	力 (힘 력)	=	男 (사내 남)	밭(田)에서 힘(力)써 일하는 사내

塞(변방 새) 翁(늙은이 옹) 之(어조사 지) 馬(말 마)

변방 늙은이의 말이라는 뜻으로, 인생에서 화와 복은 항상 바뀌어 미리 헤아릴 수 없다는 의미로 쓰인다.

중국 국경 지방에 한 늙은이가 말을 기르며 살고 있었다. 어느 날 그가 기르던 말이 도망쳐 오랑캐들이 사는 국경 너머로 가 버렸다. 마을 사람들이 이를 위로하자 늙은이는 “이것이 또 무슨 복이 될는지 알겠소?” 하며 조금도 낙심하지 않았다. 몇 달 후 뜻밖에도 도망갔던 말이 오랑캐의 좋은 말 한 필을 데리고 돌아오자 마을 사람들이 이것을 축하하였다. 그러자 늙은이는 “그것이 또 무슨 화가 될는지 누가 알겠소?”라고 말하였다.

며칠 후 늙은이의 아들이 그 말을 타고 달리다가 말에서 떨어져 다리가 부러졌다. 마을 사람들이 아들이 다리가 부러진 것을 위로하자 늙은이는 “그것이 혹시 복이 될는지 누가 알겠소?” 라고 말하였다. 그로부터 얼마 지나지 않아 오랑캐들이 쳐들어 와 마을의 장정들이 징집되어 싸움터에 나가서 싸우다가 모두 전사했는데, 늙은이의 아들만은 다리가 부러져 징집에서 제외되어 무사할 수 있었다.

일의 결과에 따라 기쁘고, 성내고, 슬프고, 즐거운 과정을 반복한다. 기쁜 일이 있으면 성낼 일이 있기도 하고, 슬픈 일이 있으면 즐거운 일도 있으니 좋은 일이나 나쁜 일에 너무 가볍게 흥분하지 말자.

91

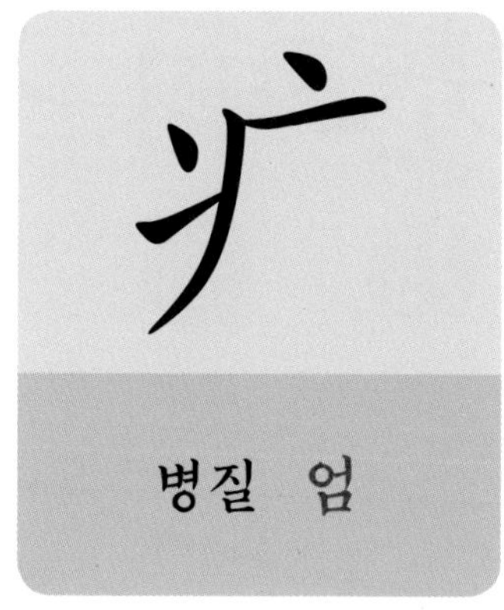

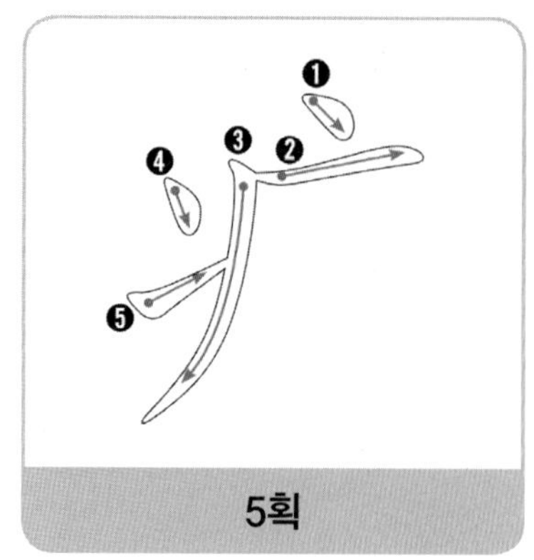

***큰 집**(广)에서 **얼음**(冫)으로 치료하는 **병**

• 厂(**바위 엄**), 广(**큰 집 엄**), 疒(**병질 엄**) 잘 구별하세요.

부수 결합하여 한자 만들기

병질 엄

\+

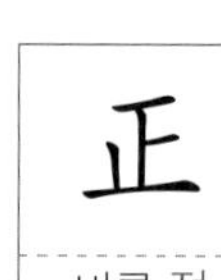
바를 정

= 症

증세 증

병(疒)을 바르게(正) 판단할 수 있는 증세

(증세를 알아야 병을 바르게 판단합니다.)

92

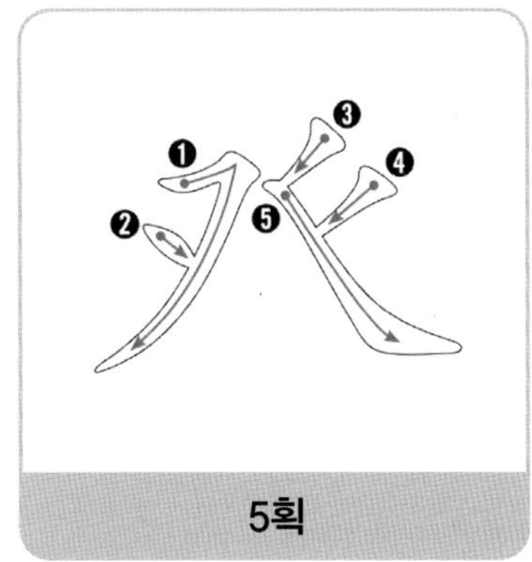

*두 발을 엇갈려 **걸어가는** 모양

- '캬'하며 걸어가니로 기억하세요.

부수 결합하여 한자 만들기

 +  = 

걸을 발 + 제기 두 = 오를 등

걸어서(癶) 제기(豆)를 들고 신전에 오르니
(신에게 제사 지내려고 제기를 들고 신전에 올라간다는 뜻입니다.)

한자 공부하느라 많이 힘들죠?
저도 어린 시절 한자 공부할 때 많이 힘들어서 울기도 하였답니다.
조금만 힘내세요.

93

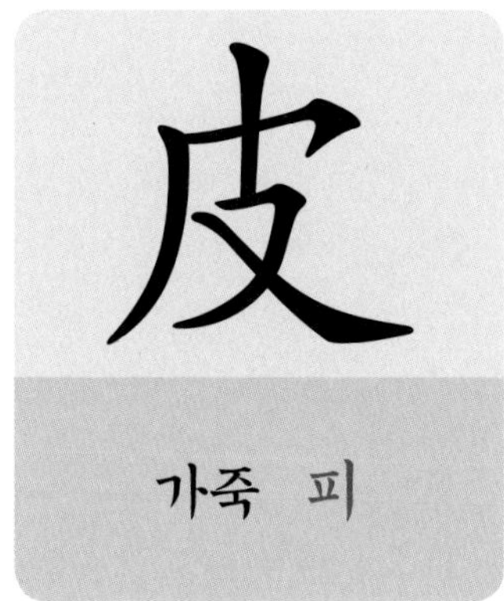

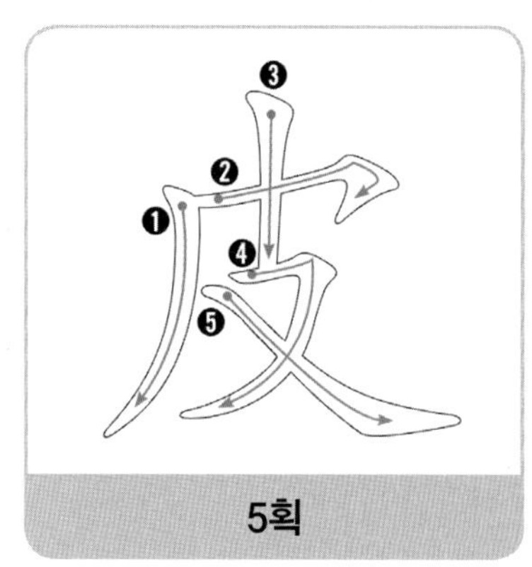

*가죽(⺁)을 송곳(丨)을 손(又)에 쥐고 뚫는 모양

衤	+	皮	=	被
옷 의		가죽 피		입을 피

옷(衤)을 가죽(皮)으로 만들어 입으니

94

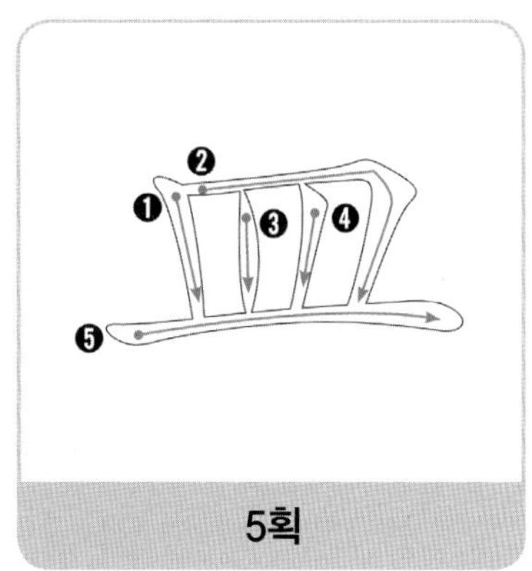

＊위가 널찍하고 아래에 받침이 있는 **그릇** 모양

부수 결합하여 한자 만들기

\+

=

盤
소반 반

음식을 옮길(般) 때 쓰는 그릇(皿)은 소반이니
(소반 : 자그마한 밥상)

95

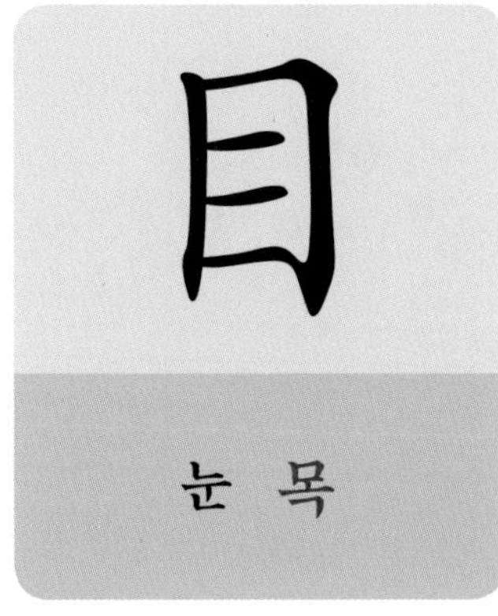

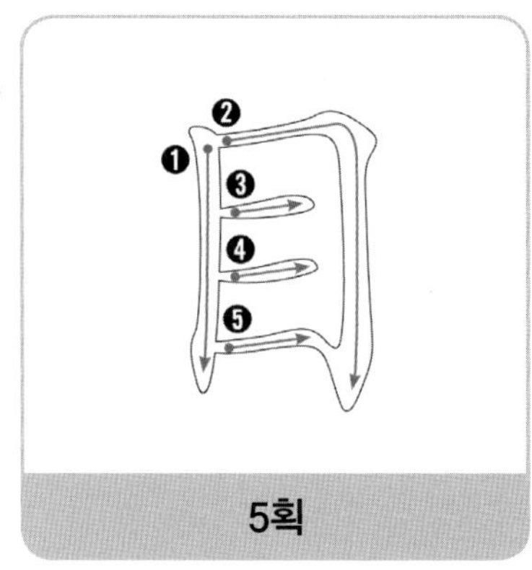

*눈의 모양

• 日(**날 일**, 4획), 目(**눈 목**, 5획) 잘 구별하세요.

부수 결합하여 한자 만들기

 손 수 +  눈 목 =  볼 간

손(手)을 눈(目) 위에 얹고 보니(눈이 부셔서 손을 눈 위 이마에 얹어 빛을 가리고 본다는 뜻입니다.)

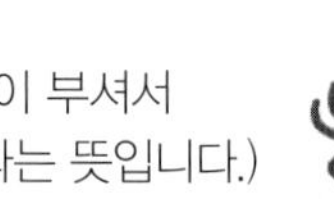

 망할 망 + 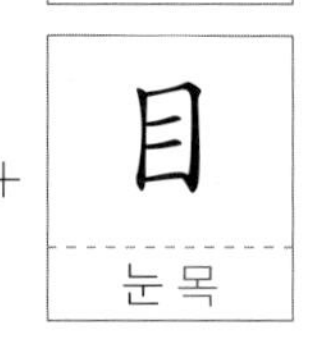 눈 목 =  소경 맹

망한(亡) 눈(目)이면 소경이니(소경 : 눈먼 사람)

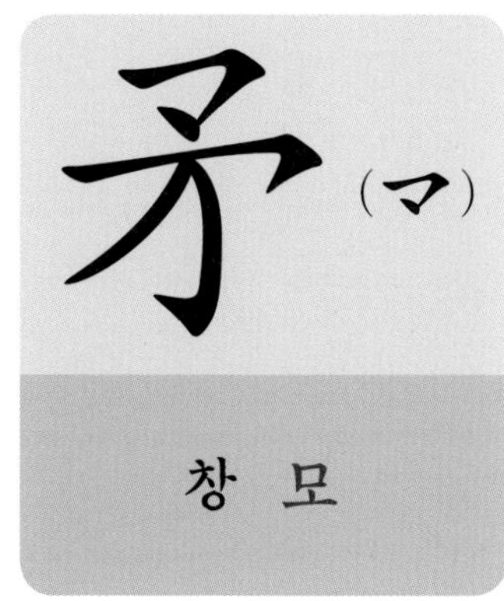

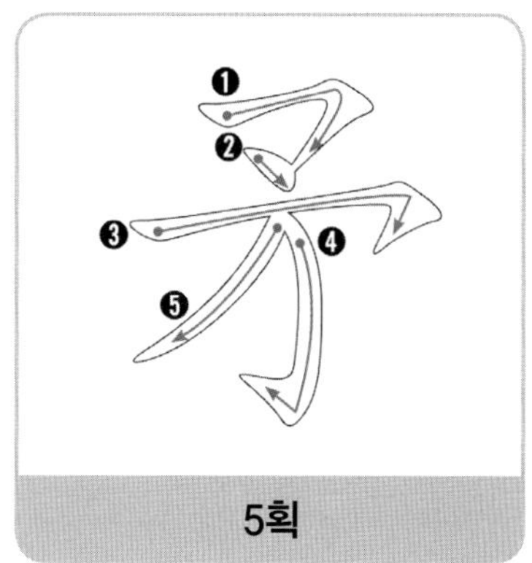

*장식이 달리고 자루가 긴 **창**의 모양

부수 결합하여 한자 만들기

矛 창 모	-	ノ 끈 별	=	予 나 여 줄 여	창(矛)에서 끈(ノ)을 떼어 나에게 줄래?
マ 창 모	+	男 사내 남	=	勇 용감할 용	창(マ)을 들고 싸우는 사내(男)가 용감하니

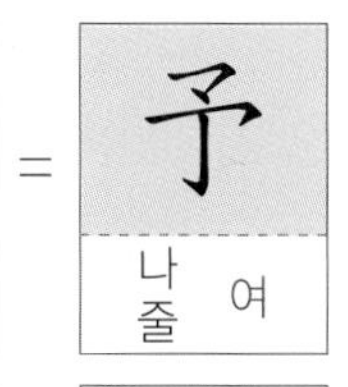

97

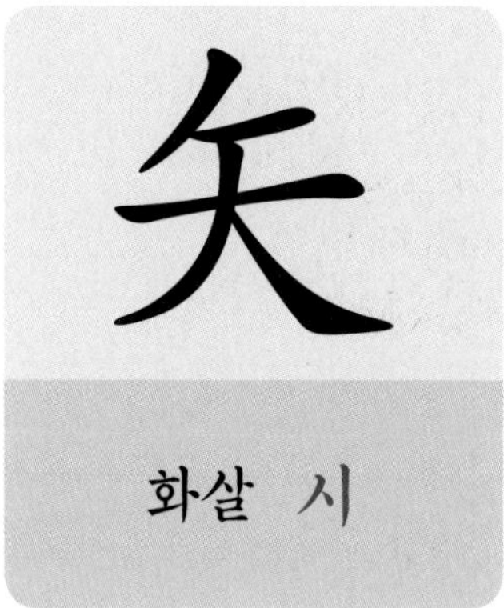

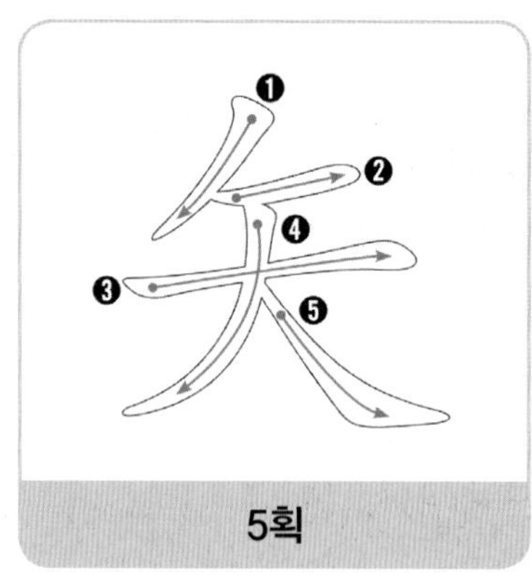

*사람(𠂉)이 활로 쏘려고 만든 큰(大) 화살의 모양

• 矢(화살 시), 失(잃을 실) 잘 구별하세요.

부수 결합하여 한자 만들기

矢	+	口	=	知
화살 시		입 구		알 지

화살(矢)처럼 입(口)으로 빠르게 말할 수 있으니 알지

(아는 것은 빠르게 말할 수 있다는 뜻입니다.)

98

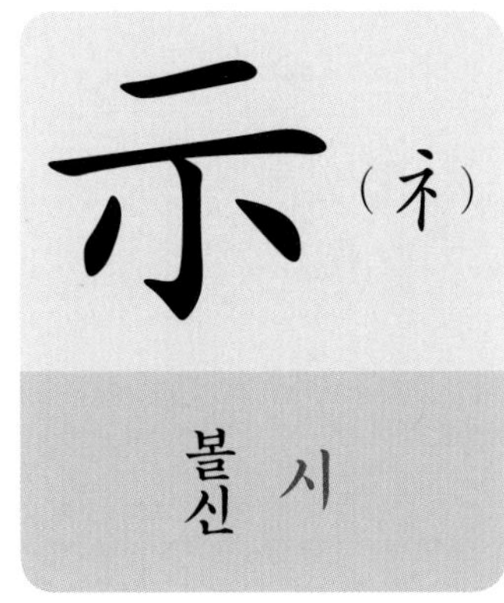

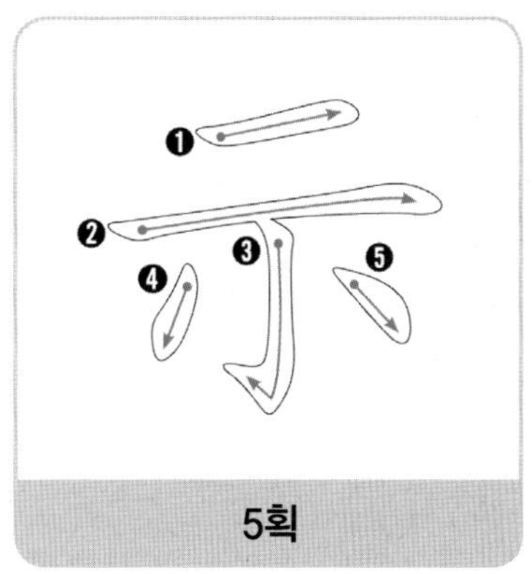

*하늘땅(二)의 작은(小) 일도 살펴보는 신

• 礻: 왼쪽에 쓰일 때의 모양

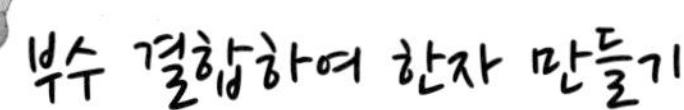

 示 (볼 시)	+	且 (또 차)	=	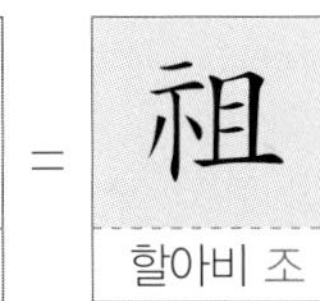 祖 (할아비 조)		보면(示) 또(且) 절해야 하는 할아버지
礻 (신 시)	+	見 (볼 견)	=	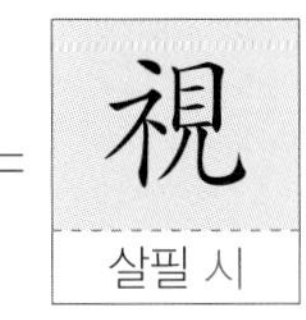 視 (살필 시)		신(礻)이 보아(見) 살피니

99

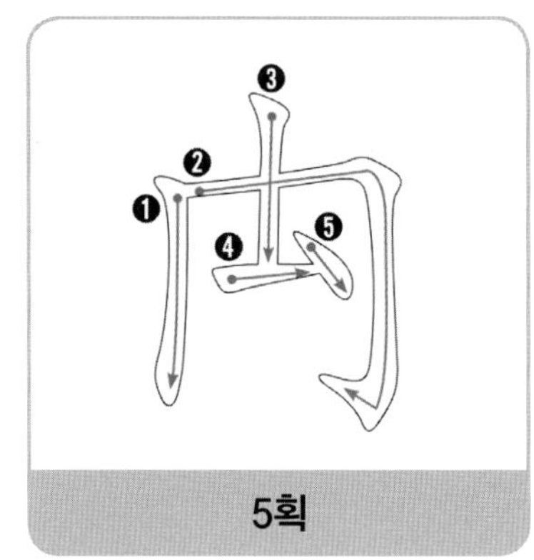

*성(冂) 안을 **사사로이**(厶) 걸어 다니는 **짐승**

부수 결합하여 한자 만들기

 +  +  = 

艹	曰	禸	萬
풀 초	말할 왈	짐승 유	많을 만

풀(艹)속에 말하며(曰) 짐승(禸)들이 많이 모여 있다는 뜻입니다.

100

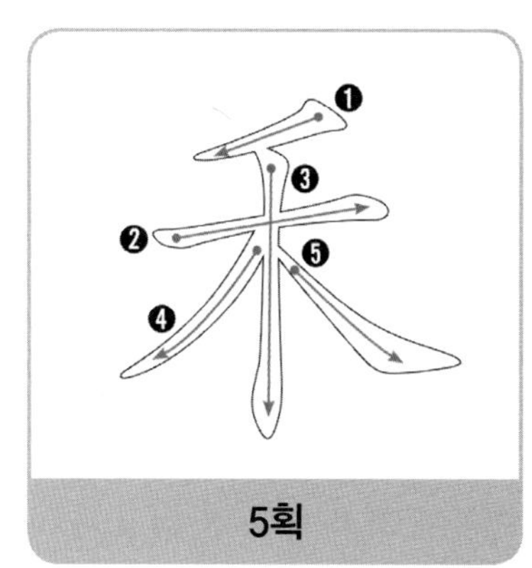

*이삭을 **삐치고**(丿) **나무**(木)처럼 서 있는 **벼**의 모양

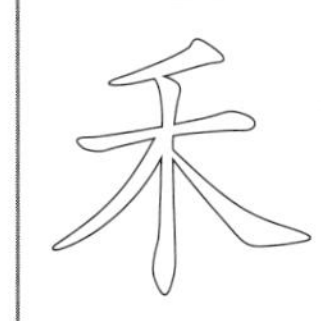

부수 결합하여 한자 만들기

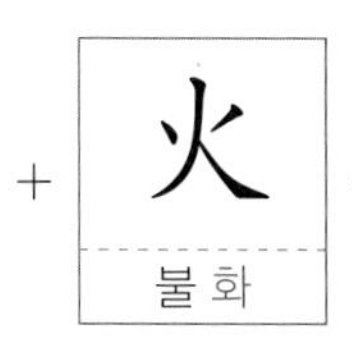

\+

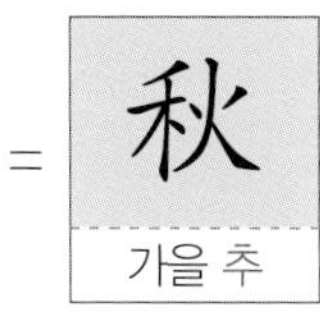

=

秋
가을 추

벼(禾)를 불(火) 같은 햇빛에 말려서 거두는 계절은 가을이니

주머니에서 정답을 찾아 쓰세요.

*큰 집(广)에서 얼음(冫)으로 치료하는 (　　)

癶

*두 발을 엇갈려 (　　　　　　) 모양

*(　　　)(厂)을 송곳(丨)을 손(又)에 쥐고 뚫는 모양

*위가 널찍하고 아래에 받침이 있는 (　　　) 모양

目

*(　)의 모양

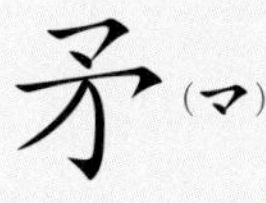

*장식이 달리고 자루가 긴 (　　)의 모양

矢

*사람(𠂉)이 활로 쏘려고 만든 큰(大) (　　　)의 모양

示(礻)

*하늘땅(二)의 작은(小) 일도 살펴 (　　　　　)

內

*성(冂) 안을 사사로이(厶) 걸어 다니는 (　　　)

禾

*이삭을 삐치고(丿) 나무(木)처럼 서 있는 (　)의 모양

아래의 빈칸에 한자는 뜻과 음을, 뜻과 음은 한자를 쓰세요.

81~100번 형성평가

	父	爻	爿(丬)	片(𠂌)	牙
牛(牜)(⺧)	犬(犭)	玉(王)	生(⺯)	田	疒
癶	皮	皿	目	矛(マ)	矢
示(礻)	内	禾		아비 부	엇갈릴 효
장수 장	조각 편	어금니 아	소 우	개 견	구슬 옥
날 생	밭 전	병질 엄	걸을 발	가죽 피	그릇 명
눈 목	창 모	화살 시	볼 시	짐승 유	벼 화

漁(고기 잡을 어) 夫(사내 부) 之(어조사 지) 利(이로울 리)

어부의 이익이란 뜻으로, 둘이 다투는 사이에 엉뚱한 제3자가 이득을 챙긴다는 의미로 쓰인다.

중국 전국시대 진나라가 막강한 국력을 바탕으로 천하통일을 이루려고 할 무렵의 일이다. 당시 각국은 얽히고설켜 서로 잡아먹기 위해 으르렁거렸는데, 연나라에 흉년이 든 것을 기회로 이웃 조나라가 침공을 서둘렀다. 때마침 연나라에 와 있던 소대는 연나라 소왕의 부탁을 받고 조나라의 혜문왕을 찾아가 이렇게 설득하였다.

"이번에 제가 이 나라로 오면서 국경인 역수(易水)를 지나다가 희한한 광경을 목격했습니다. 물이 빠진 강가에 커다란 조개 하나가 입을 벌리고 볕을 쬐면서 꾸벅꾸벅 졸고 있지 않겠습니까. 그러자 갑자기 도요새 한 마리가 날아오더니 날카로운 부리로 조개 속살을 쪼았습니다. 그러니 깜짝 놀란 조개가 입을 다물 수밖에 없었고, 그 바람에 도요새 부리는 조개 입 속에 꼭 끼고 말았지요. 둘은 서로 자신을 놓아 달라며 티격태격했습니다. 그때 마침 어부가 이 광경을 보고 달려와 조개와 도요새를 모두 붙잡아 버렸답니다."

이처럼 먼저 비유를 늘어놓은 소대는 비로소 본론을 꺼냈다.

"조개와 도요새가 오기로 버티다가 둘 다 죽게 된 것처럼, 연나라와 조나라도 서로 싸우게 되면 같은 불행을 당하게 될 것은 불 보듯 뻔한 일입니다. 잘 아시다시피 귀국의 바로 등 뒤에는 진나라가 호시탐탐 노리고 있습니다. 귀국이 연나라와 싸워 힘이 빠지기를 기다려 진나라가 달려들면 어떻게 하시겠습니까?"

소대의 이 비유를 들은 혜문왕은 연나라 공격 계획을 중지하였다.

101

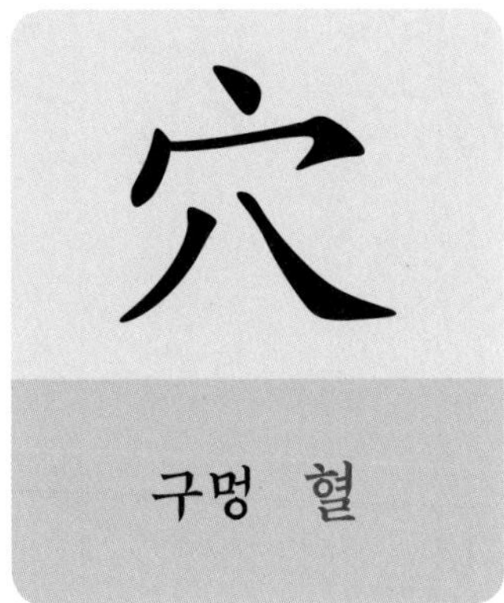

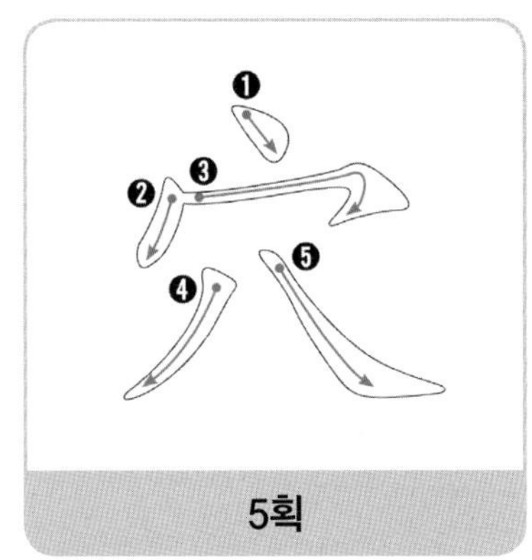

＊집(宀)에 팔(八)방으로 뚫은 구멍

• 집에 문이나 창문을 내려고 벽에 구멍을 뚫는다는 뜻입니다.

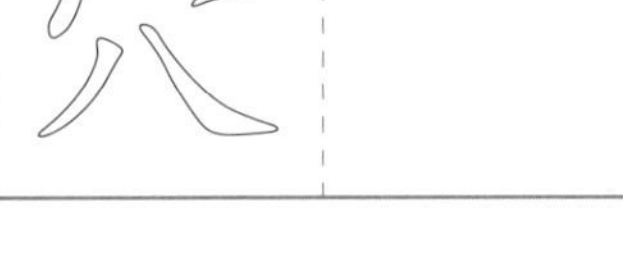

부수 결합하여 한자 만들기

穴	+	工	=	空
구멍 혈		만들 공		빌 공

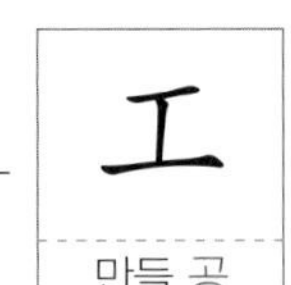

구멍(穴)을 뚫어 만들면(工) 속이 비니

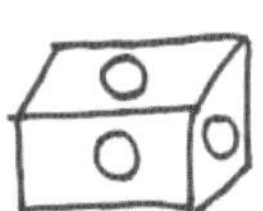

102

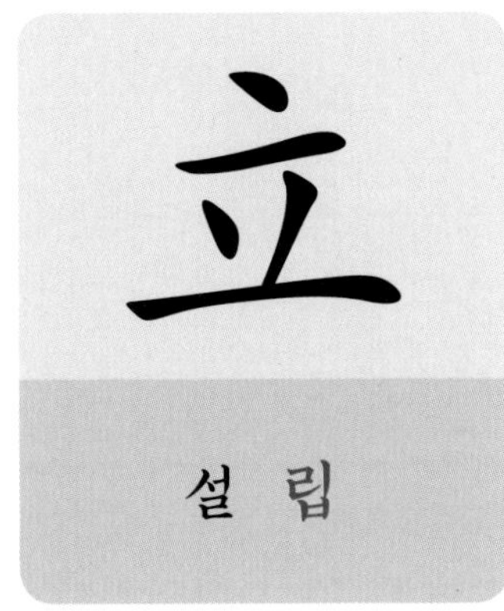

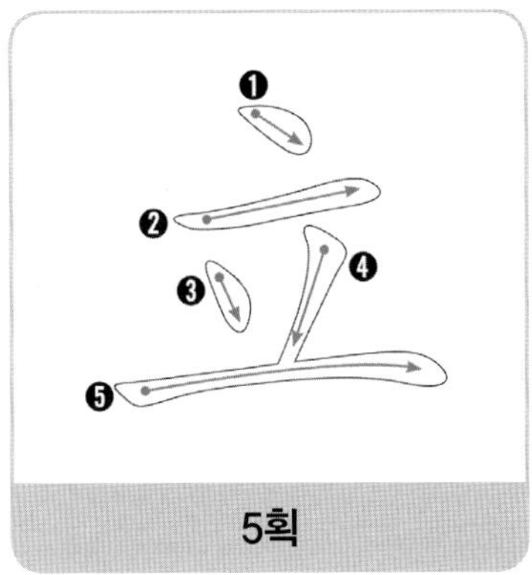

*머리(亠)로 생각하고 나누어(丷) 땅(一)에 세우니

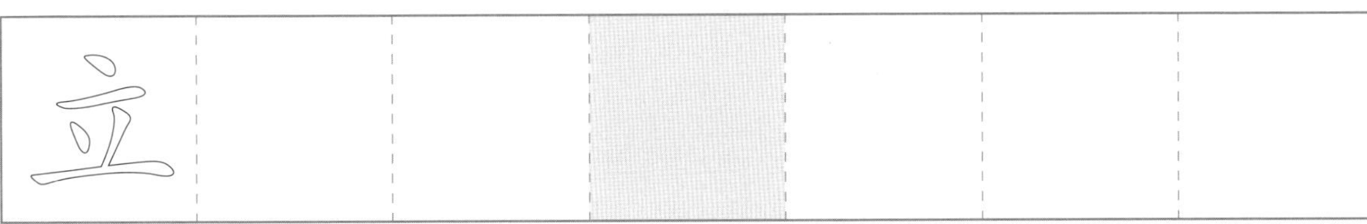

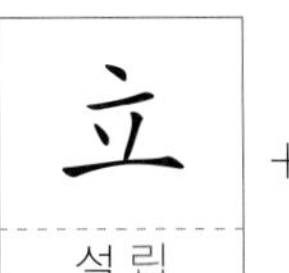

부수 결합하여 한자 만들기

立	+	立	=	竝
설 립		설 립		나란히 병

두 사람이 나란히 서(立) 있으니

103

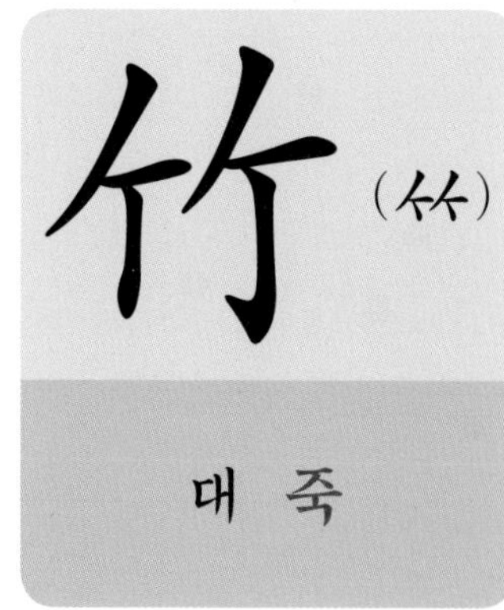

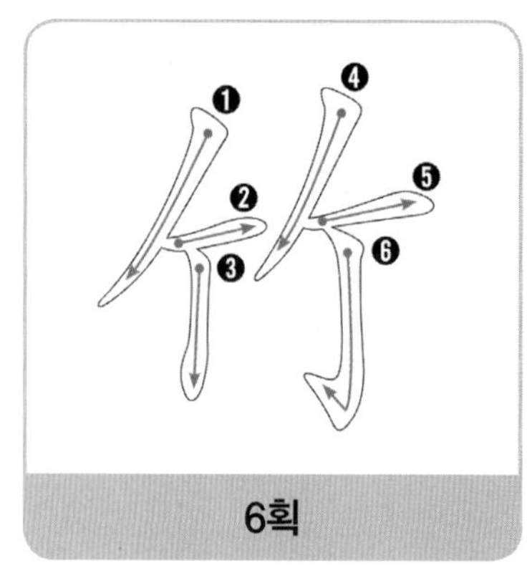

***사람(⺈)이 송곳(丨)과 사람(⺈)이 갈고리(亅)를 만드는 대나무**

- ⺮ : 위에 쓰일 때의 모양
- 종이가 발명되기 전에는 대를 쪼개어 조각을 엮어서 그 위에 글을 썼습니다.

부수 결합하여 한자 만들기

⺮ (대 죽)	+	聿 (붓 율)	=	筆 (글씨 쓸 필)	대(⺮)로 붓(聿)을 만들어 글씨를 쓰니 (대나무 자루에 털을 달아 붓을 만들어 글씨를 쓴다는 뜻입니다.)
⺮ (대 죽)	+	合 (합할 합)	=	答 (대답할 답)	대(⺮)를 쪼개어 조각을 합해서(合) 그 위에 글을 써서 대답하니

104

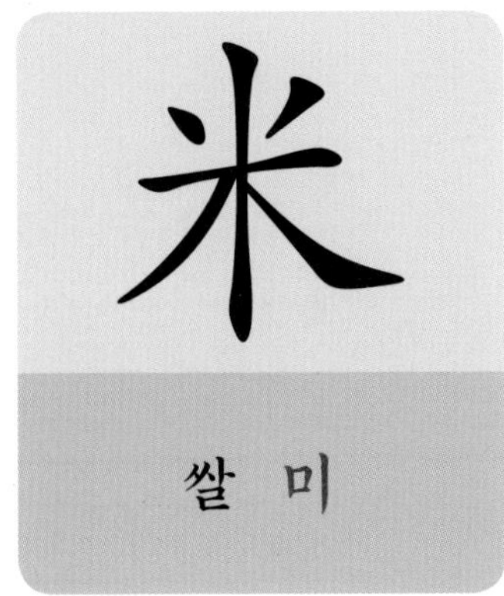

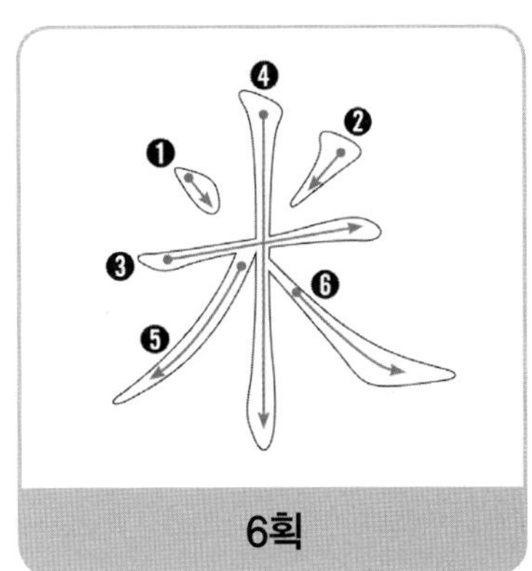

*농부의 손길이 팔(丷) 십(十) 팔(八) 번 가야 나오는 쌀

부수 결합하여 한자 만들기

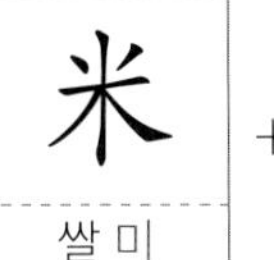

+

=

쌀(米)을 나누어(分) 만든 가루

가루로 만든 음식을 분식이라고 해요.
米分 라면, 국수...

105

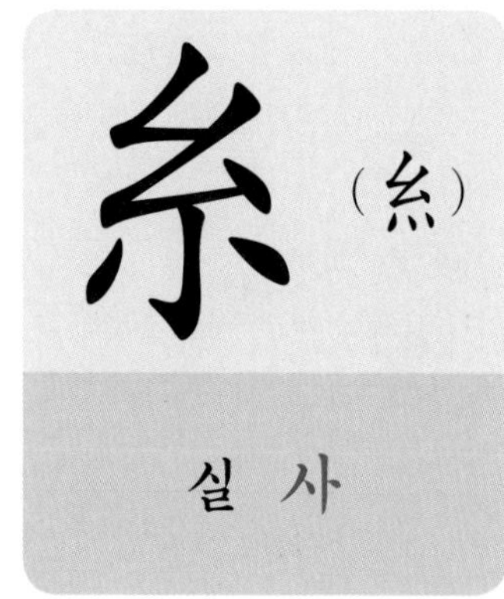

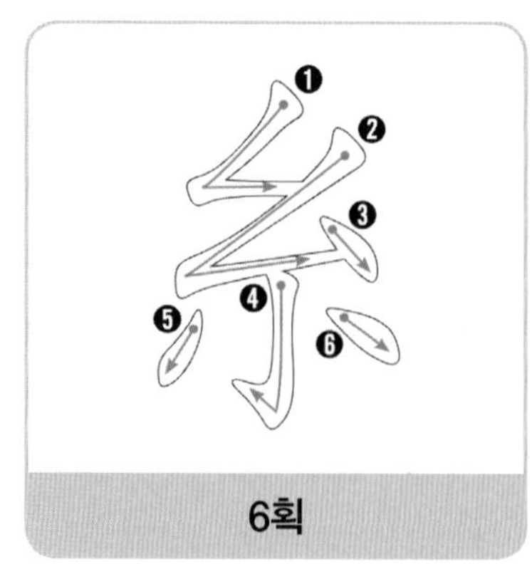

*작고(幺) 작은(小) 실타래 모양

• 변형은 **작을** 요(幺) 아래에 **작을** 소(小) 대신 점(丶) 셋을 찍으면 됩니다.

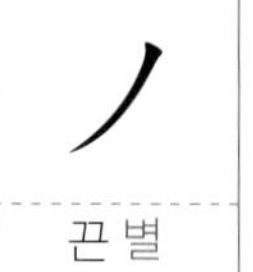

부수 결합하여 한자 만들기

丿 끈 별	+	糸 실 사	=	系 이을 계 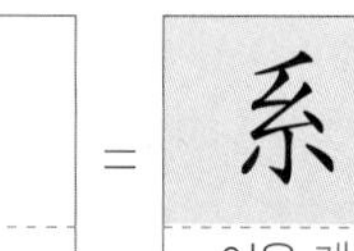		끈(丿)과 실(糸)을 이으니
糹 실 사	+	且 또 차	=	組 짤 조 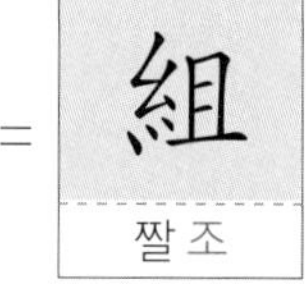		실(糹)로 또(且) 베를 짜니

106

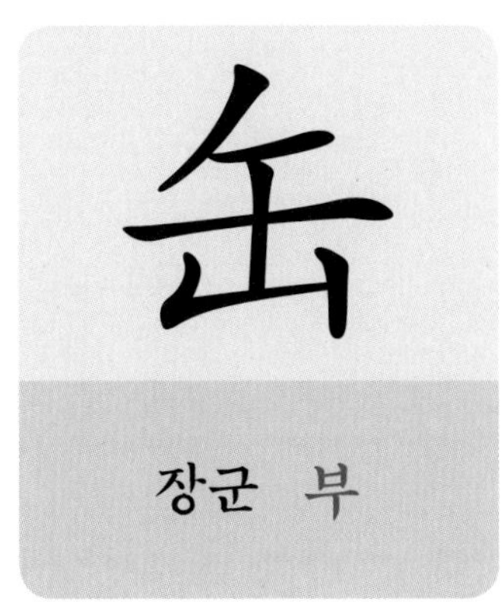

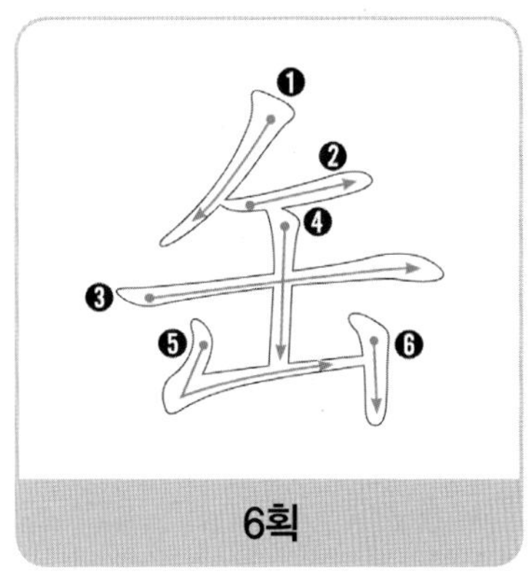

＊사람(𠂉)이 많이(十) 마실 수 있는 큰 그릇(凵)인 장군

• 장군 : 물, 술, 간장 따위의 액체를 넣어 두는 배가 불룩하고 목이 좁은 그릇

부수 결합하여 한자 만들기

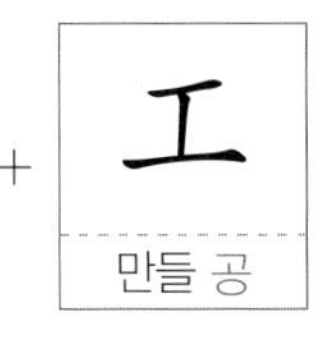

缶 (장군 부) + 工 (만들 공) = 缸 (항아리 항)

장군(缶)처럼 배를 불룩하게 만든(工) 항아리

107

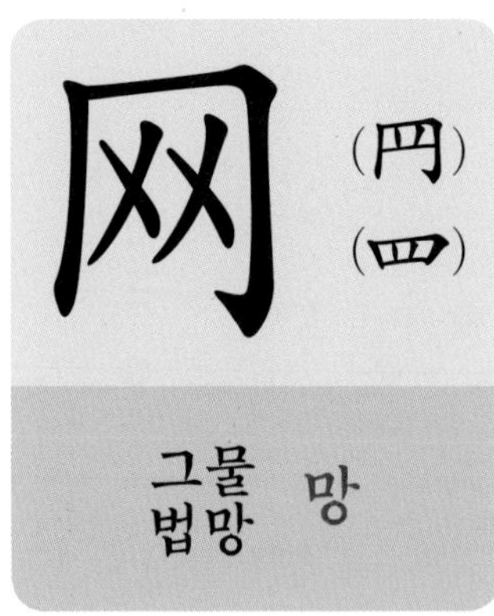

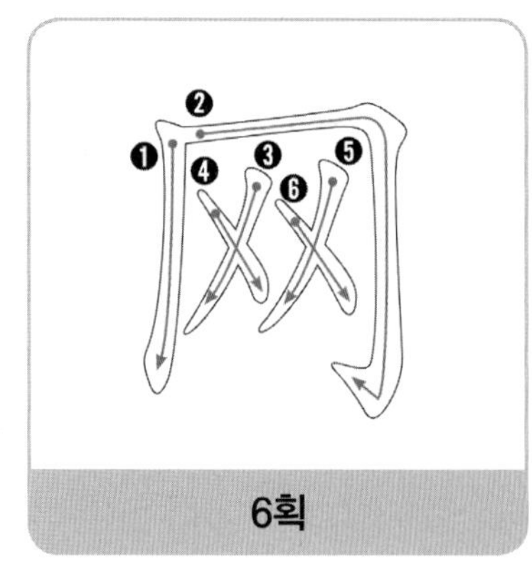

*물고기나 새를 잡는 **그물**의 모양

*사람은 잘못을 하면 법망에 걸리니 **법망**의 뜻을 나타냅니다.

• 皿(**그릇 명**), 罒(**법망 망**) 잘 구별하세요.

부수 결합하여 한자 만들기

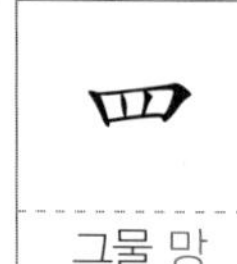 罒 그물 망	+	糸 실 사	+	 隹 새 추	=	羅 벌릴 라	그물(罒)을 실(糸)로 짜서 새(隹)를 잡으려고 벌려 놓으니
 罒 법망 망	+	 言 말씀 언	+	刂 칼 도	=	 罰 벌할 벌	법망(罒)에 걸린 자를 말(言)과 칼(刂)로 벌하니

108

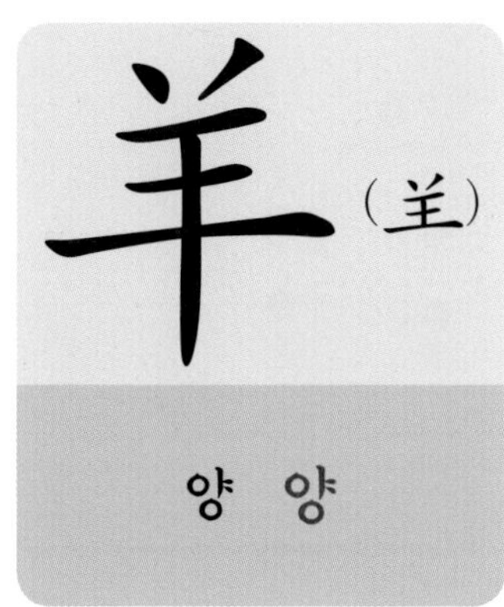

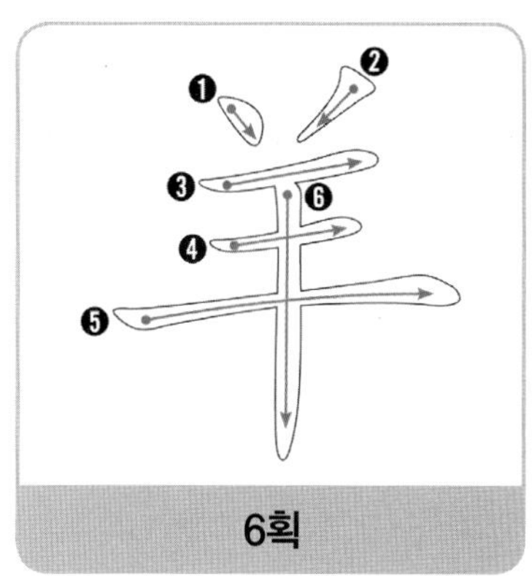

＊양의 모양

• ⺶ : 위에 쓰일 때의 모양

부수 결합하여 한자 만들기

君 (임금 군) + 羊 (양 양) = 群 (무리 군)

임금(君) 주변에 신하들이 양(羊)떼처럼 무리지어 있으니

⺶ (양 양) + 食 (밥 식) = 養 (기를 양)

양(⺶)을 밥(食) 먹여 기르니

109

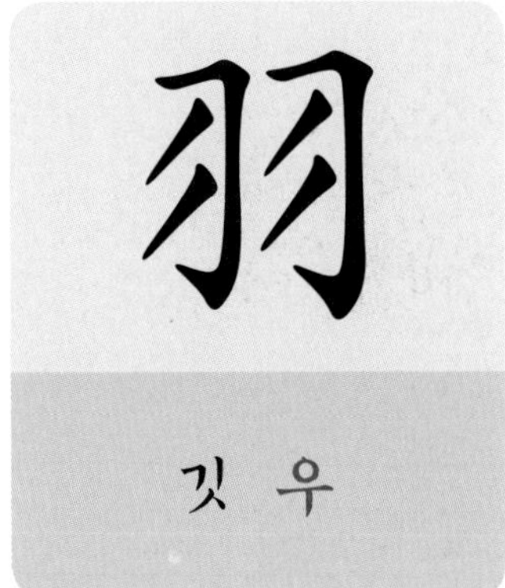

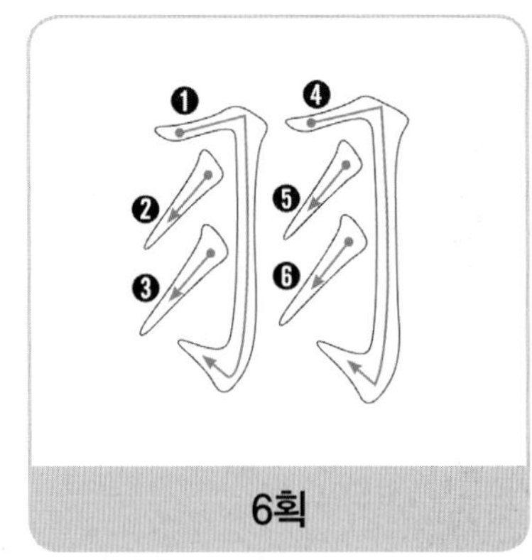

*새의 두 날개를 본뜬 모양

부수 결합하여 한자 만들기

+

=

새가 깃(羽) 아래 흰(白) 털을 보이며 나는 법을 익히니

110

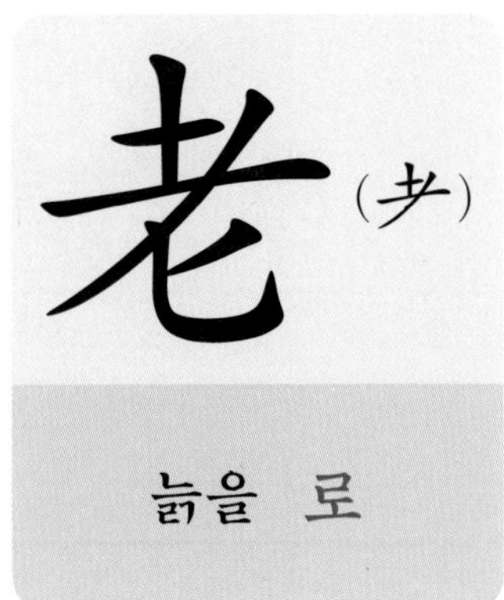

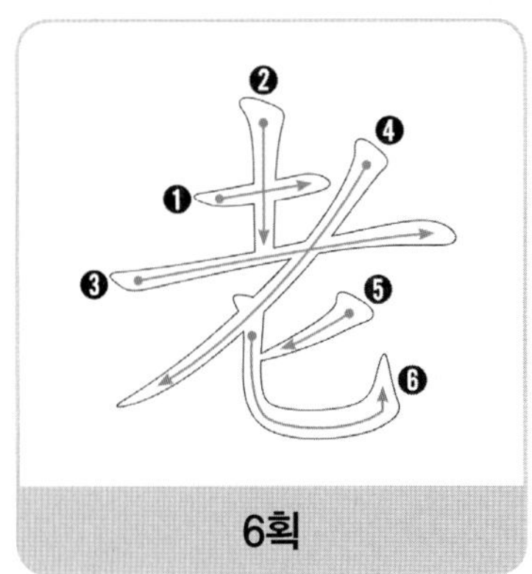

＊땅(土)에 비스듬히(丿) 허리를 구부리고(匕) 있는 늙은이

• 耂 : 위에 쓰일 때의 모양

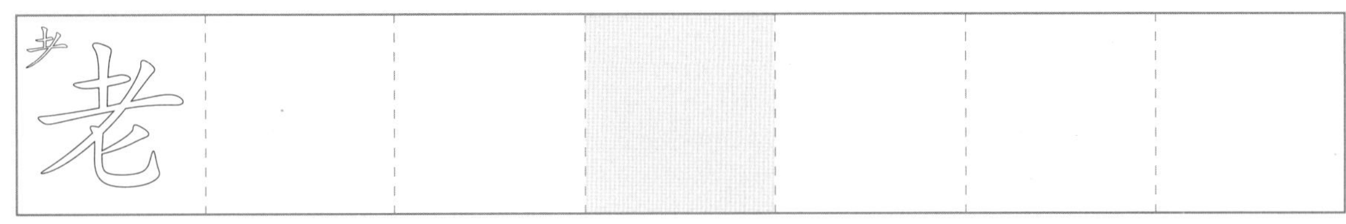

부수 결합하여 한자 만들기

 +  = 

耂	子	孝
늙을 로	아들 자	효도 효

늙은이(耂)를 아들(子)이 업고 효도하니

 주머니에서 정답을 찾아 쓰세요.

*집(宀)에 팔(八)방으로 뚫은 (　　　)

立

*머리(亠)로 생각하고 나누어(丷) 땅(一)에 (　　　)

竹(⺮)

*사람(⺈)이 송곳(丨)과 사람(⺈)이 갈고리(亅)를 만드는 (　　　)

*농부의 손길이 팔(丷) 십(十) 팔(八)번 가야 나오는 (　　)

糸(糹)

*작고(幺) 작은(小) (　　　) 모양

缶

*사람(𠆢)이 많이(十) 마실 수 있는 큰 그릇(凵)인 (　　　)

网 (罒)(⺲)

*물고기나 새를 잡는 (　　　)의 모양

*사람은 잘못을 하면 법망에 걸리니 (　　　)의 뜻을 나타냅니다.

羊 (⺶)

*(　　)의 모양

羽

*새의 두 (　　　)를 본뜬 모양

老 (耂)

*땅(土)에 비스듬히(丿) 허리를 구부리고(匕) 있는 (　　　　)

아래의 빈칸에 알맞은 부수를 넣어 한자를 만들어 볼까요?

手 손 수	+	눈 목	=	看 볼 간	손(手)을 눈(目) 위에 얹고 보니 (눈이 부셔서 손을 눈 위 이마에 얹어 빛을 가리고 본다는 뜻입니다.)
화살 시	+	口 입 구	=	知 알 지	화살(矢)처럼 입(口)으로 빠르게 말할 수 있으니 알지 (아는 것은 빠르게 말할 수 있다는 뜻입니다.)
벼 화	+	火 불 화	=	秋 가을 추	벼(禾)를 불(火) 같은 햇빛에 말려서 거두는 계절은 가을이니
구멍 혈	+	工 만들 공	=	空 빌 공	구멍(穴)을 뚫어 만들면(工) 속이 비니
설 립	+	立 설 립	=	竝 나란히 병	두 사람이 나란히 서(立) 있으니
쌀 미	+	分 나눌 분	=	粉 가루 분	쌀(米)을 나누어(分) 만든 가루
丿 끈 별	+	실 사	=	系 이을 계	끈(丿)과 실(糸)을 이으니
늙을 로	+	子 아들 자	=	孝 효도 효	늙은이(耂)를 아들(子)이 업고 효도하니

刎(목 벨 문) 頸(목 경) 之(어조사 지) 交(사귈 교)

목을 베어 줄 수 있을 정도로 절친한 우정 또는 그런 친구를 뜻한다.

중국 전국시대 조나라에 인상여라는 사람이 있었는데 진나라에 빼앗길 뻔한 천하의 보물 화씨벽을 무사히 구해 가져온 공로로 벼슬을 받았다.

그로부터 얼마 후 진나라 왕이 조나라 왕에게 망신을 주려고 시비를 걸었을 때 인상여가 나서서 오히려 진나라 왕을 무색하게 만들었다. 그 공으로 벼슬이 더욱 높아지자 상장군 염파는 몹시 분개하여 이렇게 불만을 토로했다.

"나는 목숨을 걸고 전장을 누비며 나라를 숱한 위기에서 구한 사람이다. 그런데도 세 치 혓바닥 몇 번 놀린 것밖에 한 일이 없는 자가 내 윗자리에 올라서다니 도저히 참을 수 없구나. 내 언제 이 자를 한번 만나기만 하면 톡톡히 망신을 주고 말 테다."

이 말을 들은 인상여는 될 수 있으면 염파와 부딪치지 않으려고 피하였다. 인상여의 이 같은 비겁한 모습을 보고 그의 가신들이 항의하자 인상여는 이렇게 말했다.

"진나라가 섣불리 우리 조나라를 침공하지 못하는 것은 염파 장군과 내가 버티고 있기 때문이다. 만일 염파 장군과 내가 싸우게 되면 진나라가 옳다구나 하고 쳐들어올 것이 아니냐? 내가 염파 장군과 되도록이면 부딪치지 않으려고 피하는 것은 그런 이유 때문이다."

나중에 이 말을 전해들은 염파는 자기가 몹시 경솔했음을 깨달았다. 그리고는 인상여를 찾아가 섬돌 아래 꿇어앉아 사죄했다.

인상여는 버선발로 달려 나와 염파를 맞아들여 따뜻한 말로 위로했고, 그로부터 두 사람은 '서로를 위해서 목이라도 내 줄 정도의 우정'을 맺었다고 한다.

111

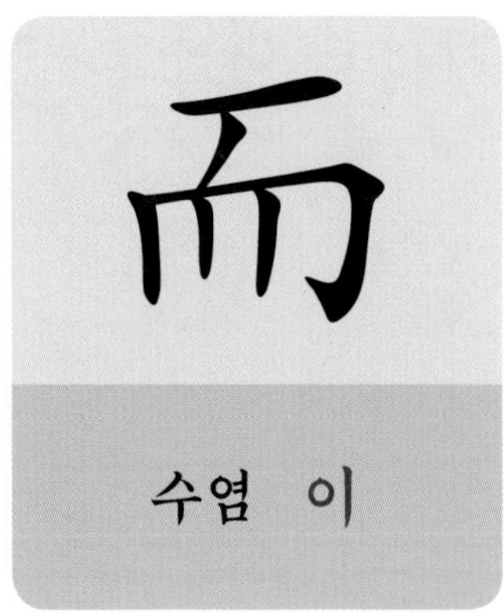

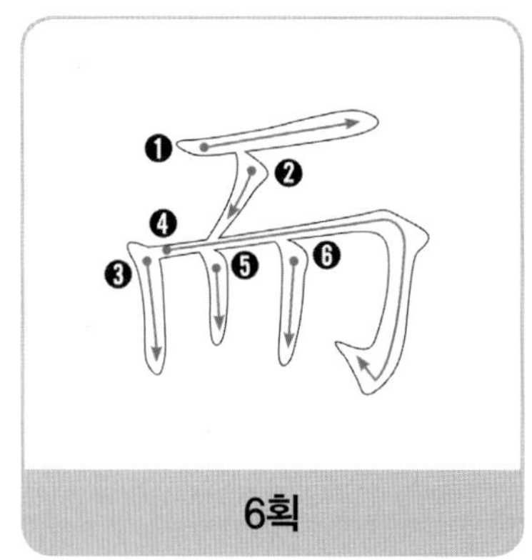

*이마(一), 코(ノ), 수염(冂)을 본뜬 모양

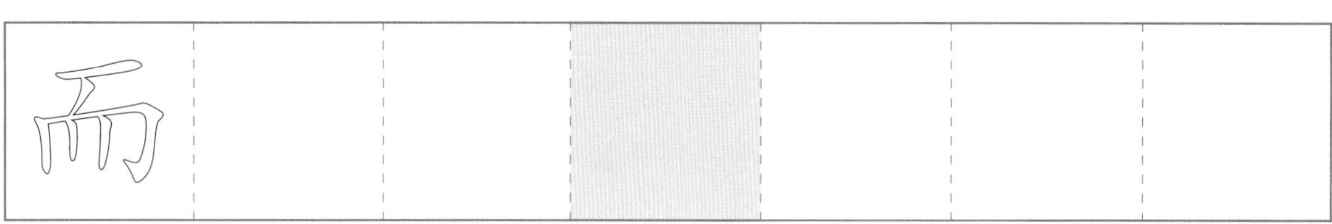

부수 결합하여 한자 만들기

 +  = 耐

而	+	寸	=	耐
수염 이		마디 촌		견딜 내

수염(而)이 마디마디(寸) 잘리는 모욕을 참고 견디니(수염은 권위의 상징입니다. 수염을 뽑거나 자른다면 심한 모욕이겠죠?)

112

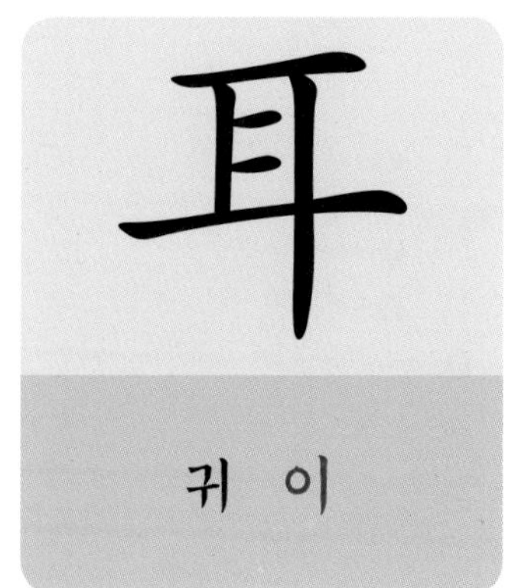

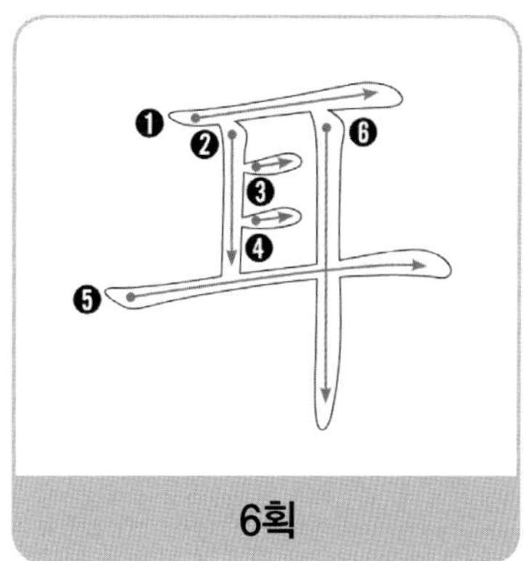

*귀의 모양

부수 결합하여 한자 만들기

門 (눈 문) + 耳 (귀 이) =

문(門)에 귀(耳)를 대고 들으니

113

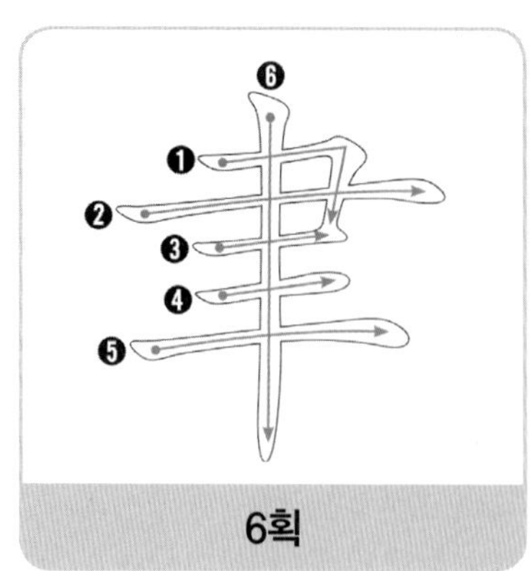

*손(⺕)의 두(二) 손가락에 의지하여 잡은 붓(丨)의 모양

• ⺻ : 위에 쓰일 때의 모양

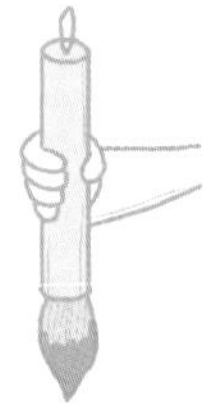

부수 결합하여 한자 만들기

⺮ 대 죽	+	聿 붓 율	=	筆 글씨 쓸 필	대(⺮)로 붓(聿)을 만들어 글씨를 쓰니 (대나무 자루에 털을 달아 붓을 만들어 글씨를 쓴다는 뜻입니다.)
⺻ 붓 율	+	曰 말할 왈	=	書 쓸 서	붓(⺻)으로 하고 싶은 말(曰)을 쓰니

114

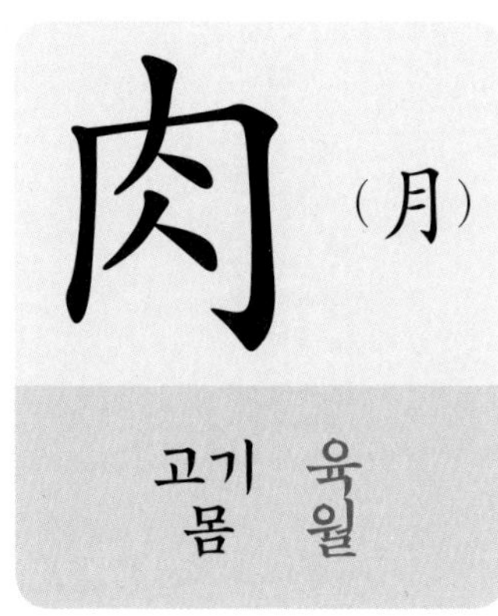

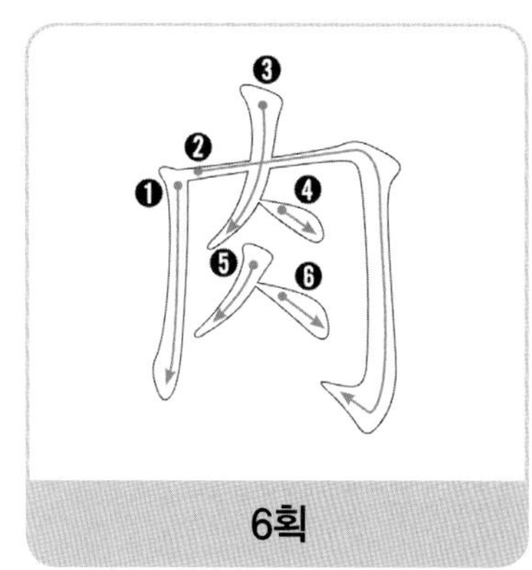

*성(冂)에서 사람(人)과 사람(人)들이 즐겨 먹는 고기

- 月 : 月(달 월)이라는 뜻도 있지만, 肉(고기 육)의 변형으로 쓰이면 '몸 월'이라는 뜻을 나타냅니다.
- 대부분 글자의 오른쪽에 붙어 있으면 '달 월' 그 외는 '몸 월'
- 예) 明(밝을 명) ⇨ 오른쪽에 쓰이면 '달 월'
  肝(간 간) ⇨ 다른 곳은 '몸 월'

 +  = 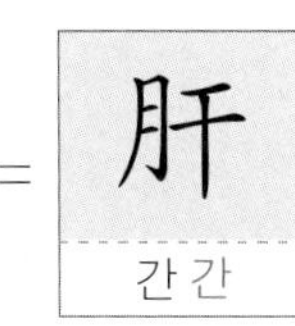

몸 월 + 방패 간 = 간 간

몸(月)을 방패(干)처럼 보호해 주는 간(간은 우리 몸의 모든 기능에 관여하며 나쁜 것을 해독해 준다고 합니다.)

115

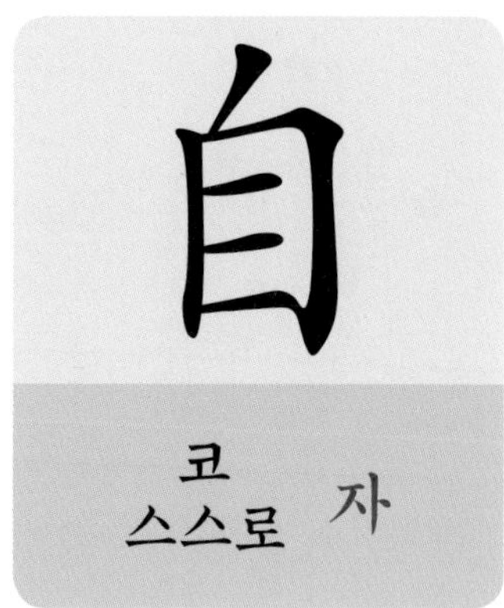

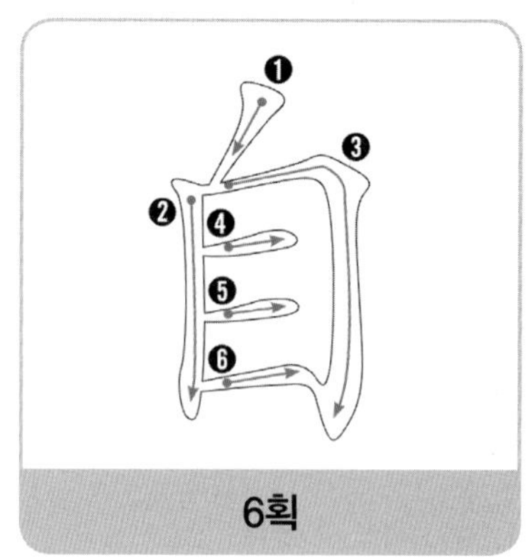

*코의 모양을 본떠서 만든 글자로 자기를 나타내는 스스로란 뜻으로도 씁니다.

• 白(흰 백, 5획), 自(스스로 자, 6획) 잘 구별하세요.

自						

부수 결합하여 한자 만들기

自	+	心	=	息	코(自)와 심장(心)으로 숨 쉬니
코 자		심장 심		숨 쉴 식	
自	+	犬	=	臭	코(自)로 개(犬)처럼 냄새 맡으니
코 자		개 견		냄새 취	

116

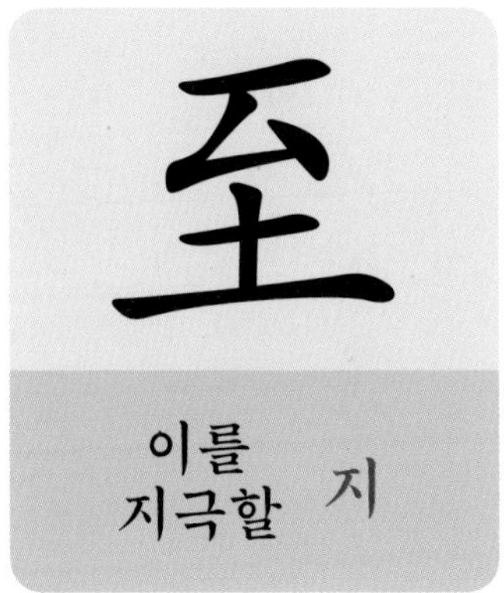

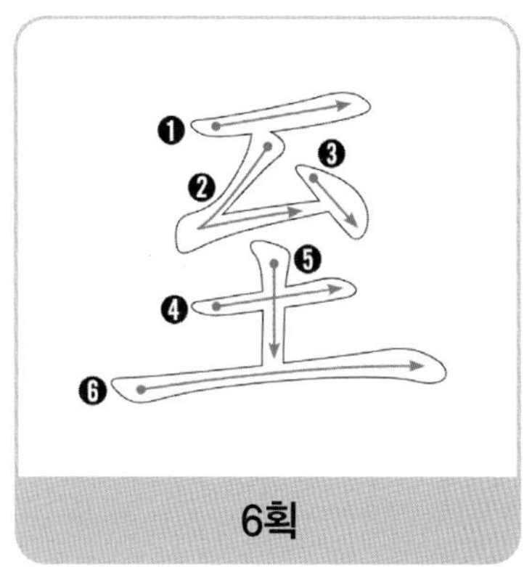

＊하나(一)같이 내(厶) 땅(土)에 이르려는 마음이 지극하니

- 이르다 : 어떤 장소나 시간에 닿다, 도달하다.
- 옛날에는 전쟁이 많아 나라가 망하거나 포로로 끌려가기도 했지요? 자기 나라, 자기 땅으로 돌아가고 싶은 마음이 지극하다는 뜻입니다.

부수 결합하여 한자 만들기

 집 면	+	 이를 지	=	 방 실		집(宀)에 이르러(至) 방에 들어간다는 뜻입니다.
 지극할 지	+	 칠 복	=	致 이룰 치		지극한(至) 정성으로 치고(夊) 인도하면 뜻을 이루니 (자식이나 제자를 지극한 정성으로 가르치면 뜻을 이룬다는 뜻입니다.)

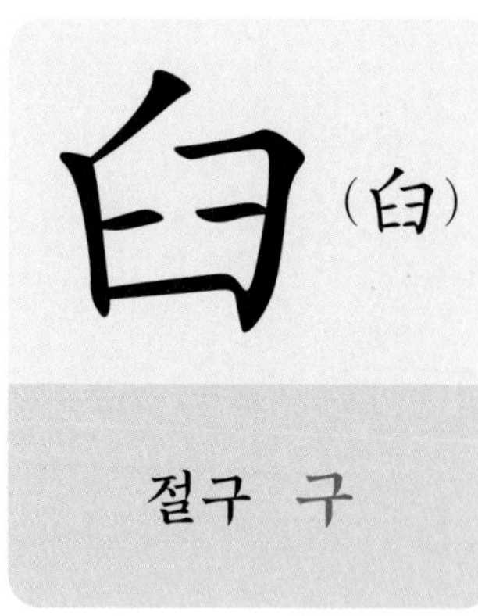

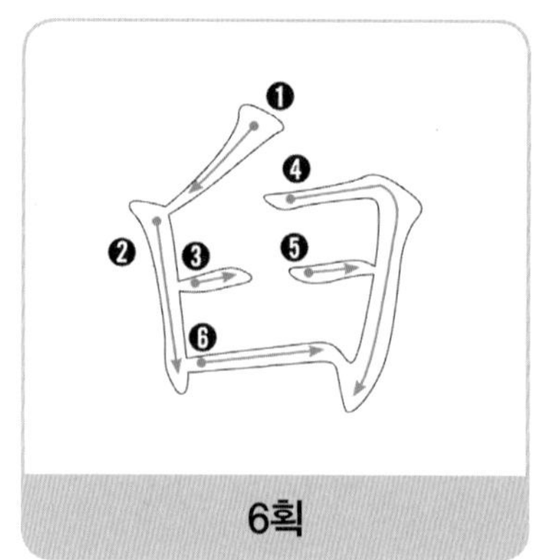

*곡식이 들어 있는 **절구**의 모양
- 절구 : 곡식을 빻거나 찧으며 떡을 치기도 하는 기구
- 臼 : 위에 쓰일 때의 모양

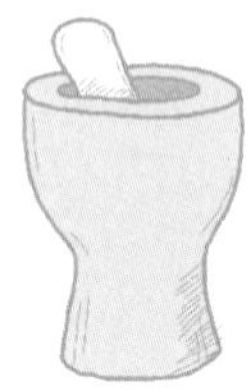

부수 결합하여 한자 만들기

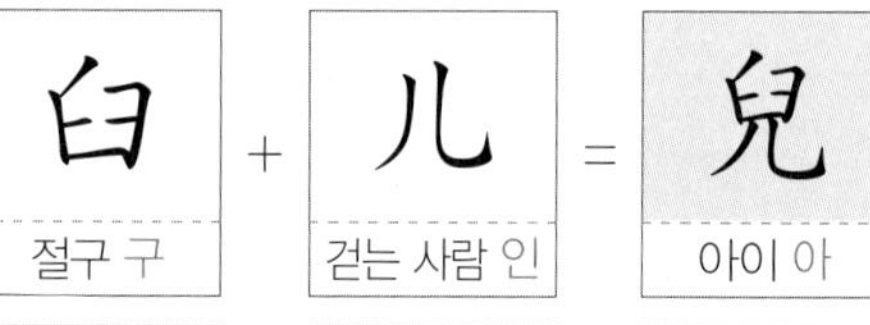

절구(臼)가 걷는(儿) 것처럼 머리가 큰 아이
(아이는 몸에 비해서 머리가 커 마치 절구가 걷는 것 같다는 뜻입니다.)

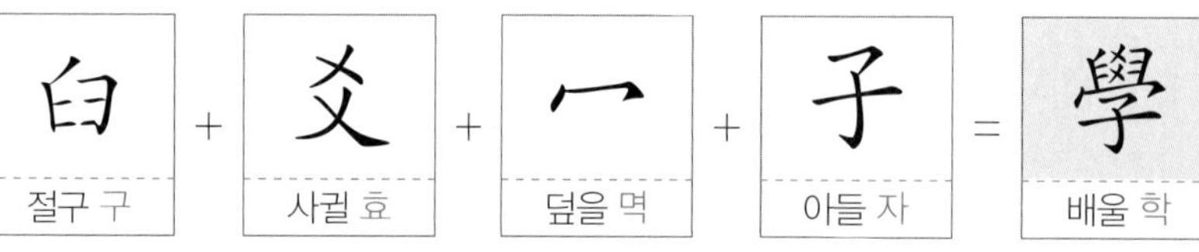

절구(臼) 같은 교실에서 친구를 사귀며(爻) 무식으로 덮인(冖) 아들(子)이 배우니

118

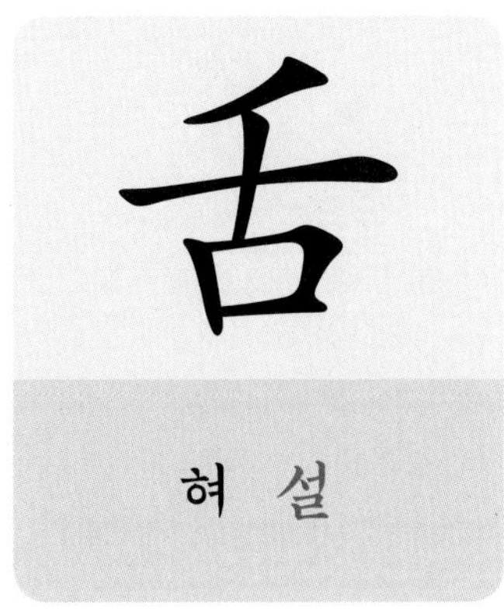

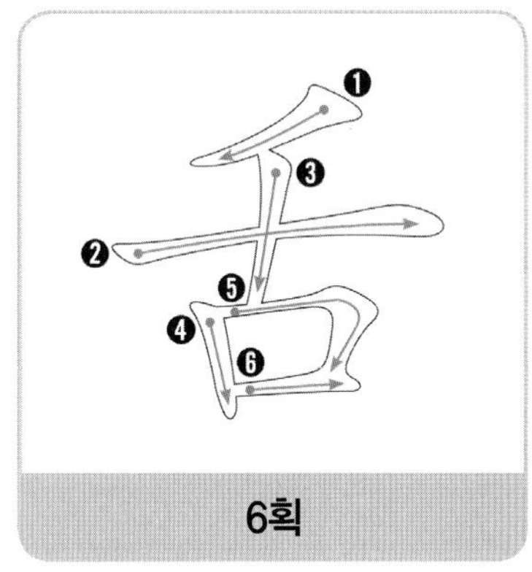

*많은(千) 기능을 하는 입(口) 안에 있는 혀

• 千(일천 천, 많을 천)

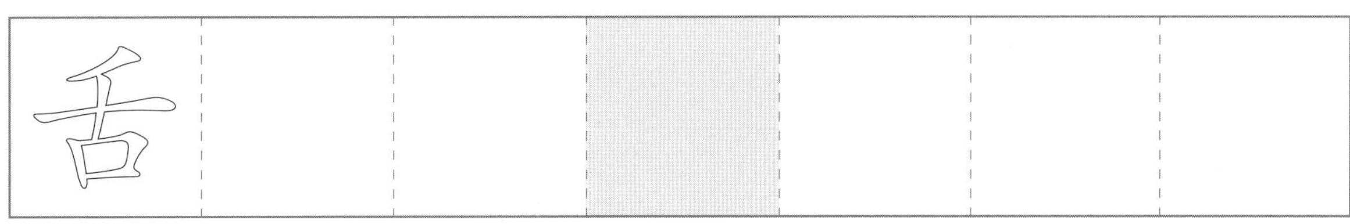

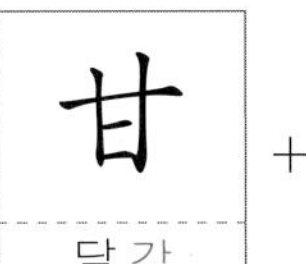

부수 결합하여 한자 만들기

甘	+	舌	=	甛
달 감		혀 설		달 첨

단(甘)맛이 나도록 혀(舌)로 맛보며 조리하여 달다는 뜻입니다.

119

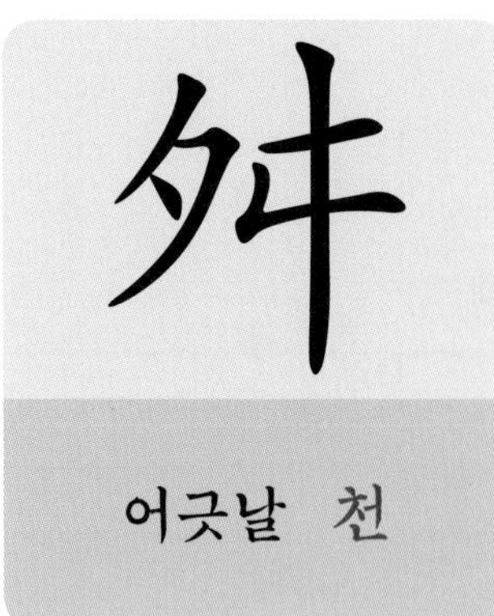

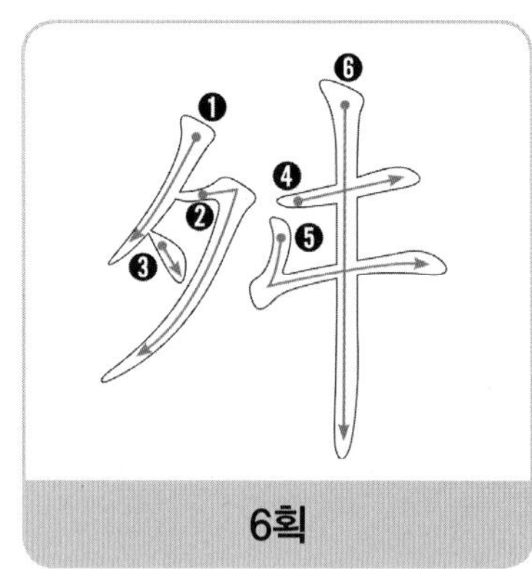

＊저녁(夕)에 숨어서(匚) 뚫은(丨) 곳이 어긋나니

• 어긋나다 : 틀어져서 맞지 아니하다.

舛						

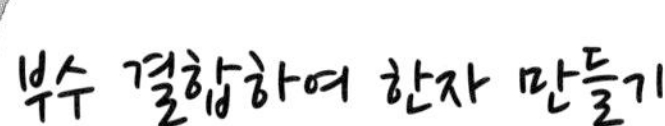

亻	+	舛	+	木	=	傑
사람 인		어긋날 천		나무 목		뛰어날 걸

사람(亻)은 어긋난(舛) 짓을 할 때 나무(木) 회초리로 치고 바로잡으면 뛰어난 인물로 자라니

120

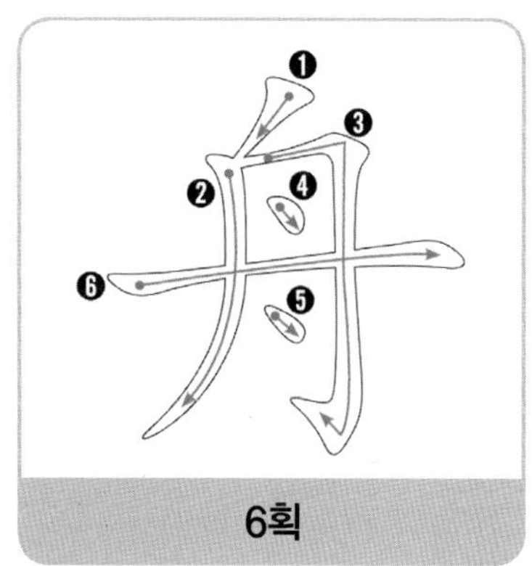

*배의 모양

부수 결합하여 한자 만들기

+
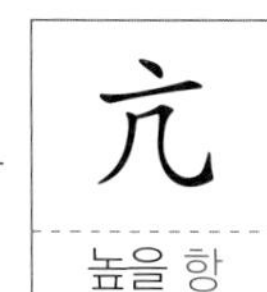

=

배(舟)에 돛을 높게(亢) 달고 건너니
(옛날에는 배에 돛을 달고 다녔지요?)

주머니에서 정답을 찾아 쓰세요.

而

*이마(一), 코(ノ), (   )(冂)을 본뜬 모양

耳

*(   )의 모양

聿(⺻)

*손(ヨ)의 두(二) 손가락에 의지하여 잡은 (   )(丨)의 모양

肉(月)

*성(冂)에서 사람(人)과 사람(人)들이 즐겨 먹는 (   )

自

*(   )의 모양을 본떠서 만든 글자로 자기를 나타내는 (   )란 뜻으로도 씁니다.

至

* 하나(一)같이 내(厶) 땅(土)에
( ) 마음이
( )

臼(臼)

* 곡식이 들어 있는 ( )의 모양

舌

* 많은(千) 기능을 하는 입(口) 안에
있는 ( )

舛

* 저녁(夕)에 숨어서(匸) 뚫은(丨)
곳이 ( )

舟

* ( )의 모양

아래의 빈칸에 한자는 뜻과 음을, 뜻과 음은 한자를 쓰세요.

101~120번 형성평가

	穴	立	竹(⺮)	米	糸(糹)
缶	网(罓)(罒)	羊(⺷)	羽	老(耂)	而
耳	聿(⺻)	肉(月)	自	至	臼(𦥑)
舌	舛	舟		구멍 혈	설 립
대 죽	쌀 미	실 사	장군 부	그물 망	양 양
깃 우	늙을 로	수염 이	귀 이	붓 율	고기 육
코 자	이를 지	절구 구	혀 설	어긋날 천	배 주

다음 한자의 뜻과 음을 쓰세요.

81~120번 중간평가

父	爻	爿(丬)	片(𠂉)	牙	
牛(牜)(⺧)	犬(犭)	玉(王)	生(⺧)	田	疒
癶	皮	皿	目	矛(マ)	矢
示(礻)	内	禾	穴	立	竹(⺮)
米	糸(糹)	缶	网(円)(罒)	羊(⺶)	羽
老(耂)	而	耳	聿(⺻)	肉(月)	自
至	臼(臼)	舌	舛	舟	

다음 뜻과 음을 지닌 한자를 쓰세요.

81~120번 중간평가

	아비 부	엇갈릴 효	조각 장	조각 편	어금니 아
소 우	개 견	구슬 옥	살 생	밭 전	병질 엄
걸을 발	가죽 피	그릇 명	눈 목	창 모	화살 시
신 시	짐승 유	벼 화	구멍 혈	설 립	대 죽
쌀 미	실 사	장군 부	법망 망	양 양	깃 우
늙을 로	수염 이	귀 이	붓 율	고기 육	스스로 자
	이를 지	절구 구	혀 설	어긋날 천	배 주

難(어려울 난) 兄(형 형) 難(어려울 난) 弟(아우 제)

누구를 형이라 하기도 어렵고 아우라 하기도 어렵다는 뜻으로, 두 사물의 낫고 못함을 분간하기 어렵다는 의미로 쓰인다.

중국 후한 말의 진식에게는 두 아들이 있었다. 기와 심이 그들인데, 아버지와 더불어 삼군자(三君子)로 불릴 만큼 덕망이 높았다.

기와 심이 어렸을 때의 일이다. 어느 날 손님이 찾아오자 진식은 두 아들에게 밥을 하라고 해놓고 손님과 토론에 열중하고 있었다. 기와 심 형제는 밥을 짓다가 아버지와 손님의 토론을 듣는 데 정신이 팔려서 밥이 되는지 죽이 되는지 깜빡 잊어버렸다. 아버지가 이제 밥이 다 되었느냐고 묻는 바람에 당황하여 솥뚜껑을 열어 보니 죽이 되어 있었다. 기와 심이 무릎을 꿇고 사정을 털어놓자 아버지가 물었다.

"그렇다면 너희들은 우리가 얘기한 것을 기억할 수 있겠느냐?"

그러자 두 아들이 "네, 알고 있지요." 하고는 토론의 내용을 거침없이 말하자 손님은 깜짝 놀랐고, 진식은 빙그레 웃으면서 말했다.

"정확하게 말했다. 그럼 죽이라도 좋으니 가져 오너라."

기의 아들 군과, 심의 아들 충도 아버지를 닮아서 뛰어난 수재였다.

이들이 어렸을 때의 일이다. 어느 날 사촌 간인 군과 충은 서로 자기 아버지의 공적과 덕행을 따지면서 우열(優劣)을 다투었다. 좀처럼 결말이 나지 않자 그들은 할아버지인 진식에게 판정해 달라고 했다. 그러자 진식은 이렇게 말했다.

"누구를 형이라 하기도, 아우라 하기도 어렵구나!"

121

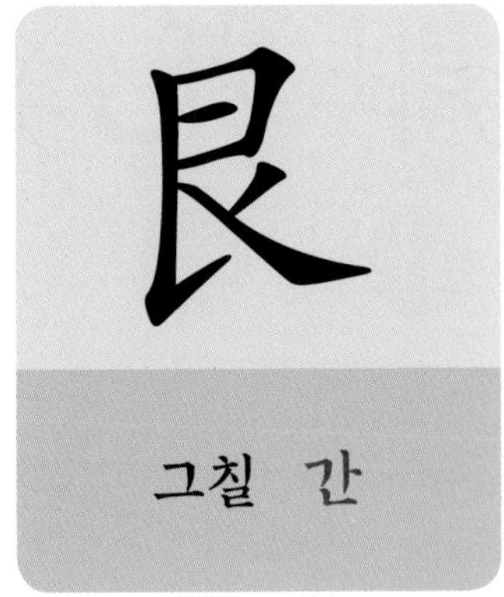

그칠 간

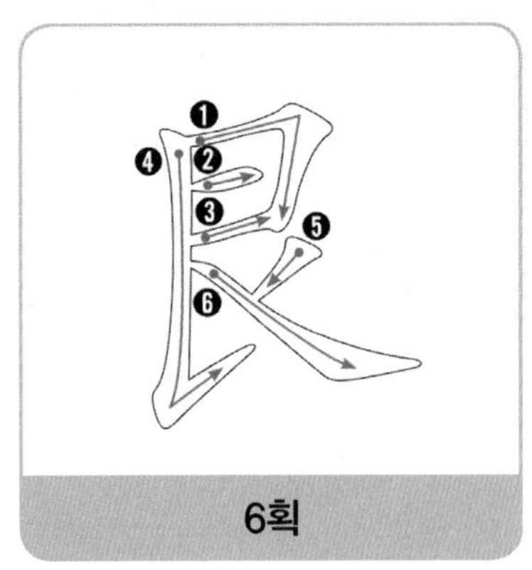

6획

*본디 目(눈 목) + 匕(구부릴 비) ⇨ 艮(**그칠 간**)
*눈(目)을 굴리고 몸을 **구부리는**(匕) 것은 일정한 한도에서 **그치니**

부수 결합하여 한자 만들기

점 주
+ 艮 그칠 간
=

어질 좋을 량

점(丶) 같은 작은 잘못도 그치니(艮) 어질고 좋다는 뜻입니다.

나무 목
+ 艮 그칠 간
=
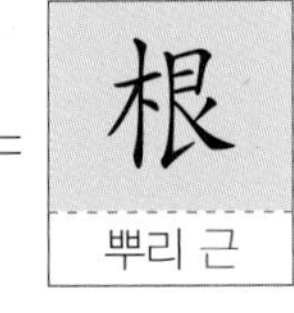
뿌리 근

나무(木)가 제자리에 그쳐(艮) 있는 것은 뿌리 때문이니

122

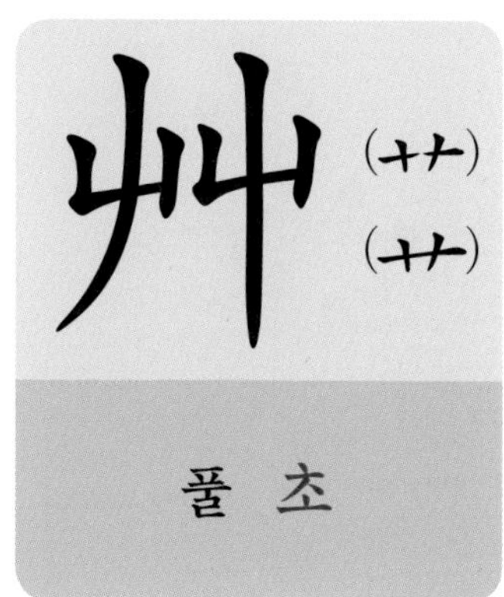

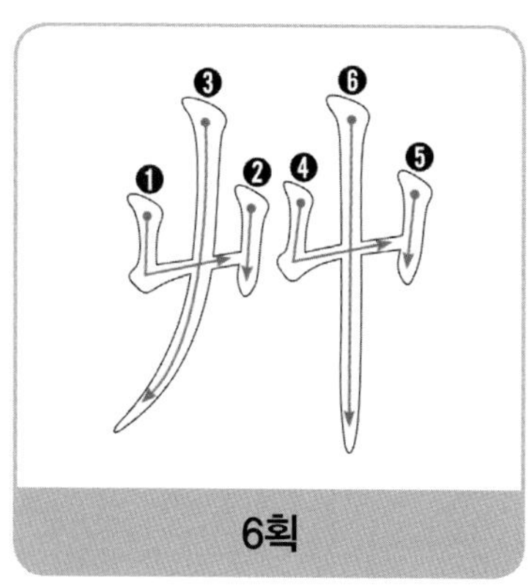

*싹(屮)과 싹(屮)이 돋아난 모양으로 풀이란 뜻입니다.

• 艹, 艹 : 위에 쓰일 때의 모양

부수 결합하여 한자 만들기

艹	+	方	=	芳
풀 초		사방 방		꽃다울 향기 방

풀(艹)에서 사방(方)으로 꽃다운 향기가 나니

123

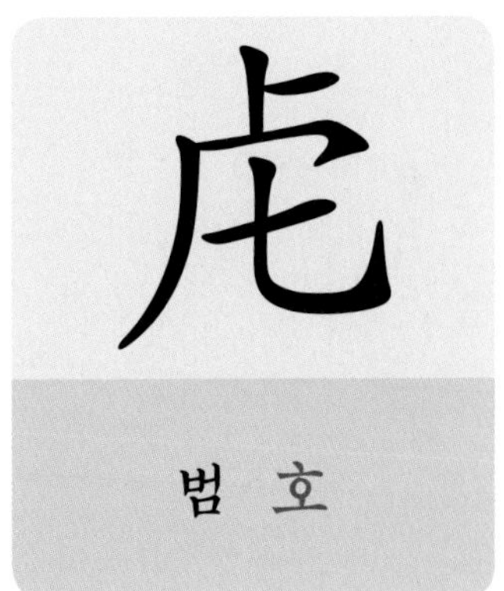

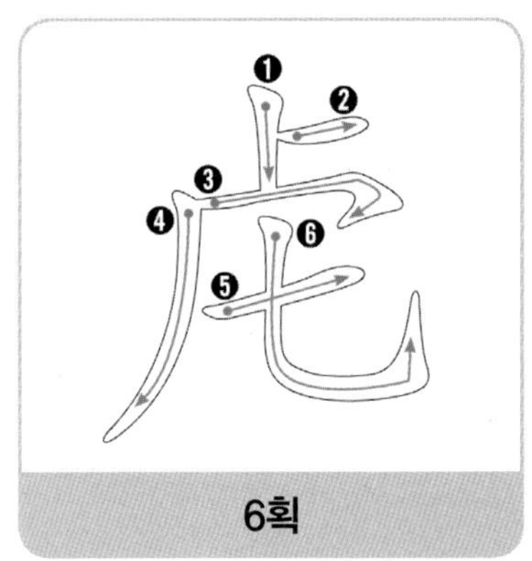

*호랑이 가죽의 무늬를 본뜬 모양

• 성은 복(⺊)이고 이름은 엄(厂) 칠(七) ⇨ 복(⺊) 엄(厂) 칠(七)로 기억하세요.

부수 결합하여 한자 만들기

虍 (범 호) +  思 (생각 사) = 慮 (근심할 려)

범(虍)을 생각(思)하며 근심하니(옛날에 산에 갈 때면 호랑이가 나타나지 않을까 생각하며 근심한다는 뜻입니다.)

124

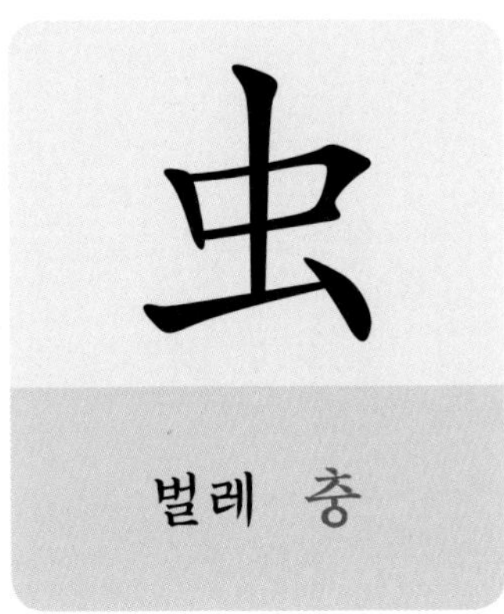

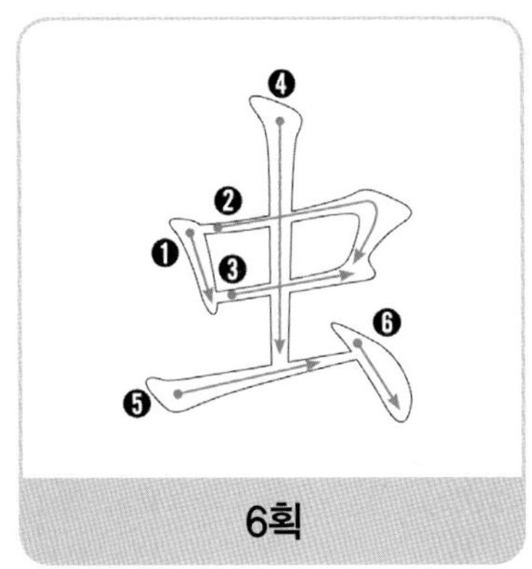

*가운데(中) 있는 하나(一)의 점(丶) 같은 벌레

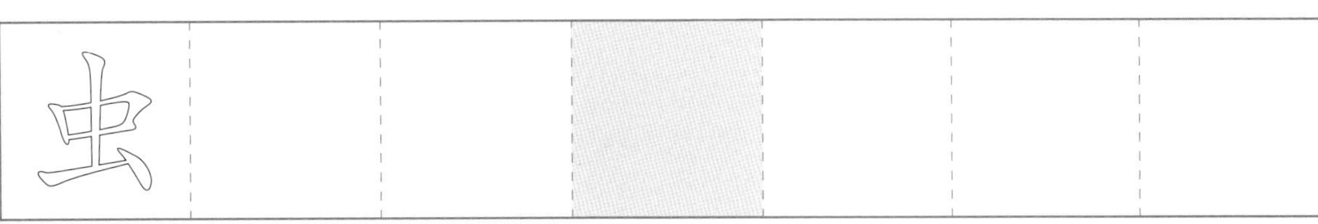

부수 결합하여 한자 만들기

+
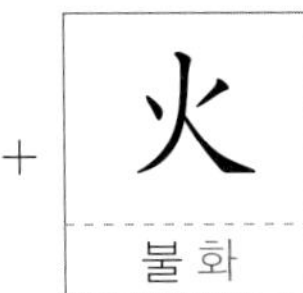

+
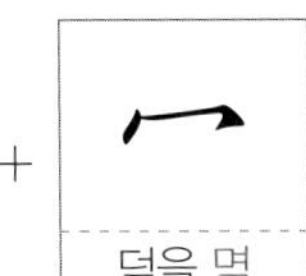

+

=

불(火)과 불(火)에 덮여(冖) 빛을 내는 벌레(虫)는 반딧불이니

125

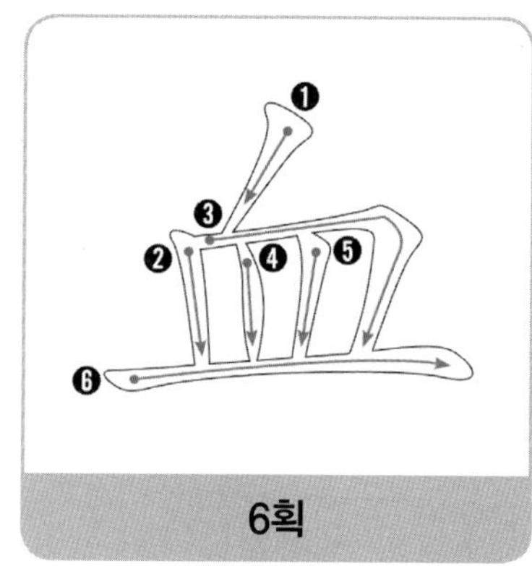

***불꽃(丶)처럼 붉은 피를 그릇(皿)에 담으니**

• 옛날에는 짐승의 피를 그릇에 받아 신에게 바쳤습니다.

• 皿(**그릇 명**, 5획), 血(**피 혈**, 6획) 잘 구별하세요.

부수 결합하여 한자 만들기

 +  = 

血	豕	衆
피 혈	돼지 시	무리 중

피(血)로 맺어진 돼지(豕) 무리
(돼지는 보통 10마리의 새끼를 낳는다고 합니다.)

126

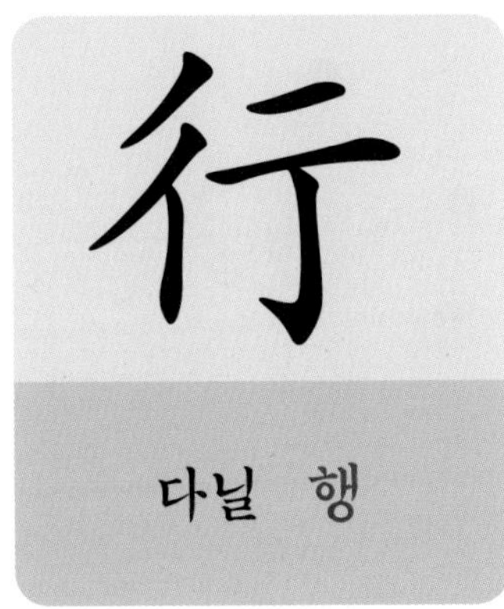

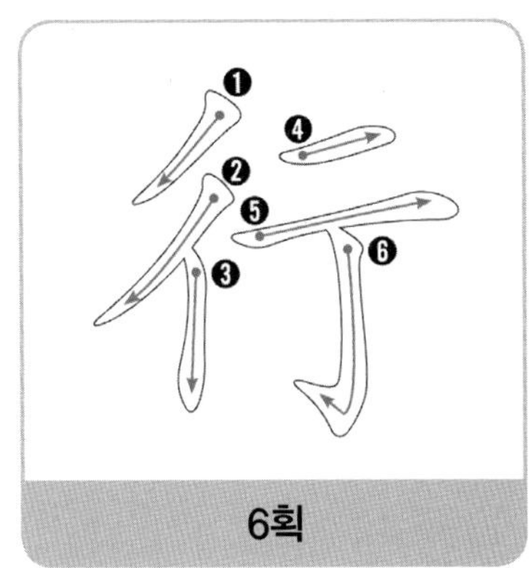

* 걸어서(彳) 두(二) 명이 갈고리(亅)를 들고 다니니

부수 결합하여 한자 만들기

行	+	土	+	土	=	街
다닐 행		땅 토		흙 토		거리 가

다닐(行) 수 있도록 땅(土)에 흙(土)을 쌓아 만든 거리(차나 사람이 다닐 수 있도록 땅에 흙을 쌓아 포장하여 반든 길이라는 뜻입니다.)

127

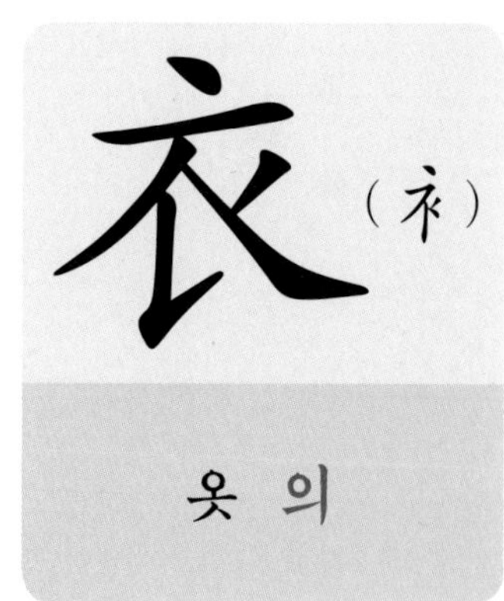

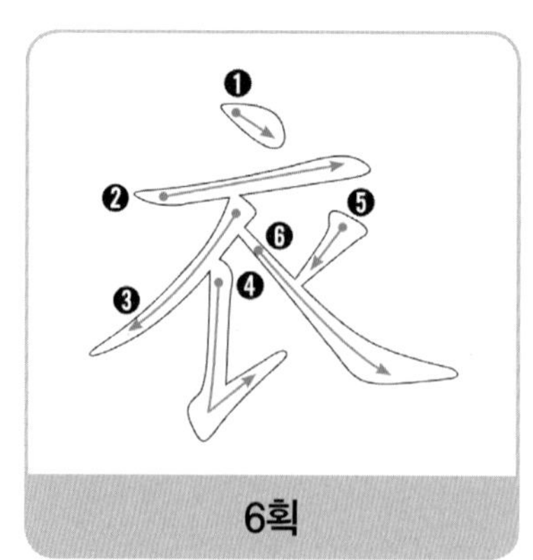

*머리(亠)에 갓 쓰고 사람(亻)이 삐치고(丿) 파인(㇏) 옷을 입은 모양

- 衤: 왼쪽에 쓰일 때의 모양
- 礻(**보일** 시, 4획), 衤(**옷** 의, 5획) 잘 구별하세요.

부수 결합하여 한자 만들기

爿 장수 장	+	士 선비 사	+	衣 옷 의	=	裝 꾸밀 장

장수(爿)처럼 선비(士)가 옷(衣)을 입어 꾸미니(장수처럼 선비가 갑옷을 입고 꾸민다는 뜻입니다.)

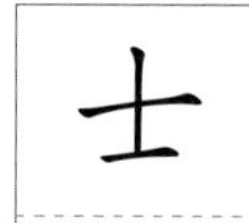

衤 옷 의	+	皮 가죽 피	=	被 입을 피

옷(衤)을 가죽(皮)으로 만들어 입으니

128

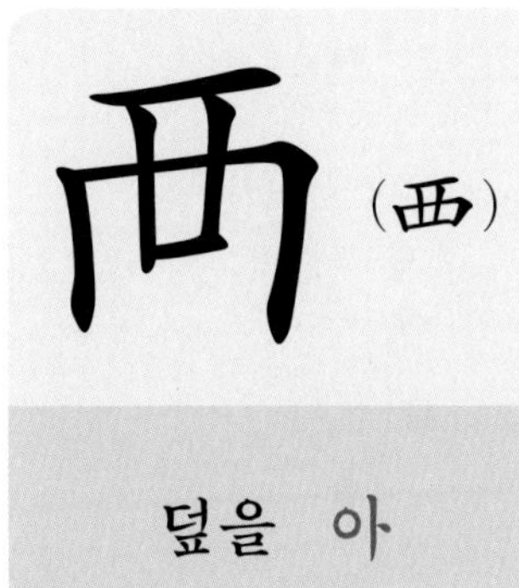

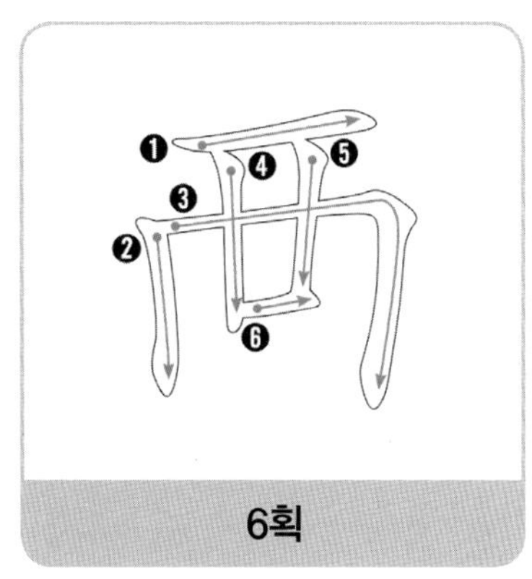

*뚜껑으로 덮은 모양

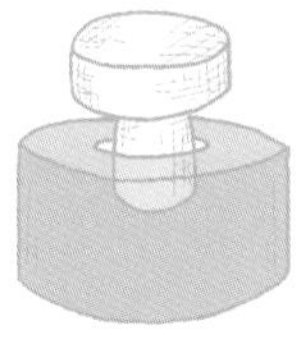

부수 결합하여 한자 만들기

覀	+	女	=	要
덮을 아		여자 녀		중요할 요

덮어서(覀) 여자(女)는 중요한 곳을 가리니
(여자는 중요한 곳을 옷으로 덮어서 가린다는 뜻입니다.)

129

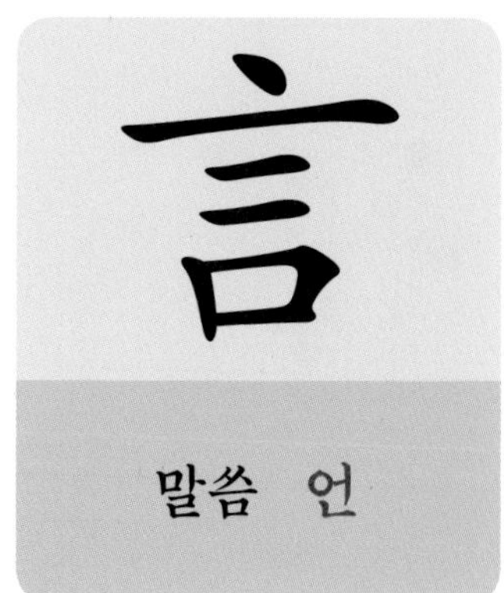

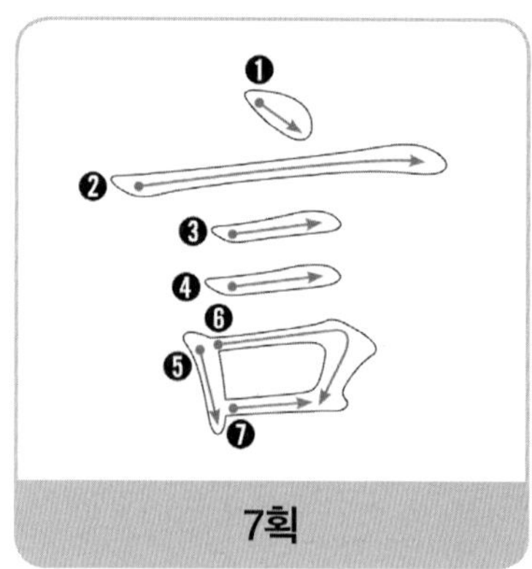

＊머리(亠)로 두(二) 번 정도 생각하고 입(口)으로 하는 말씀

• 말은 반드시 머리로 두 번 정도 생각하고 하세요.

부수 결합하여 한자 만들기

 +  = 

사람(亻)의 말(言)에는 믿음이 있어야 한다는 뜻입니다.

130

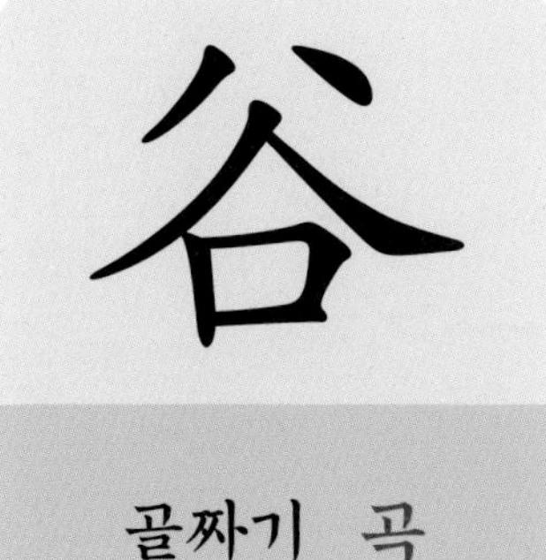

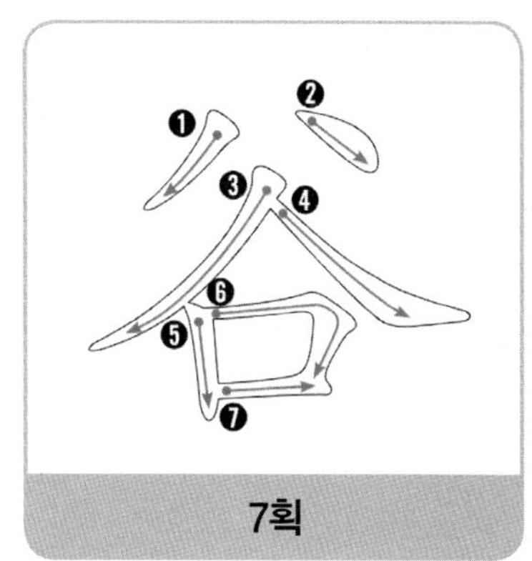

*샘물이 솟아 흐르는 **골짜기** 모양

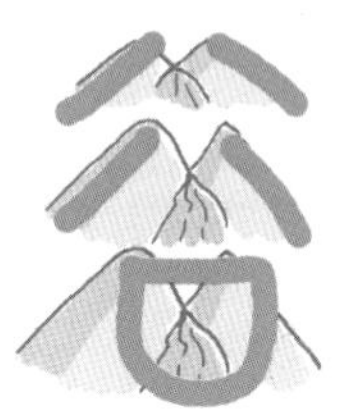

부수 결합하여 한자 만들기

\+

=

물(氵)이 흐르는 골짜기(谷)에서 목욕하니

주머니에서 정답을 찾아 쓰세요.

艮

*눈(目)을 굴리고 몸을 구부리는 (匕) 것은 일정한 한도에서 (　　　　　)

艸(艹)(艹)

*싹(屮)과 싹(屮)이 돋아난 모양으로 (　　)이란 뜻입니다.

虍

*(　　　　　　　) 가죽의 무늬를 본뜬 모양

虫

*가운데(中) 있는 하나(一)의 점(丶) 같은 (　　　　)

血

*불꽃(丶)처럼 붉은 (　　)를 그릇(皿)에 담으니

行

*걸어서(彳) 두(二) 명이 갈고리(亅)를 들고 (   )

衣(衤)

*머리(亠)에 갓 쓰고 사람(亻)이 삐치고(丿) 파인(㇏) (   )을 입은 모양

襾(覀)

*뚜껑으로 (   ) 모양

言

*머리(亠)로 두(二) 번 정도 생각하고 입(口)으로 하는 (   )

谷

*샘물이 솟아 흐르는 (   ) 모양

아래의 빈칸에 알맞은 부수를 넣어 한자를 만들어 볼까요?

(붓 율)	+	曰 (말할 왈)	=	書 (쓸 서)	붓(聿)으로 하고 싶은 말(曰)을 쓰니
(몸 월)	+	干 (방패 간)	=	肝 (간 간)	몸(月)을 방패(干)처럼 보호해 주는 간(간은 우리 몸의 모든 기능에 관여하며 나쁜 것을 해독해 준다고 합니다.)
(코 자)	+	犬 (개 견)	=	臭 (냄새 취)	코(自)로 개(犬)처럼 냄새 맡으니
丶 (점 주)	+	(그칠 간)	=	良 (어질 좋을 량)	점(丶) 같은 작은 잘못도 그치니(艮) 어질고 좋다는 뜻입니다.
(풀 초)	+	方 (사방 방)	=	芳 (꽃다울 향기 방)	풀(艹)에서 사방(方)으로 꽃다운 향기가 나니
衤 (옷 의)	+	(가죽 피)	=	被 (입을 피)	옷(衤)을 가죽(皮)으로 만들어 입으니
亻 (사람 인)	+	(말씀 언)	=	信 (믿을 신)	사람(亻)의 말(言)에는 믿음이 있어야 한다는 뜻입니다.
氵 (물 수)	+	(골짜기 곡)	=	浴 (목욕할 욕)	물(氵)이 흐르는 골짜기(谷)에서 목욕하니

臥(엎드릴 와) 薪(섶나무 신) 嘗(맛볼 상) 膽(쓸개 담)

섶나무 위에서 잠자고 쓸개를 맛본다는 뜻으로, 목적을 달성하기 위해서는 어떤 고난도 감수한다는 의미로 쓰인다.

중국의 오나라 왕 합려는 월나라로 쳐들어갔다가 월나라 왕 구천에게 패하였다. 이 전투에서 합려는 화살에 맞아 심각한 중상을 입었다. 병상에 누운 합려는 죽기 전 그의 아들 부차를 불러 이 원수를 갚을 것을 유언으로 남겼다.

이후 부차는 아버지의 유언을 이루기 위해서 가시가 많은 장작 위에 자리를 펴고 자며, 방 앞에 사람을 세워 두고 출입할 때마다 "부차야! 아비의 원수를 잊었느냐?" 하고 외치게 하였다. 부차는 매일 밤 눈물을 흘리며 아버지의 유언을 되새겼다. 부차의 이와 같은 소식을 들은 월나라 왕 구천은 기선을 제압하기 위해 오나라로 먼저 쳐들어갔으나 대패하였고 오히려 월나라의 수도가 포위되고 말았다.

싸움에 크게 패한 월나라 왕 구천은 얼마 남지 않은 군사를 거느리고 회계산에서 농성을 하였으나 견디지 못하고 오나라에 항복하였다. 포로가 된 구천과 신하 범려는 3년 동안 부차의 종으로 일하는 등 갖은 고역과 모욕을 겪었고, 구천의 아내는 부차의 첩이 되었다. 그리고 월나라는 영원히 오나라의 속국이 될 것을 맹세하고 목숨만 겨우 건져 귀국하였다.

구천은 귀국하자 잠자리 옆에 항상 쓸개를 매달아 놓고 앉거나 눕거나 늘 이 쓸개를 핥아 쓴맛을 되씹으며 "너는 회계의 치욕을 잊었느냐?" 하며 자신을 채찍질하였다. 이후 오나라 부차가 중원을 차지하기 위해 북벌에만 신경을 쏟는 사이 구천이 오나라를 정복하고 부차를 생포하여 자살하게 한 것은 그로부터 20년 후의 일이다.

131

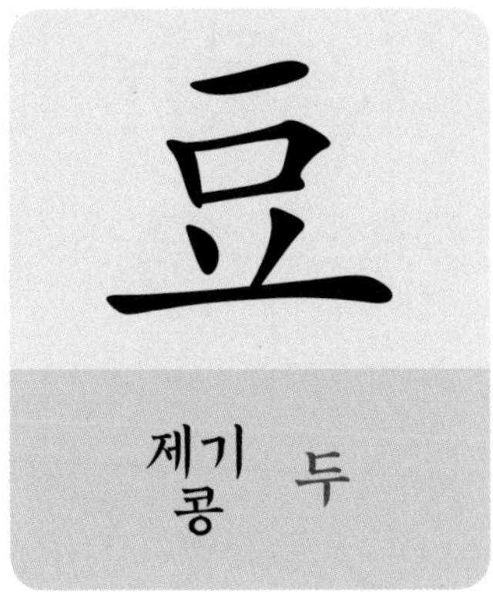

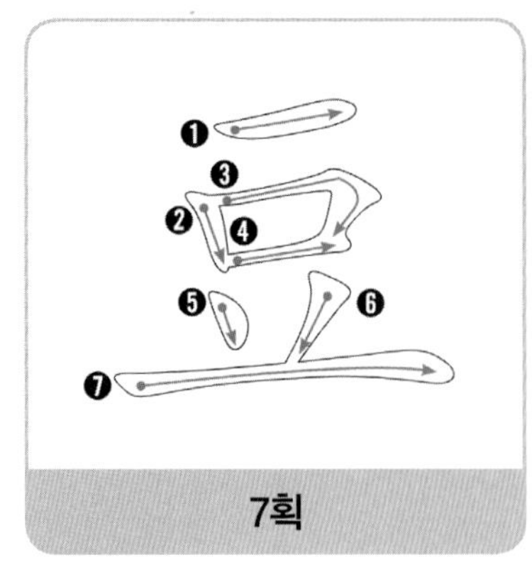

*굽이 높은 **제기**와 **콩** 꼬투리 모양

• 제기 : 제사에 쓰는 그릇

• 하나(一)같이 '묘'에서 제사 지내니로 생각하세요.

부수 결합하여 한자 만들기

癶 걸을 발	+	豆 제기 두	=	登 오를 등	걸어서(癶) 제기(豆)를 들고 신전에 오르니 (신에게 제사 지내려고 제기를 들고 신전에 올라간다는 뜻입니다.)
豆 콩 두	+	頁 머리 혈	=	頭 머리 두	콩(豆)처럼 둥글둥글한 머리(頁)

132

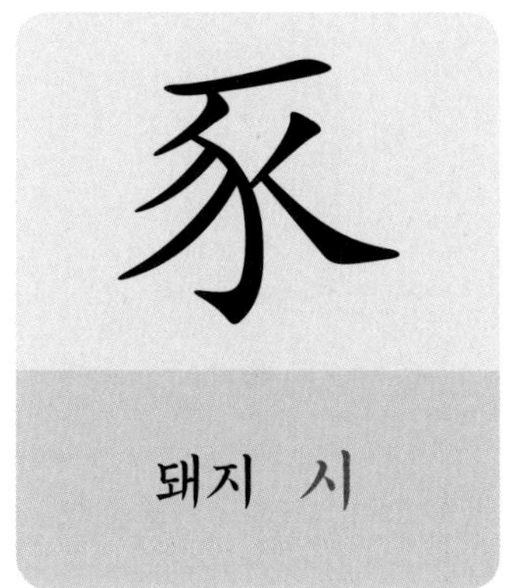

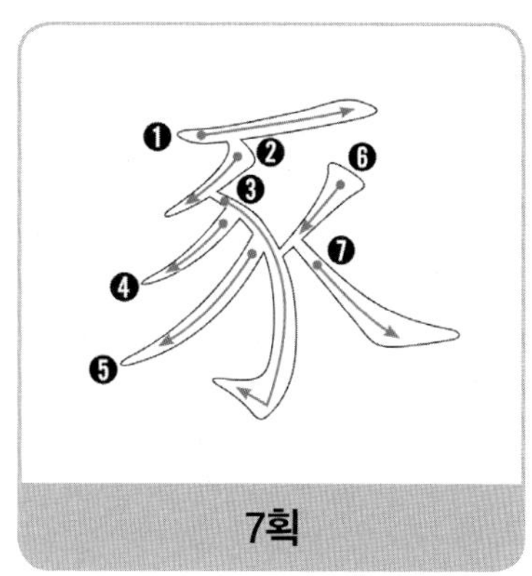

*돼지의 모양

부수 결합하여 한자 만들기

宀 (집 면) + 豕 (돼지 시) = 家 (집 / 집안 가)

집(宀)에 돼지(豕)처럼 많이 모여서 집안을 이룬다는 뜻입니다.

이제 부수가 거의 끝나갑니다.
힘들게 부수를 공부했으니 이제는 더 이상 한자를 무조건 쓰면서 외우지 마세요
한자를 나누어서 왜 이런 부수들이 모여서 왜 이런 뜻을 가진 한자가 되었는지
이해하면서 공부하세요.

133

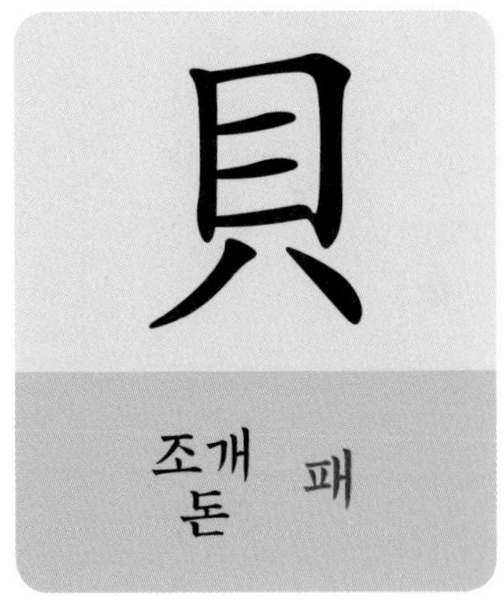

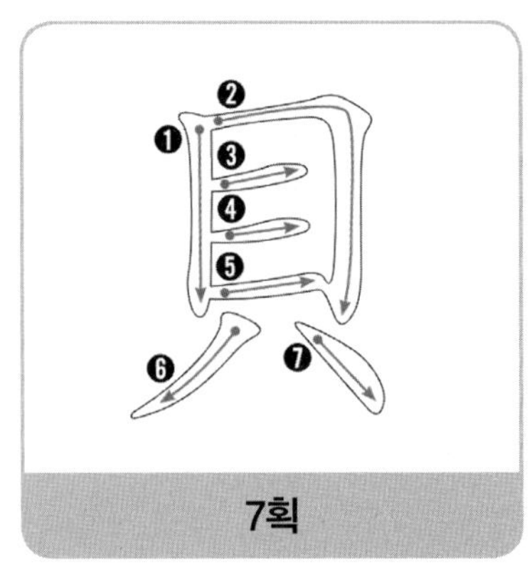

＊**조개**의 모양

＊옛날에는 조개가 **돈**으로 쓰였어요.

부수 결합하여 한자 만들기

 대신할 대 +  돈 패 =   빌릴 대

대신(代) 돈(貝)을 주고 빌리니

 돈 패 +  재주 재 =  재물 재

돈(貝)을 버는 재주(才)가 있어 재물이 늘어난다는 뜻입니다.

134

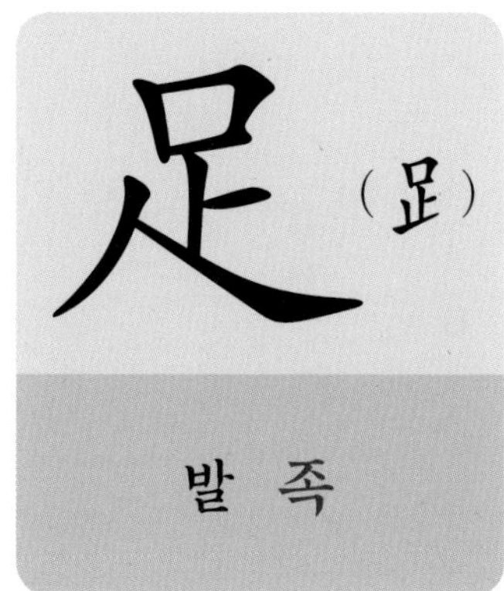

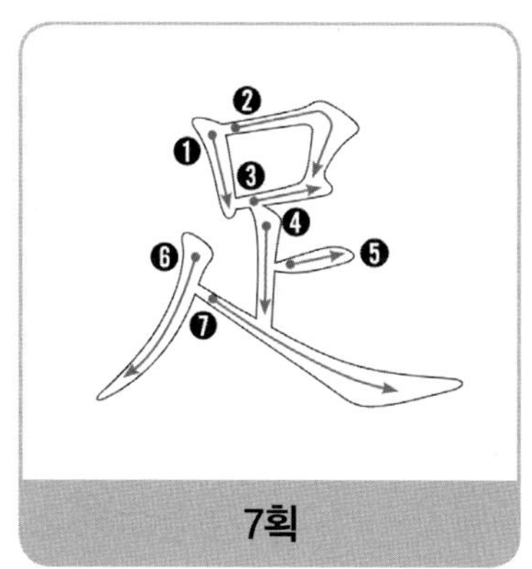

*무릎(口) 아래의 정강이와 발(止)을 본뜬 모양

• 𧾷 : 왼쪽에 쓰일 때의 모양

부수 결합하여 한자 만들기

亻 사람 인	+	足 발 족	=	促 재촉할 촉
𧾷 발 족	+	各 각각 각	=	路 길 로

사람(亻)이 발(足)을 구르며 재촉하니

발(𧾷)로 각각(各) 걸어 다닐 수 있도록 만든 길

135

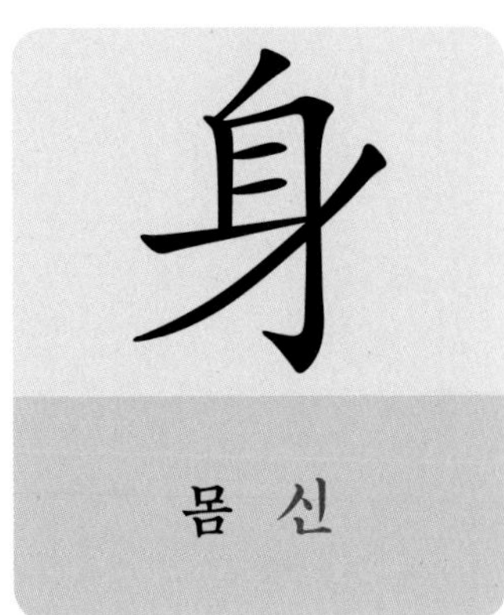

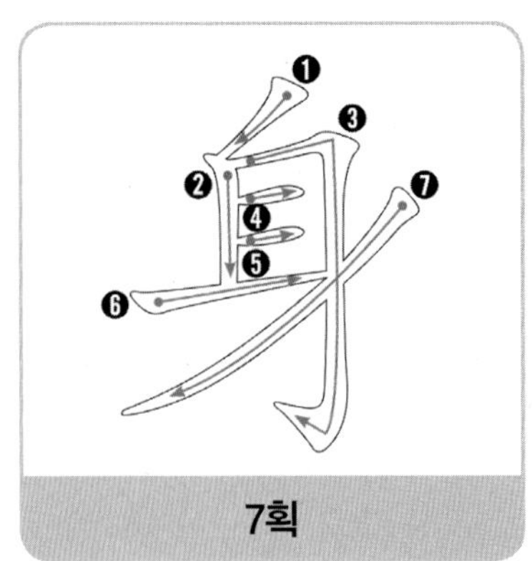

*임신하여 배가 불룩한 여자가 서 있는 몸의 모양

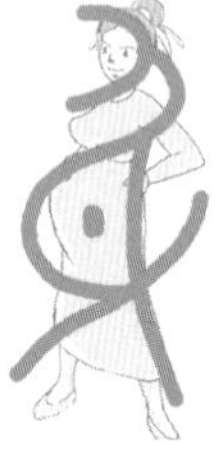

부수 결합하여 한자 만들기

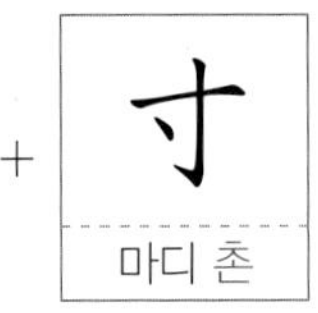

身	+	寸	=	射
몸 신		마디 촌		쏠 사

총이나 활을 몸(身)에 의지하고 손가락 마디(寸)로 당겨 쏘니

136

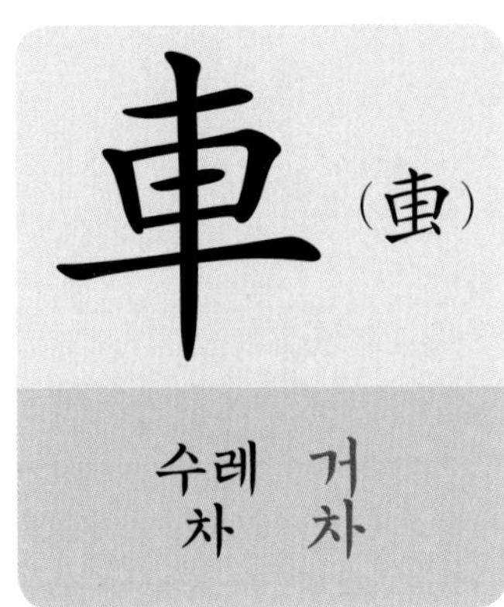

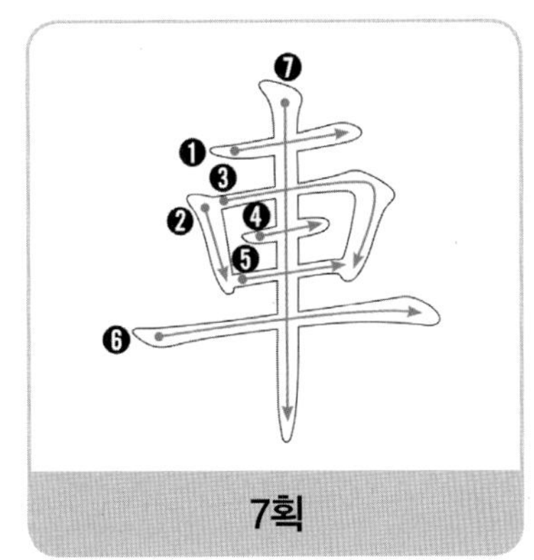

*두(二) 바퀴와 몸통(日) 바퀴의 축(丨)을 본뜬 수레의 모양

• 사람의 힘으로 움직이는 것(자전거, 인력거) ⇨ 음이 '거'로 됩니다.

• 사람의 힘이 필요 없는 것(풍차, 자동차) ⇨ 음이 '차'로 됩니다.

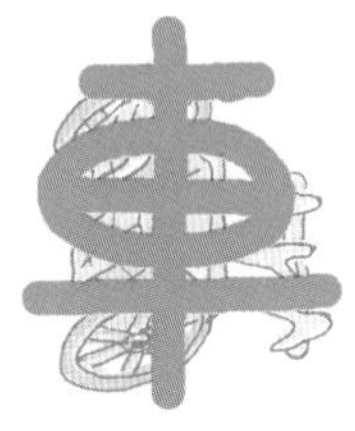

부수 결합하여 한자 만들기

+

=

적에게 뺏기지 않으려고 덮어서(冖) 수레(車)를 지키는 군사
(전쟁에 필요한 식량, 무기 등이 실려 있는 수레를 군사들이 덮어서 지킨다는 뜻입니다.)

+
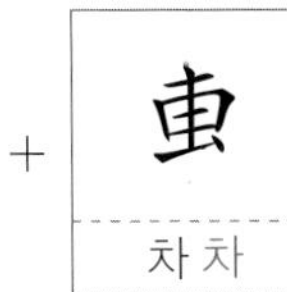

+
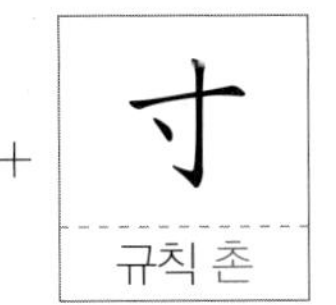

=

울타리(口) 안에 차(車)를 규칙(寸)에 따라 모으니(주차장을 생각해 보세요.)

137

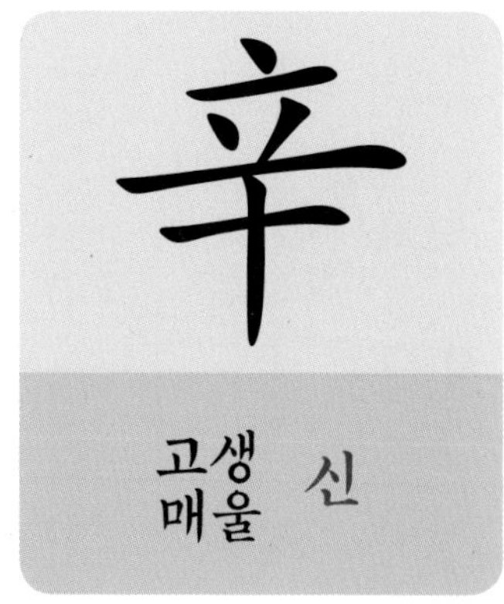

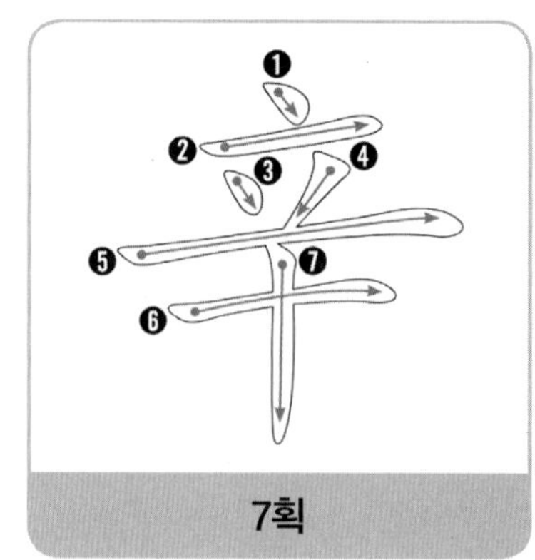

*** 서**(立) 있는 **십**(十)자가에 매달려 **고생**을 **맵게** 하니

• 옛날에는 죄인을 십자가 같은 형틀에 매달아 놓았지요.

부수 결합하여 한자 만들기

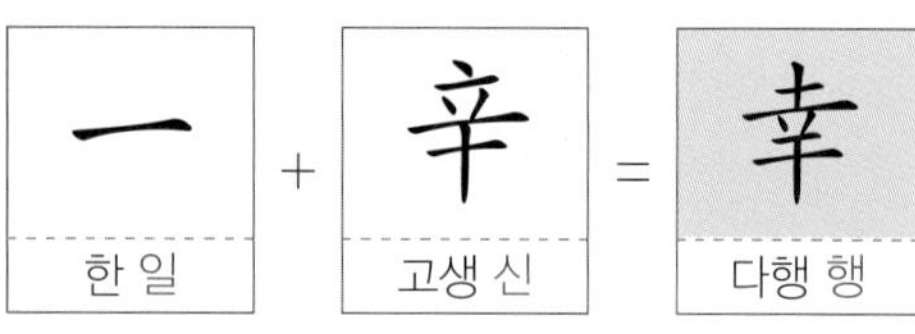

한(一) 번의 고생(辛)으로 끝내니 다행이다.

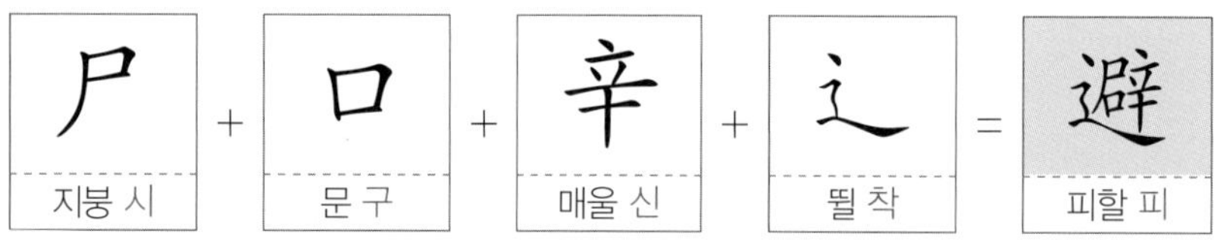

지붕(尸) 밑의 문(口)으로 매운(辛) 것을 뛰어(辶)가 피하니

138

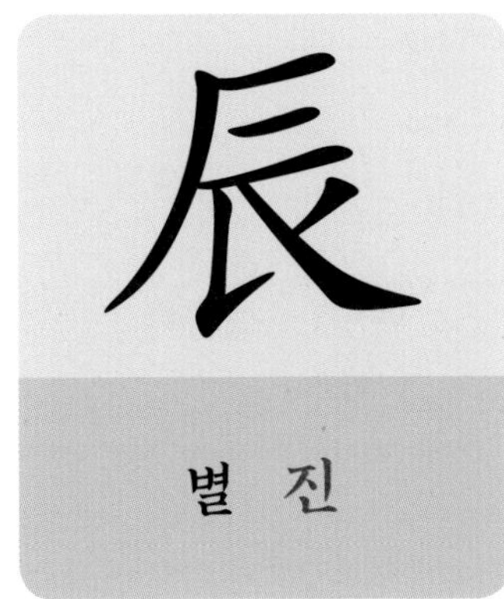

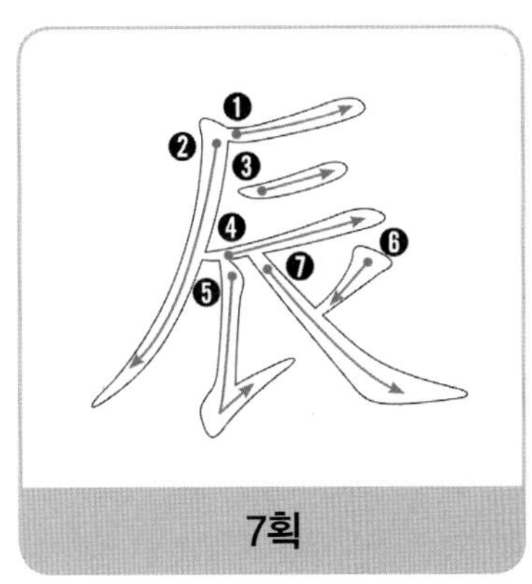

*바위(厂) 밑에 사방으로 뻗어 있는 하나(一)의 뿌리(𠄌)처럼 흩어져 있는 별

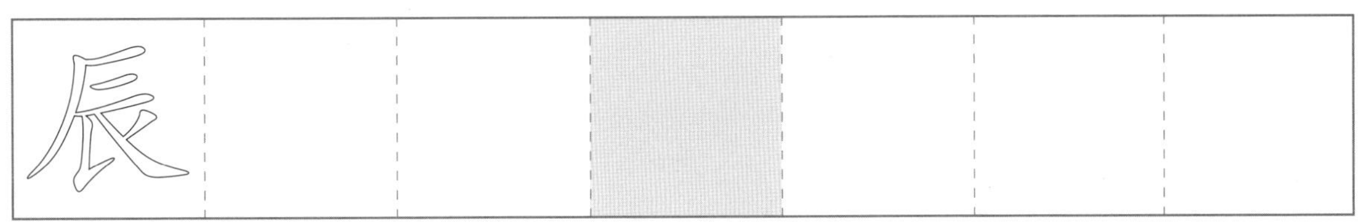

부수 결합하여 한자 만들기

 曲 굽을 곡 +  辰 별 진 = 農 농사 농

몸을 구부리고(曲) 별(辰)이 뜨는 밤까지 농사를 지으니

139

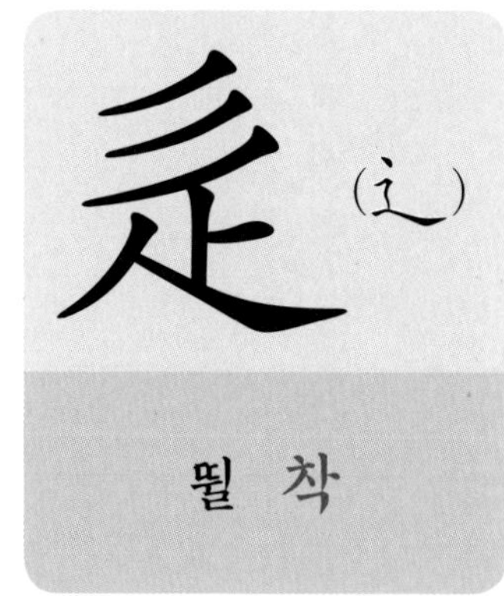

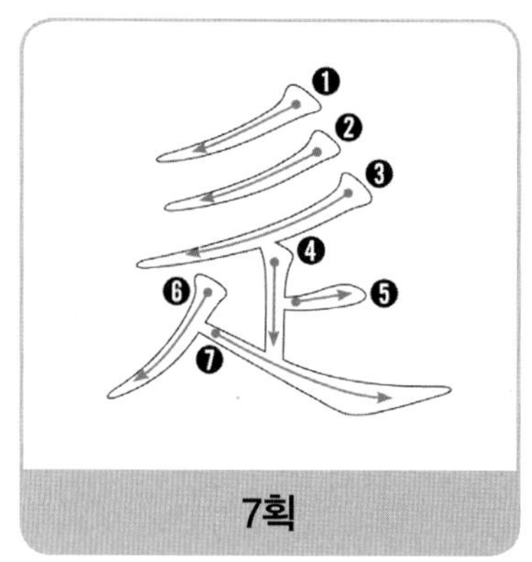

*터럭(彡)을 휘날리며 발(止)로 뛰니

부수 결합하여 한자 만들기

軍	+	辶	=	運
군사 군		뛸 착		옮길 운

군사(軍)들이 뛰어(辶)다니며 옮기니
(군사들이 뛰어다니며 무기나 식량을 옮긴다는 뜻입니다.)

140

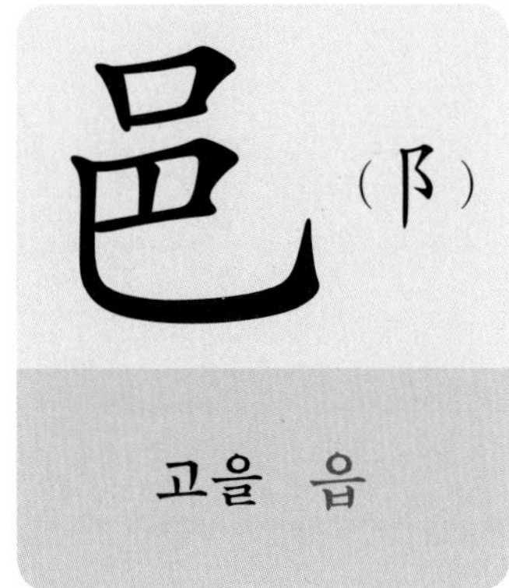

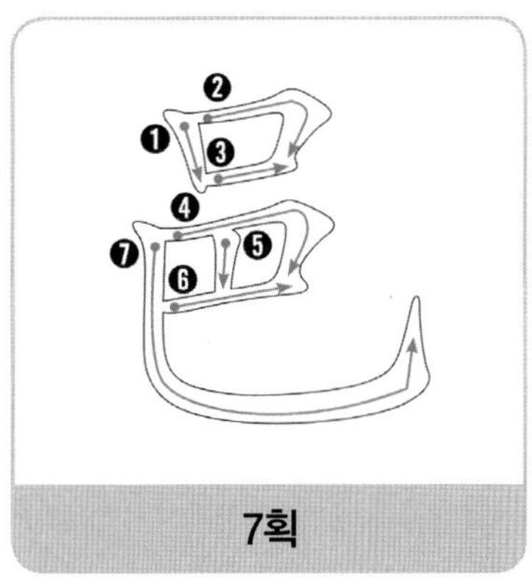

*사람(口)들이 땅(巴)에서 모여 사는 고을

• 阝: 오른쪽에 쓰일 때의 모양으로 '우부 방'이라고 합니다.

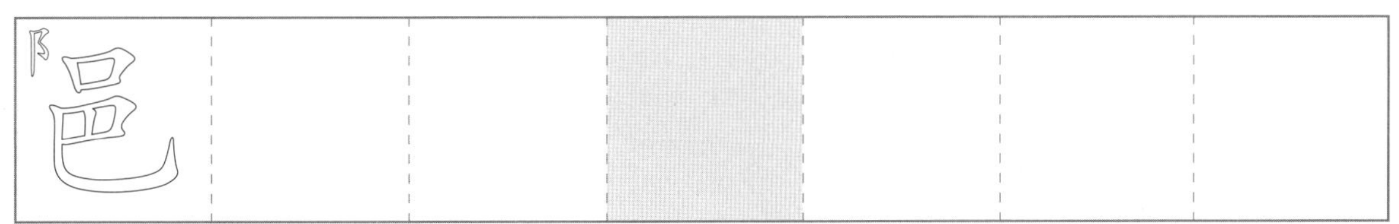

부수 결합하여 한자 만들기

+

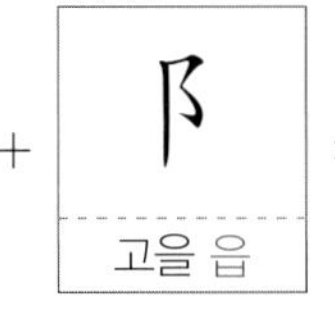

=

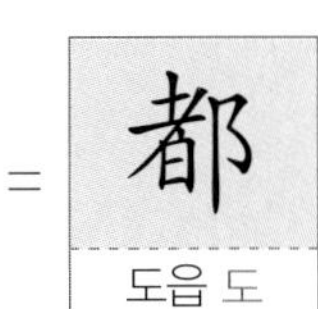

사람(者)들이 많이 모여 사는 고을(阝)이 도읍이니
(도읍 : 사람이 많이 모여 사는 지역)

주머니에서 정답을 찾아 쓰세요.

*굽이 높은 (　　　　)와 (　　) 꼬투리 모양

*(　　　　)의 모양

*(　　　　)의 모양

*옛날에는 조개가 (　　)으로 쓰였어요.

*무릎(ㅁ) 아래의 정강이와 (　　)(止)을 본뜬 모양

*임신하여 배가 불룩한 여자가 서 있는 (　　)의 모양

*두(二) 바퀴와 몸통(曰) 바퀴의 축(丨)을 본뜬 (   )의 모양

辛

*서(立) 있는 십(十)자가에 매달려 (   )을 (   ) 하니

辰

*바위(厂) 밑에 사방으로 뻗어 있는 하나(一)의 뿌리(𠂈)처럼 흩어져 있는 (   )

*터럭(彡)을 휘날리며 발(止)로 (   )

邑(阝)

*사람(口)들이 땅(巴)에서 모여 사는 (   )

아래의 빈칸에 한자는 뜻과 음을, 뜻과 음은 한자를 쓰세요.

121~140번 형성평가

	艮	艸(艹)(⺿)	虍	虫	血
行	衣(衤)	襾(西)	言	谷	豆
豕	貝	足(⻊)	身	車(車)	辛
辰	辵(⻌)	邑(阝)		그칠 간	풀 초
범 호	벌레 충	피 혈	다닐 행	옷 의	덮을 아
말씀 언	골짜기 곡	제기 두	돼지 시	조개 패	발 족
몸 신	수레 거	고생 신	별 진	뛸 착	고을 읍

桃(복숭아 도) 園(동산 원) 結(맺을 결) 義(옳을 의)

복숭아밭에서 결의를 맺는다는 뜻으로, 뜻이 맞는 사람끼리 한 목적을 위해 행동을 같이 할 것을 약속한다는 의미로 쓰인다.

중국 후한 말 환관의 전횡으로 나라가 혼란하자 생활고에 시달리던 농민들은 새로운 살길을 찾게 되었다. 신흥 종교인 태평도의 교주 장각은 이러한 틈을 이용해 세력을 넓히고 난을 일으켰다. 이것이 후한을 멸망시킨 황건적의 난이다. 조정에서는 하진을 대장군으로 삼아 이를 진압하려 했으나 미치지 못하자 각 지방에 병사를 모집하는 방을 붙이게 되었다. 유주 탁현에 살던 유비는 이 방문을 보자 가슴이 뛰었다.

그는 평소에 큰일을 하고 싶어 했으며, 일찍이 뤄양에 차를 사러 갔다가 황건적 무리의 횡포를 직접 체험하기도 했던 것이다. 그러나 의욕만 앞설 뿐 어찌해야 할 바를 몰라 한숨만 쉬고 있었다. 그러자 옆에 있던 거한(巨漢)이 유비 곁으로 다가와 한숨만 쉬는 것을 꾸짖었다. 장비였다. 둘은 뜻이 같음을 알고 이야기를 나누기 위해 가까운 주막으로 자리를 옮겼다. 그곳에는 또 범상치 않은 얼굴의 거한이 있어 서로 마음이 통하였다. 그가 관우였다. 서로 의기가 투합하자 장비의 제안으로 다음날 장비의 집 후원 복숭아밭에서 의형제 결의를 맺고 피를 나누었다.

'유비, 관우, 장비는 비록 성은 다르다 할지라도 이미 의형제가 되었으니, 곧 마음을 한 가지로 하고 힘을 합쳐 곤란함을 구원하고 위태로움을 도와, 위로는 나라에 보답하고 아래로는 만민을 편안케 할 것이다. 같은 해 같은 달 같은 날에 태어나지는 않았으나, 한 해 한 달 한 날에 죽기를 원하니 하늘과 땅의 신령께서는 이 뜻을 굽어 살피소서. 만일 우리들 중에 의리를 배반하고 은혜를 잊는 자가 있다면 하늘과 사람이 함께 죽여주소서.'

맹세를 마치고 차례로 절하여 유비를 형님으로 모시고 관우는 둘째, 장비는 막내가 되었다.

141

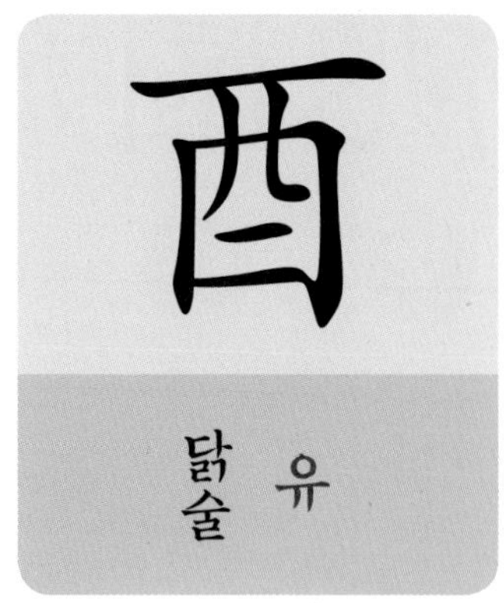

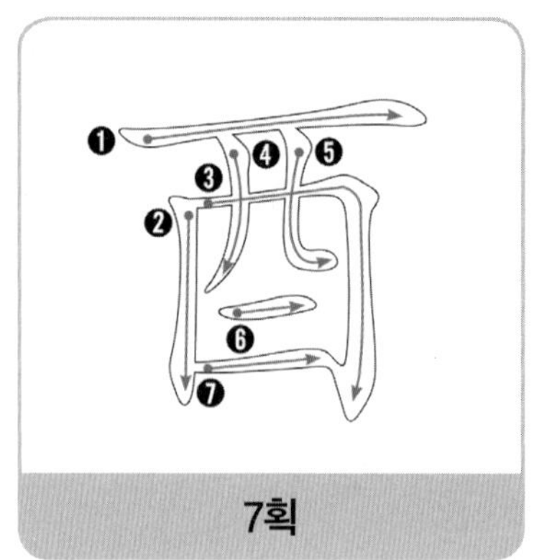

＊하나(一)같이 울타리(口)로 걸어(儿)와 막대기(一)에 앉아 있는 닭

＊해가 서쪽(西)으로 지고 어두워지면 한(一) 잔 마시는 술

• 일과를 마치고 酉時(유시, 오후 5시부터 7시)에 술을 마시기 시작한다는 뜻입니다.

酉						

부수 결합하여 한자 만들기

 +  = 

氵	+	酉	=	酒
물 수		술 유		술 주

물(氵)처럼 마시는 술(酉)

142

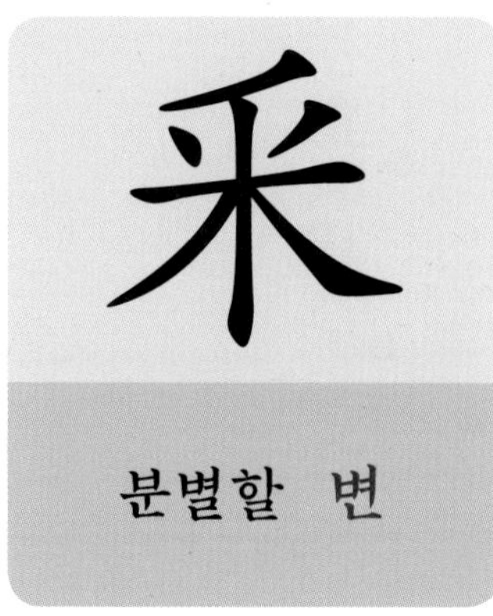

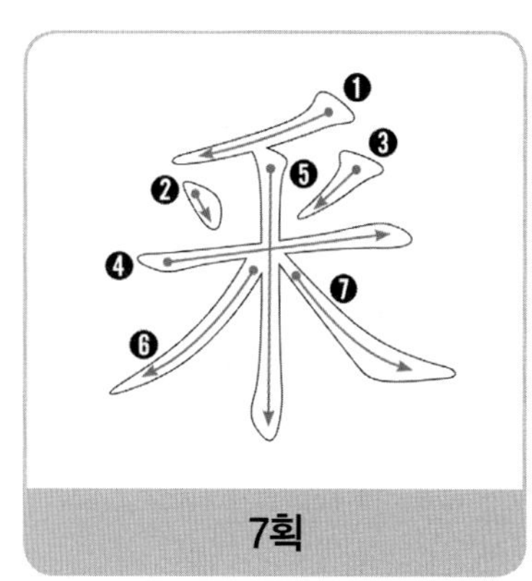

***끈(ノ)을 쳐 쌀(米)을 분별하니**

- 분별하다 : 서로 다른 일이나 사물을 구별하여 가르다.
- 쌀은 품종이 다양하지만 모양이 비슷해서 쉽게 구별을 못하죠?
- 禾(**벼 화**), 釆(**분별할 변**) 잘 구별하세요.

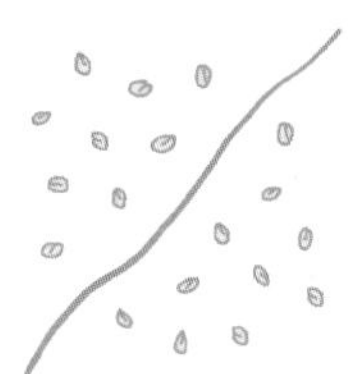

분별할 번

+

밭 진

=

자례 번

분별하여(釆) 밭(田)에 있는 곡식을 차례로 거두니(밭에 있는 곡식을 분별하여 익은 것부터 차례대로 거둔다는 뜻입니다.)

143

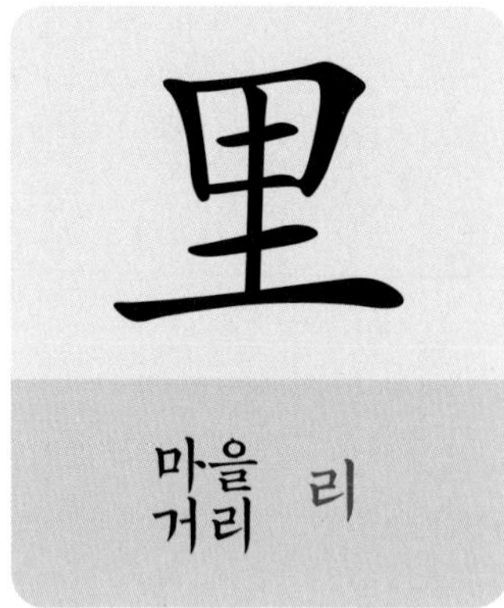

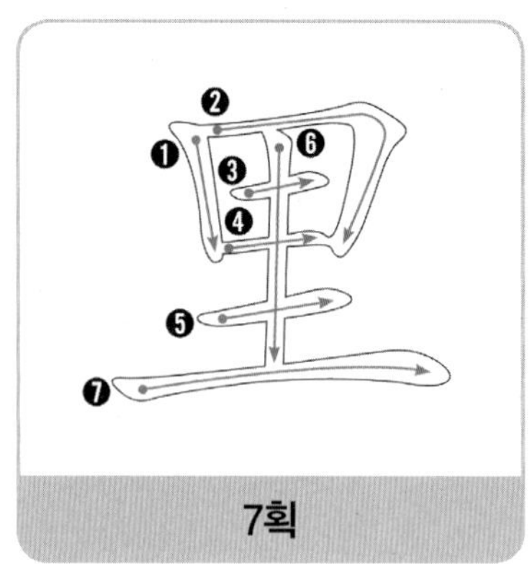

*해(日)가 잘 비치고 땅(土)이 좋은 마을

*거리의 단위가 명확치 않은 옛날에는 마을에서 다른 마을까지로 거리를 짐작했어요.

• 옛날에는 농사를 지었기 때문에 해가 잘 비치고 땅이 좋아야 사람들이 모여서 마을이 형성되었습니다.

부수 결합하여 한자 만들기

里 (마을 리)	+	予 (줄 여)	=	野 (들 야)	마을(里)에 많은 이로움을 주는(予) 들 (들 : 논이나 밭으로 되어 있는 넓은 땅 또는 편평하고 넓게 트인 땅)
千 (일천 천)	+	里 (거리 리)	=	重 (무거울 중)	천(千) 리나 되는 먼 거리(里)에 떨어져 있어 마음이 무거우니

144

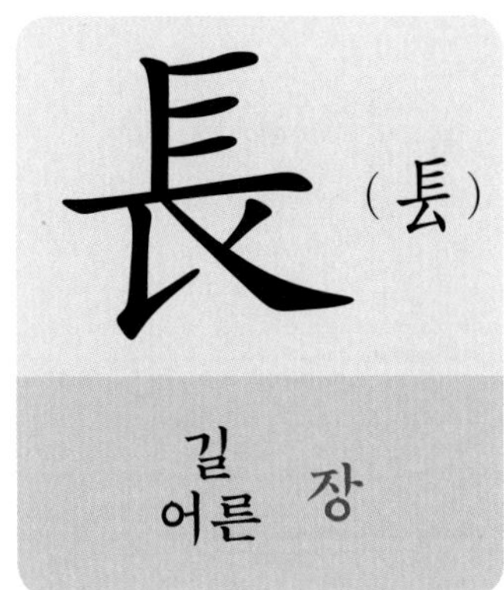

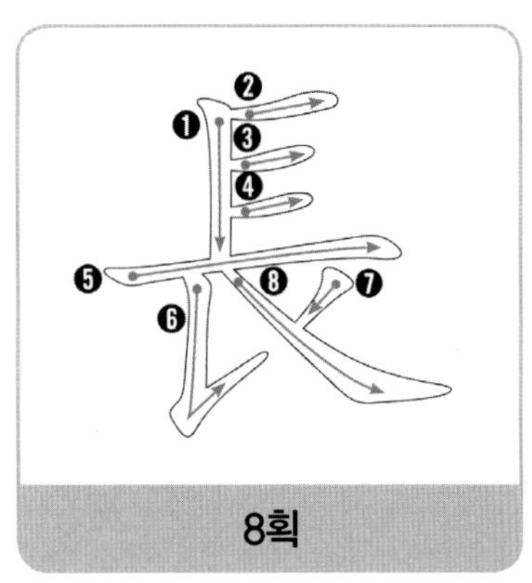

*긴 머리를 나부끼고 서 있는 어른의 모양

부수 결합하여 한자 만들기

巾 (헝겊 건) + 長 (길 장) = 帳 (장막 장)

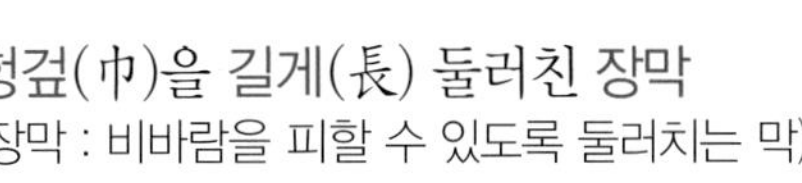

헝겊(巾)을 길게(長) 둘러친 장막
(장막 : 비바람을 피할 수 있도록 둘러치는 막)

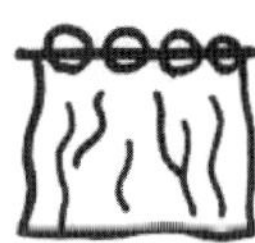

镸 (길 장) + 彡 (터럭 삼) = 髟 (긴 터럭 표)

긴(镸) 터럭(彡)이니 긴 터럭 표

145

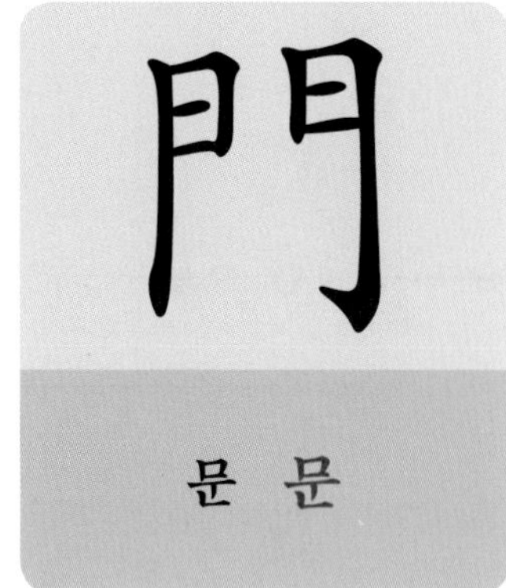

門

문 문

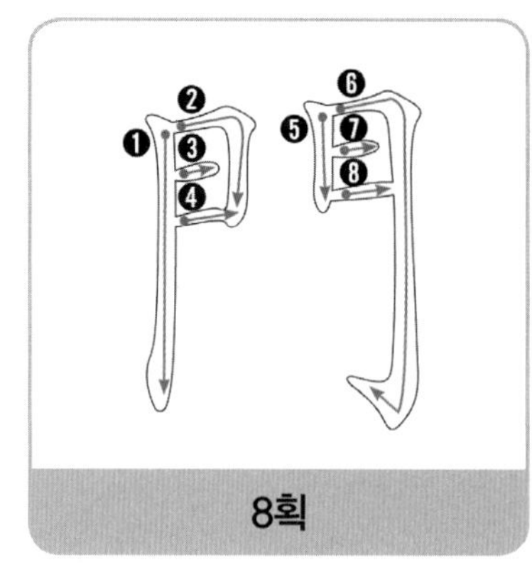

8획

*문짝이 두 개인 **문**의 모양

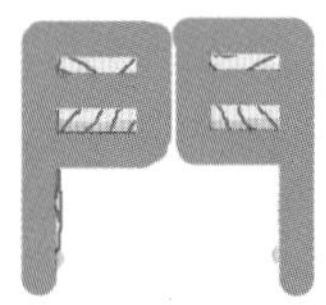

부수 결합하여 한자 만들기

門	+	日	=	間	문(門)틈 사이로 해(日)가 비치니
문 문		해 일		사이 간	

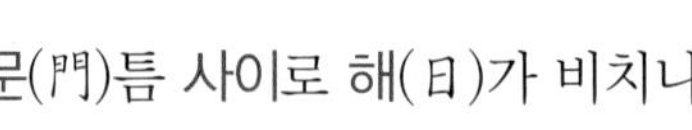

門	+	一	+	廾	=	開	문(門) 하나(一)를 두 손으로 잡고(廾) 여니
문 문		한 일		두 손 잡을 공		열 개	

146

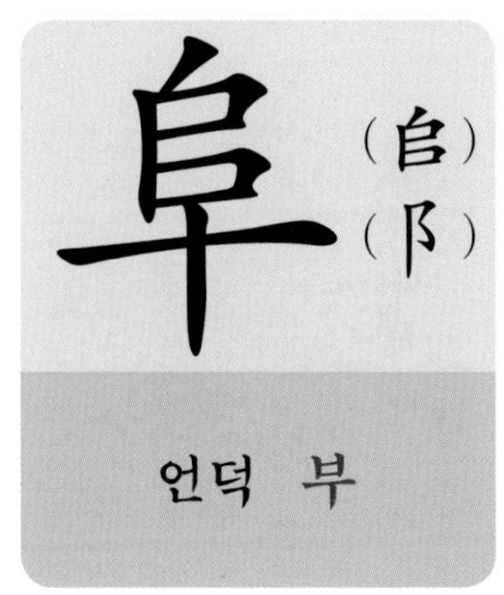

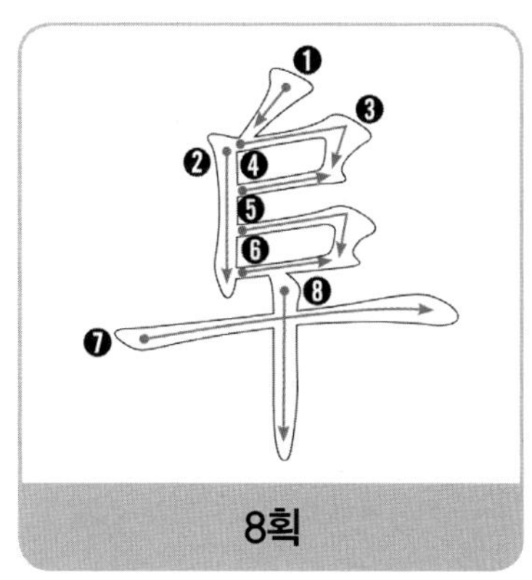

* 계단처럼 층층이 진 **언덕**의 모양

- 阝: 왼쪽에 쓰일 때의 모양으로 '좌부 변'이라고 합니다.
- 邑(**고을 읍**)과 阜(**언덕 부**)는 변형(阝)이 같아 좌 · 우로 구분합니다.
- 예) 都(**도읍 도**) ⇨ 변형(阝)이 오른쪽에 쓰이면 **고을 읍**
  防(**막을 방**) ⇨ 변형(阝)이 왼쪽에 쓰이면 **언덕 부**

부수 결합하여 한자 만들기

阝	+	方	=	防
언덕 부		사방 방		막을 방

언덕(阝)에서 사방(方)으로 쳐들어오는 적을 막으니
(언덕에서 적을 막아야 쉽죠?)

와아아!!!
막아라!
우리도 쳐라!
와아!

147

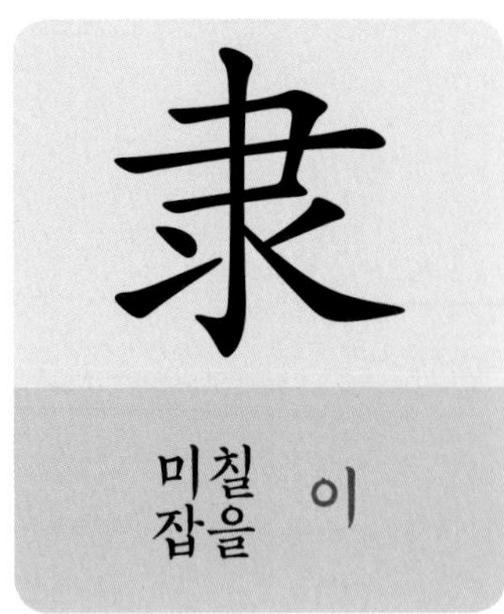

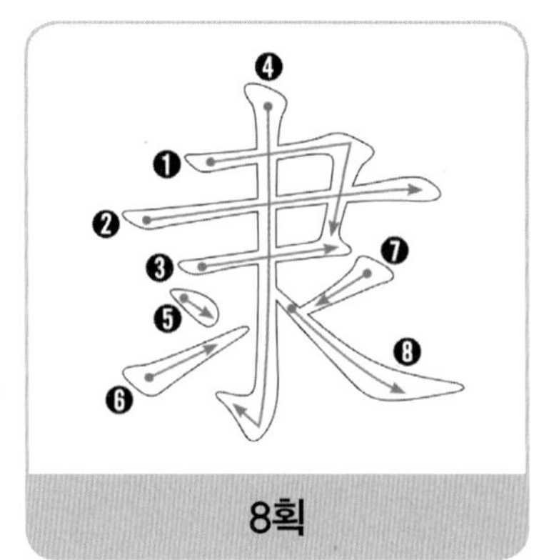

*손(⺕)이 물(氺)에 이르러 잡으니

• 미치다 : 이르다, 다다르다, 도착하다와 비슷한 말입니다.
• 어떤 정도나 범위에 이르다, 즉 '…에 이르러 잡다'라는 뜻입니다.

부수 결합하여 한자 만들기

广 큰 집 엄	+	隶 미칠 이	=	康 편안할 강	큰 집(广)에 이르러(隶) 편안하게 쉰다는 뜻입니다.
隶 잡을 이	+	辶 뛸 착	=	逮 잡을 체	잡으려고(隶) 뛰어(辶)가 잡았다는 뜻입니다.

148

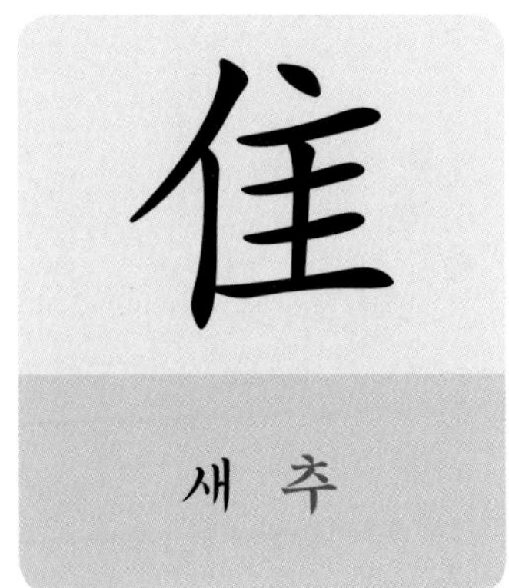

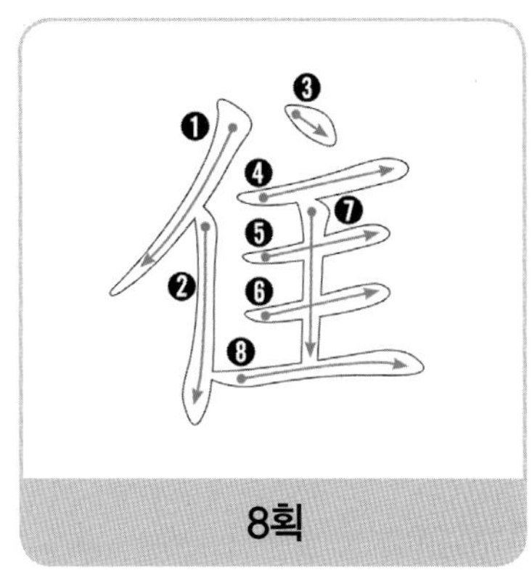

*사람(亻)의 머리(亠) 위에서 나는(⺊) 새

부수 결합하여 한자 만들기

隹 새 추	+	木 나무 목	=	集 모일 집

새(隹)가 나무(木) 위로 모이니

149

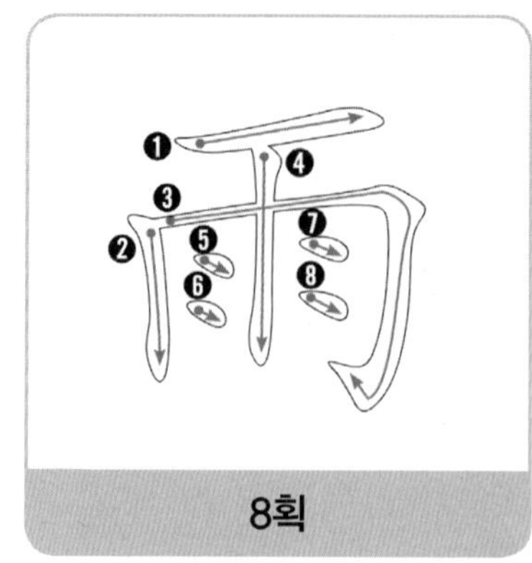

* **하늘**(一)을 **덮은**(冖) 구름에서 내리는 **물**(氺)방울이 **비**라는 뜻입니다.

- 雨(**비 우**)가 쓰인 글자는 대부분 날씨와 관계가 있습니다.
- 예) 露(**이슬 로**), 霜(**서리 상**), 雪(**눈 설**), 雲(**구름 운**), 電(**번개 전**)

雨						

부수 결합하여 한자 만들기

雨 (비 우)	+	⺕ (또 우)	=	雪 (눈 설)	날씨가 추워져 비(雨)가 또(⺕) 변하여 눈이 되니
雨 (비 우)	+	相 (서로 상)	=	霜 (서리 상)	비(雨)처럼 수증기가 서로(相) 얽혀서 만들어진 서리

150

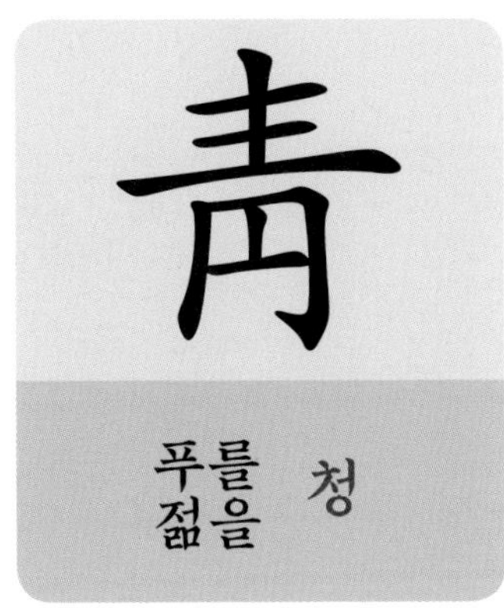

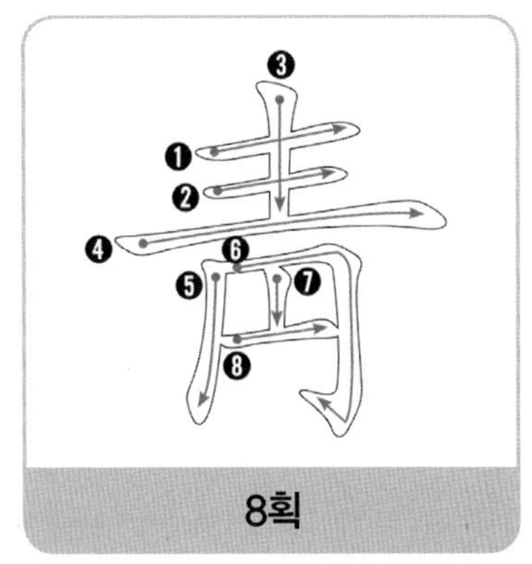

*봄에 싹이 **나면**(龶) 땅이 **붉은**(丹)빛에서 **푸른**빛으로 변하니

- 丹(**붉을 단**, 3번 丶 참고)
- 황무지였던 땅이 봄이면 파릇한 풀이 나 푸르게 변한다는 뜻입니다.

부수 결합하여 한자 만들기

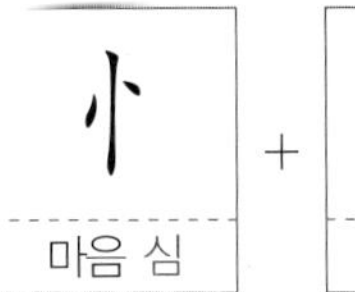

日 해 일	+	靑 푸를 청	=	晴 갤 청
忄 마음 심	+	靑 젊을 청	=	情 뜻 정

해(日)가 다시 나오고 하늘이 푸르게(靑) 날이 개니(비가 내리던 하늘이 해가 다시 나오고 푸르게 날이 개었다는 뜻입니다.)

마음(忄)에 젊은이(靑)가 품은 뜻

주머니에서 정답을 찾아 쓰세요.

酉

* 하나(一)같이 울타리(口)로 걸어(儿)와 막대기(一)에 앉아 있는 (   )
* 해가 서쪽(西)으로 지고 어두워지면 한(一) 잔 마시는 (   )

采

* 끈(丿)을 쳐 쌀(米)을 (   )

里

* 해(日)가 잘 비치고 땅(土)이 좋은 (   )
* 거리의 단위가 명확치 않은 옛날에는 마을에서 다른 마을까지로 (   )를 짐작했어요.

長(镸)

* (   ) 머리를 나부끼고 서 있는 (   )의 모양

門

* 문짝이 두 개인 (   )의 모양

阜(阝)(阝)

* 계단처럼 층층이 진 (   )의 모양

隶

* 손(彐)이 물(氺)에 (   )

隹

* 사람(亻)의 머리(亠) 위에서 나는(圭) (   )

雨

* 하늘(一)을 덮은(冖) 구름에서 내리는 물(氺)방울이 (   )라는 뜻입니다.

靑

* 봄에 싹이 나면(土) 땅이 붉은(丹) 빛에서 (   )빛으로 변하니

아래의 빈칸에 알맞은 부수를 넣어 한자를 만들어 볼까요?

宀 집 면	+	 돼지 시	=	家 집 집안 가	집(宀)에 돼지(豕)처럼 많이 모여서 집안을 이룬다는 뜻입니다.
代 대신할 대	+	 돈 패	=	貸 빌릴 대	대신(代) 돈(貝)을 주고 빌리니
一 한 일	+	 고생 신	=	幸 다행 행	한(一) 번의 고생(辛)으로 끝내니 다행이다.
巾 헝겊 건	+	 길 장	=	帳 장막 장	헝겊(巾)을 길게(長) 둘러친 장막 (장막 : 비바람을 피할 수 있도록 둘러치는 막)
 문 문	+	日 해 일	=	間 사이 간	문(門)틈 사이로 해(日)가 비치니
 언덕 부	+	方 사방 방	=	防 막을 방	언덕(阝)에서 사방(方)으로 쳐들어오는 적을 막으니 (언덕에서 적을 막아야 쉽죠?)
 새 추	+	木 나무 목	=	集 모일 집	새(隹)가 나무(木) 위로 모이니
日 해 일	+	 푸를 청	=	晴 갤 청	해(日)가 다시 나오고 하늘이 푸르게(靑) 날이 개니 (비가 내리던 하늘이 해가 다시 나오고 푸르게 날이 개었다는 뜻입니다.)

三顧草廬

삼 고 초 려

三(석 삼) 顧(돌아볼 고) 草(풀 초) 廬(오두막집 려)

초가집을 세 번 찾아간다는 뜻으로 훌륭한 인재를 모시기 위해 최선을 다하는 모습을 말한다.

중국 후한(後漢) 말기 관우, 장비와 의형제를 맺고 무너져 가는 한(漢)나라의 부흥을 위해 애를 쓴 유비는 능력을 발휘할 기회를 잡지 못하고 허송세월만 보낸 채 탄식하였다. 관우, 장비와 같은 강한 군사력이 있으면서도 조조에게 여러 차례 당하였다. 유비는 그 이유가 유효적절한 전술을 발휘할 지혜로운 참모가 없었기 때문이라는 것을 깨닫고 유능한 참모를 물색하기 시작하였다.

그러던 중 유비는 우연히 사마휘를 만나 유능한 책사를 천거해 달라고 부탁하자 사마휘는 "복룡과 봉추 가운데 한 사람을 선택하시지요."라고 말하였다. 유비는 복룡이 제갈량임을 알고 그를 맞으러 관우, 장비와 함께 예물을 싣고 양양에 있는 그의 초가집으로 갔는데, 세 번째 갔을 때 비로소 만날 수 있었다.

삼고초려는 유비가 제갈량을 얻기 위해 그의 누추한 초가집을 세 번씩이나 찾아간 데서 유래하는데, 유능한 인재를 얻기 위해서는 인내심을 발휘하고 최선을 다해야 한다는 뜻이 들어 있다.

제갈량은 원래 미천한 신분으로 이곳에서 숨어 지내며 뜻을 펼칠 때를 기다린 것이었다.

제갈량은 이후 자기를 찾은 유비의 지극한 정성에 대해 감격하면서 이렇게 말하였다. "신이 비천한 신분임을 알면서도 싫어하지 않고 외람되게도 몸을 낮추어 제 초가집을 세 번씩이나 찾아 주어 당시의 상황을 물으셨습니다. 이 일로 저는 감격하여 선제께서 있는 곳으로 달려가는 것을 허락한 것입니다."

151

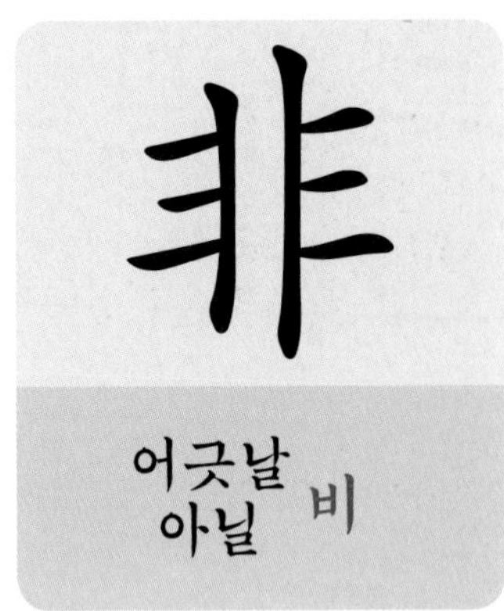

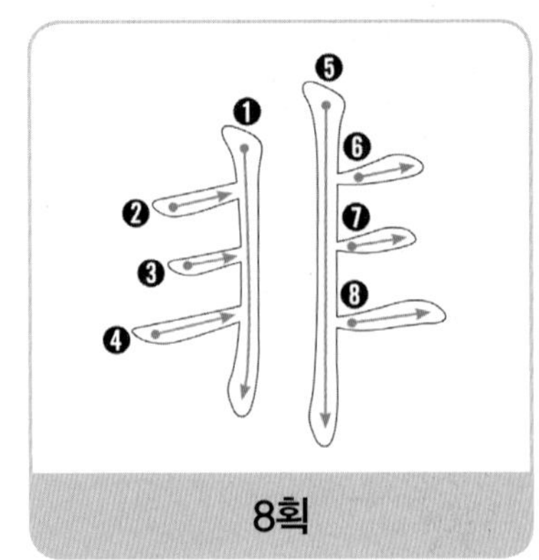

* 새의 두 날개가 엇갈려 있는 모양으로 어긋나다, 아니다라는 뜻이 됩니다.

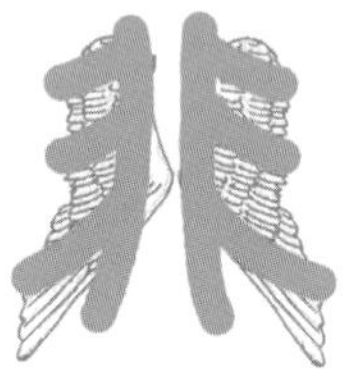

부수 결합하여 한자 만들기

罒 (법망 망)	+	非 (어긋날 비)	=	罪 (죄 죄)	법망(罒)에 어긋나면(非) 죄가 되니
非 (아닐 비)	+	心 (마음 심)	=	悲 (슬플 비)	일이 뜻대로 아니(非) 된다고 마음(心)으로 슬퍼하니

152

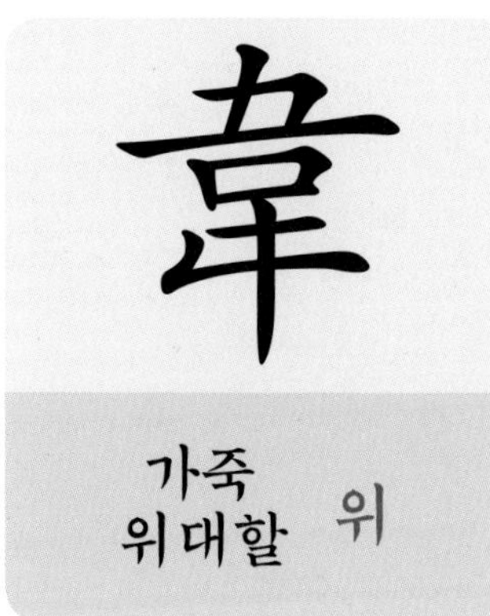

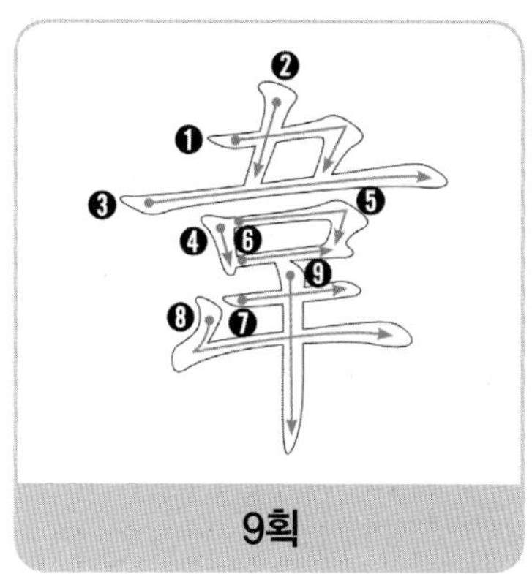

*부드러운 **가죽**으로 된 옷을 입으니 능력이 **위대하다**는 뜻입니다.

- 皮(**가죽** 피)는 털이 붙은 채의 가죽
- 韋(**가죽** 위)는 털을 뽑아 무두질한 부드러운 가죽

口	+	韋	=	圍	울타리(口)를 가죽(韋)으로 둘러싸니
울타리 위		가죽 위		둘러쌀 위	
亻	+	韋	=	偉	사람(亻)의 능력은 크고 위대하니(韋)
사람 인		위대할 위		클 위대할 위	

153

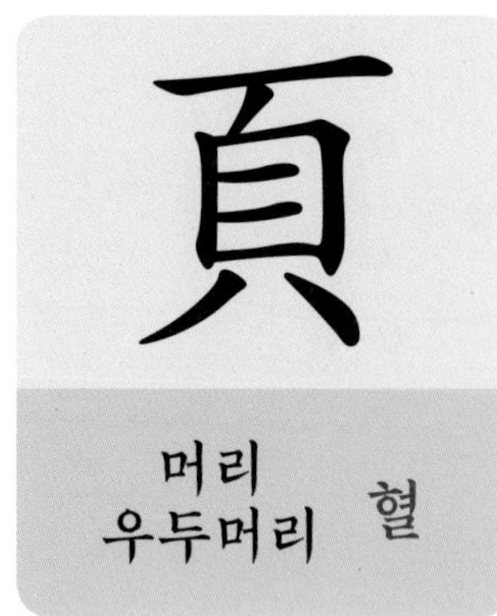

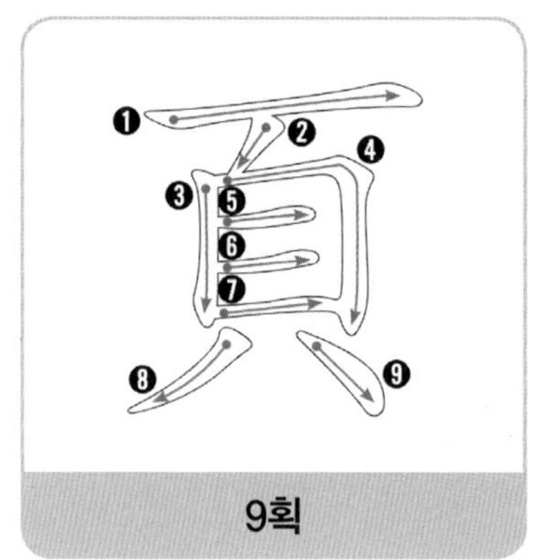

*이마(一), 코(自), 수염(八)이 난 **머리**의 모양

부수 결합하여 한자 만들기

豆 (콩 두)	+	頁 (머리 혈)	=	頭 (머리 두)	콩(豆)처럼 둥글둥글한 머리(頁)
川 (내 천)	+	頁 (우두머리 혈)	=	 順 (순할 순)	냇물(川)이 흐르듯 우두머리(頁)의 명령을 거스르지 않고 순하게 따르니

154

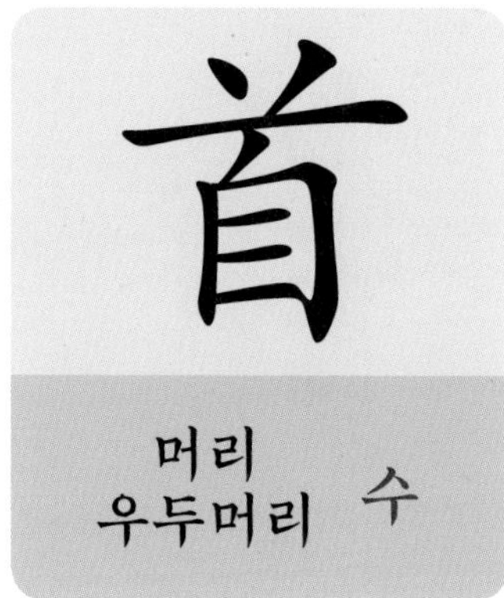

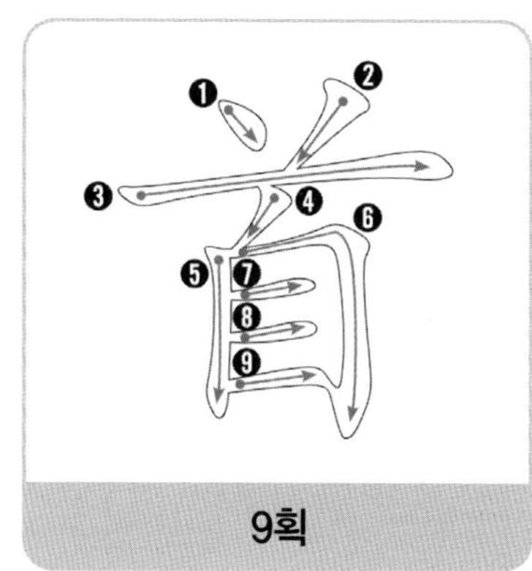

*머리의 모양

- 頁(머리 혈), 首(머리 수) 잘 구별하세요.
- 頁(머리 혈)은 한글 '혈'과 한자 '頁'에 받침 'ㄹ'과 '八'이 있고, 首(머리 수)는 받침이 없습니다.

부수 결합하여 한자 만들기

+
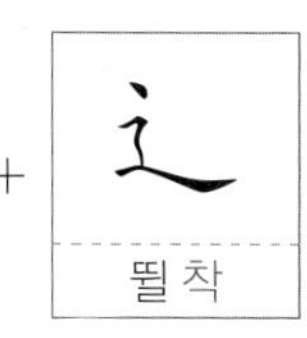

=

우두머리(首)를 따라서 뛰어(辶)가는 길

155

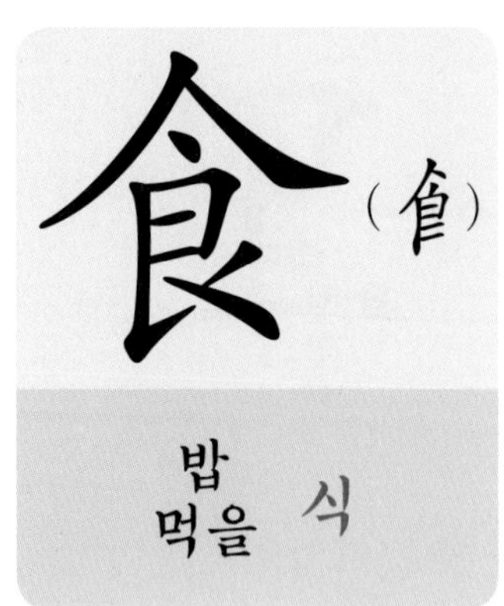

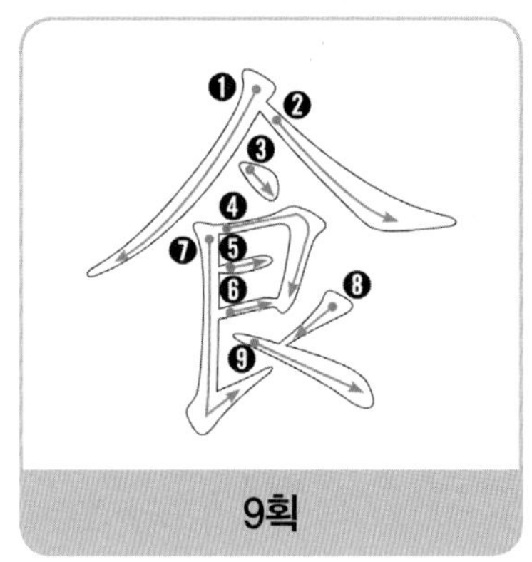

*사람(人)이 좋아하는(良) 밥을 먹으니

- 良(좋을 량, 121번 良 참고)
- 飠: 왼쪽에 쓰일 때의 모양

부수 결합하여 한자 만들기

부수		부수		한자	뜻
𦍌 (양 양)	+	食 (밥 식)	=	養 (기를 양)	양(𦍌)을 밥(食) 먹여 기르니
飠 (먹을 식)	+	欠 (입 벌릴 흠)	=	飮 (마실 음)	먹을(飠) 것을 입 벌려(欠) 마시니

156

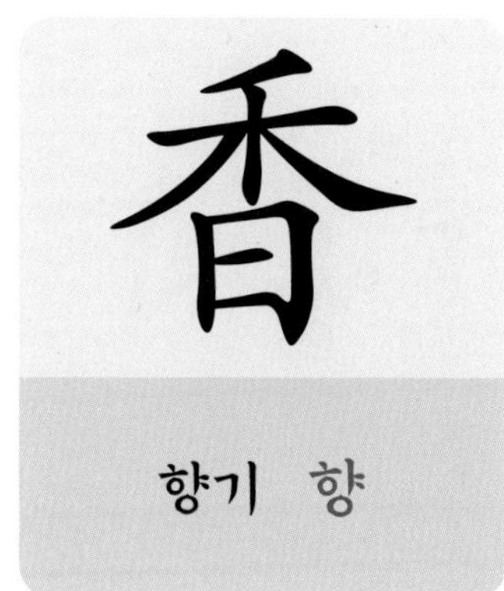
향기 향

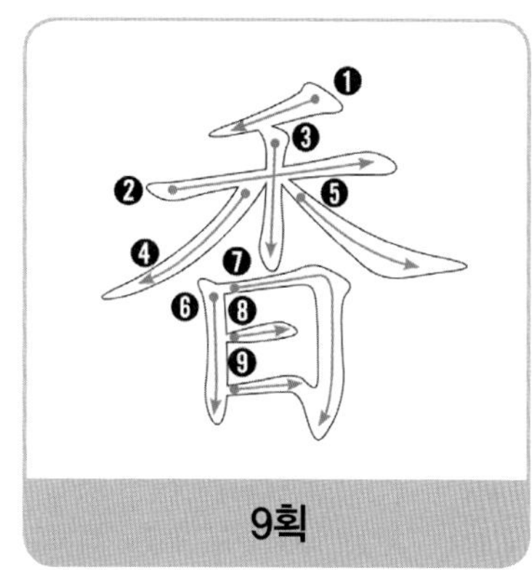
9획

*벼(禾)가 햇빛(日)에 여물어 **향기** 나니

부수 결합하여 한자 만들기

향기 향

+

아닐 비

= 馡 향기로울 비

향기(香)가 진하지 않게(非) 은은히 향기로우니

157

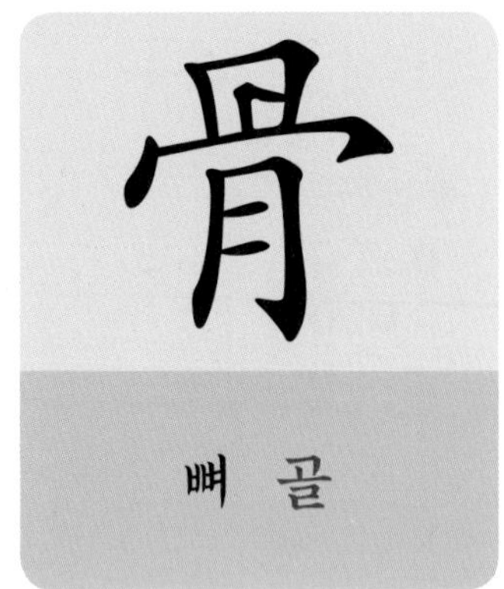

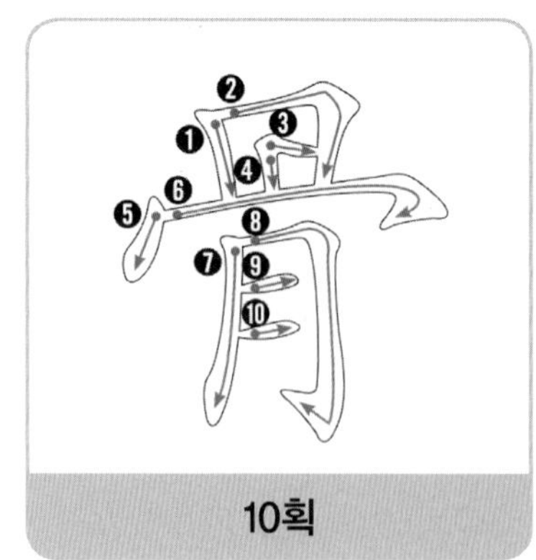

*몸(月)에 덮여(冖) 있는 뼈

부수 결합하여 한자 만들기

骨 + 豊 = 體

뼈 골 / 풍성할 풍 / 몸 체

뼈(骨)로 풍성하게(豊) 이루어진 몸

158

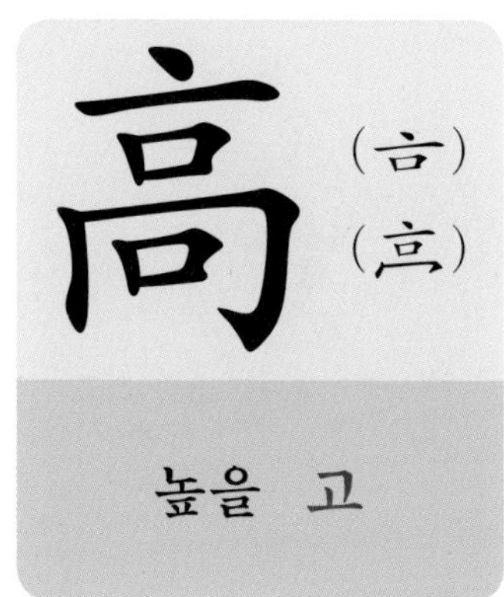

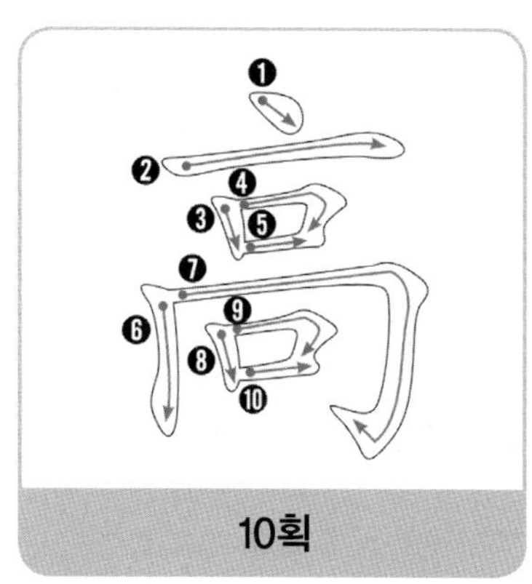

***지붕**(亠), **창**(口), **몸체**(冂), **문**(口)이 있는 **높은** 누각의 모양

• 누각 : 사방을 바라볼 수 있도록 높이 지은 집

부수 결합하여 한자 만들기

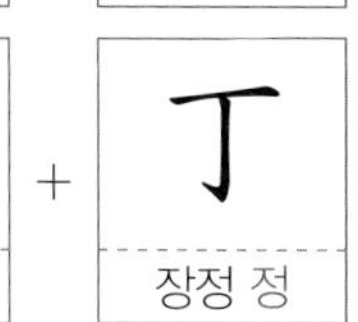

亠 (높을 고)	+	子 (아들 자)	=	享 (누릴 향)	높은(亠) 지위에 오른 아들(子)이 평안을 누리니
亠 (높을 고)	+	丁 (장정 정)	=	亭 (정자 정)	경치가 좋은 높은(亠) 곳에 장정(丁)이 만든 정자 (정자 : 경치가 좋은 곳에 놀거나 쉬기 위하여 지은 집)

159

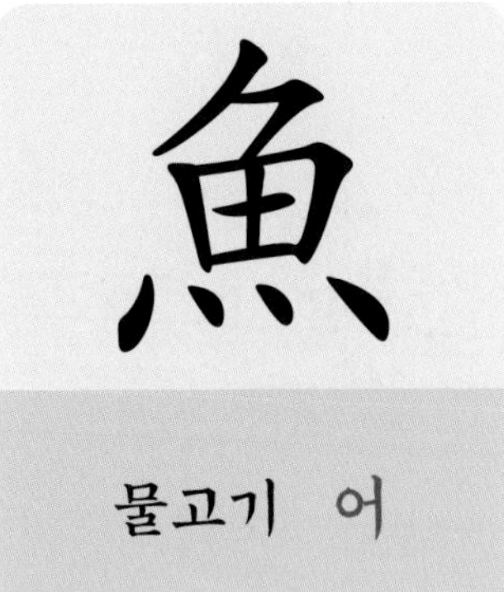

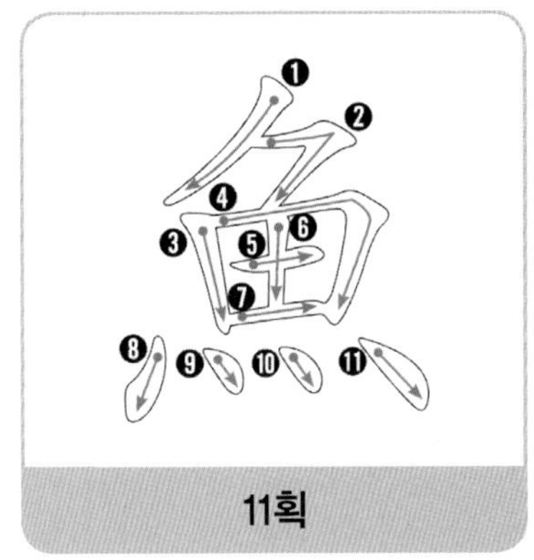

*싸서(⺈) 밭(田)에서 불(灬)에 구워 먹는 **물고기**의 모양

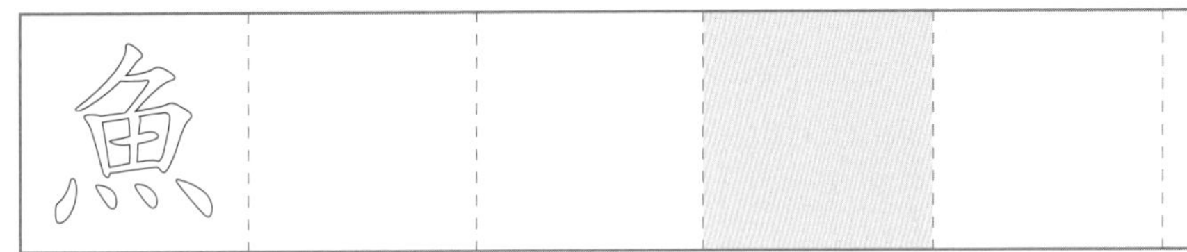

부수 결합하여 한자 만들기

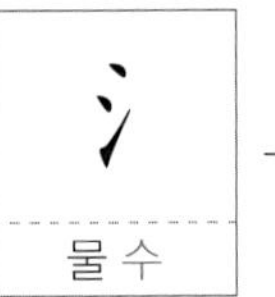 + 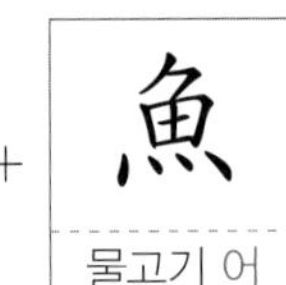 = 

氵	+	魚	=	漁
물 수		물고기 어		고기 잡을 어

물(氵)에서 물고기(魚)를 잡으니

160

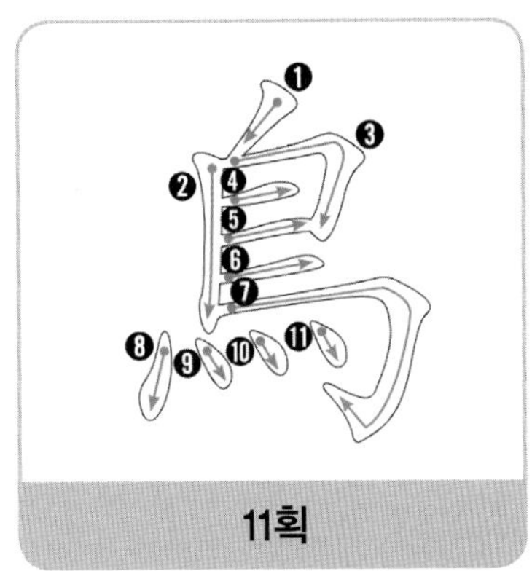

*꽁지가 긴 새의 모양

부수 결합하여 한자 만들기

口 (입 구) + 鳥 (새 조) = 鳴 (울 명)

입(口)으로 새(鳥)가 우니

수고 했습니다~
감사합니다.

주머니에서 정답을 찾아 쓰세요.

非

*새의 두 날개가 엇갈려 있는 모양으로 (　　　　　　　), (　　　　　　)라는 뜻이 됩니다.

韋

*부드러운 (　　　　)으로 된 옷을 입으니 능력이 (　　　　　　　　)는 뜻입니다.

頁

*이마(一), 코(自), 수염(八)이 난 (　　　　)의 모양

首

*(　　　　)의 모양

食(飠)

*사람(人)이 좋아하는(良) (　　)을 (　　　　　)

香

* 벼(禾)가 햇빛(日)에 여물어 (　　　) 나니

骨

* 몸(月)에 덮여(冖) 있는 (　　)

高(古)(亠)

* 지붕(亠), 창(口), 몸체(冂), 문(口)이 있는 (　　　　) 누각의 모양

* 싸서(⺈) 밭(田)에서 불(灬)에 구워 먹는 (　　　　　)의 모양

鳥

* 꽁지가 긴 (　　)의 모양

아래의 빈칸에 한자는 뜻과 음을, 뜻과 음은 한자를 쓰세요.

141~160번 형성평가

	酉	采	里	長(镸)	門
阜(𠂤)(阝)	隶	隹	雨	靑	非
韋	頁	首	食(飠)	香	骨
高(亠)(亯)	魚	鳥		닭 유	분별할 변
마을 리	길 장	문 문	언덕 부	미칠 이	새 추
비 우	푸를 청	아닐 비	가죽 위	머리 혈	머리 수
밥 식	향기 향	뼈 골	높을 고	물고기 어	새 조

다음 한자의 뜻과 음을 쓰세요.

121~160번 중간평가

艮	艸(艹)(⺿)	虍	虫	血	
行	衣(衤)	襾(覀)	言	谷	豆
豕	貝	足(⻊)	身	車(車)	辛
辰	辵(⻍)	邑(阝)	酉	釆	里
長(镸)	門	阜(阝)(阝)	隶	隹	雨
靑	非	韋	頁	首	食(飠)
香	骨	高(髙)(亠)	魚	鳥	

다음 뜻과 음을 지닌 한자를 쓰세요.

121~160번 중간평가

	그칠 간	풀 초	범 호	벌레 충	피 혈
다닐 행	옷 의	덮을 아	말씀 언	골짜기 곡	제기 두
돼지 시	돈 패	발 족	몸 신	차 차	매울 신
별 진	뛸 착	고을 읍	술 유	분별할 변	거리 리
길 장	문 문	언덕 부	잡을 이	새 추	비 우
젊을 청	아닐 비	위대할 위	우두머리 혈	머리 수	먹을 식
	향기 향	뼈 골	높을 고	물고기 어	새 조

朝(아침 조)　三(석 삼)　暮(저물 모)　四(넉 사)

아침에 세 개 저녁에 네 개라는 뜻으로, 간사한 잔꾀로 남을 속여 희롱함을 의미한다.

중국 전국시대 송나라에 저공이라는 사람이 살았다. 여기서 저(狙)란 원숭이를 뜻한다. 그 이름이 말해 주듯이 저공은 많은 원숭이를 기르고 있었는데, 그는 가족의 양식까지도 원숭이에게 먹일 정도로 원숭이를 좋아했다. 그래서 원숭이들은 저공을 따랐고, 그의 마음까지 알았다고 한다.

넉넉한 형편도 아니면서 그처럼 많은 원숭이를 기르다 보니 먹이의 문제가 여간 큰 부담이 아니었다. 식량은 동이 났고 먹을 것이라곤 도토리밖에 없었다.

저공은 원숭이에게 먹이를 줄여서 주기로 결심하고, 어떤 방법을 쓸 것인가를 고민했다.

'덮어놓고 먹이를 줄이겠다고 한다면 녀석들은 펄쩍 뛸 거야. 그러니까 줄이면서도 줄어들지 않은 것처럼 생각하도록 만들어야 해.'

이런 궁리를 한 저공은 원숭이들을 모두 불러놓고 말했다.

"이제부터 너희들한테 '아침에는 도토리 세 개, 저녁에는 네 개'를 주려고 한다. 괜찮겠느냐?"

그러자 원숭이들은 저녁보다 아침에 하나 적으면 배가 고프다며 아우성이었다.

"그렇다면 아침에 도토리 네 개, 저녁에는 세 개로 하자꾸나. 그렇게 하면 아침에 저녁보다 한 개를 더 많이 먹게 되는 셈이지. 어떠냐?"

그러자 원숭이들이 이번에는 모두 좋다고 기뻐했다. 아침에 한 개를 더 먹는다는 데만 생각이 미쳤기 때문이다.

아래의 빈칸에 한자는 뜻과 음을, 뜻과 음은 한자를 쓰세요.

81~100번 형성평가

	父	爻	爿 (丬)	片 (𠂆)	牙
牛 (牜)(⺧)	犬 (犭)	玉 (王)	生 (⺒)	田	疒
癶	皮	皿	目	矛 (マ)	矢
示 (礻)	内	禾		아비 부	엇갈릴 효
장수 장	조각 편	어금니 아	소 우	개 견	구슬 옥
날 생	밭 전	병질 엄	걸을 발	가죽 피	그릇 명
눈 목	창 모	화살 시	볼 시	짐승 유	벼 화

종합평가

아래의 빈칸에 한자는 뜻과 음을, 뜻과 음은 한자를 쓰세요.

101~120번 형성평가

穴	立	竹(⺮)	米	糸(糹)	
缶	网(罓)(罒)	羊(⺶)	羽	老(耂)	而
耳	聿(⺺)	肉(月)	自	至	臼(臼)
舌	舛	舟		구멍 혈	설 립
대 죽	쌀 미	실 사	장군 부	그물 망	양 양
깃 우	늙을 로	수염 이	귀 이	붓 율	고기 육
코 자	이를 지	절구 구	혀 설	어긋날 천	배 주

다음 한자의 뜻과 음을 쓰세요.

81~120번 중간평가

	父	爻	爿 (丬)	片 (片)	牙
牛 (牜)(⺧)	犬 (犭)	玉 (王)	生 (生)	田	疒
癶	皮	皿	目	矛 (マ)	矢
示 (礻)	内	禾	穴	立	竹 (⺮)
米	糸 (糹)	缶	网 (罓)(罒)	羊 (⺶)	羽
老 (耂)	而	耳	聿 (⺻)	肉 (月)	自
	至	臼 (臼)	舌	舛	舟

다음 뜻과 음을 지닌 한자를 쓰세요.

81~120번 중간평가

아비 부	사귈 효	조각 장	조각 편	어금니 아	
소 우	개 견	구슬 옥	살 생	밭 전	병질 엄
걸을 발	가죽 피	그릇 명	눈 목	창 모	화살 시
신 시	짐승 유	벼 화	구멍 혈	설 립	대 죽
쌀 미	실 사	장군 부	법망 망	양 양	깃 우
늙을 로	수염 이	귀 이	붓 율	고기 육	스스로 자
이를 지	절구 구	혀 설	어긋날 천	배 주	

아래의 빈칸에 한자는 뜻과 음을, 뜻과 음은 한자를 쓰세요.

121~140번
형성평가

	艮	艸(艹)(⺿)	虍	虫	血
行	衣(衤)	襾(覀)	言	谷	豆
豕	貝	足(⻊)	身	車(⾞)	辛
辰	辵(⻌)	邑(⻏)		그칠 간	풀 초
범 호	벌레 충	피 혈	다닐 행	옷 의	덮을 아
말씀 언	골짜기 곡	제기 두	돼지 시	조개 패	발 족
몸 신	수레 거	고생 신	별 진	뛸 착	고을 읍

아래의 빈칸에 한자는 뜻과 음을, 뜻과 음은 한자를 쓰세요.

141~160번 형성평가

酉	釆	里	長(镸)	門	
阜(𠂤)(阝)	隶	隹	雨	靑	非
韋	頁	首	食(飠)	香	骨
高(亠口)(亠冂)	魚	鳥		닭 유	분별할 변
마을 리	길 장	문 문	언덕 부	미칠 이	새 추
비 우	푸를 청	아닐 비	가죽 위	머리 혈	머리 수
밥 식	향기 향	뼈 골	높을 고	물고기 어	새 조

다음 한자의 뜻과 음을 쓰세요.

121~160번 중간평가

	艮	艸(艹)(艹)	虍	虫	血
行	衣(衤)	襾(覀)	言	谷	豆
豕	貝	足(⻊)	身	車(車)	辛
辰	辵(⻌)	邑(阝)	酉	釆	里
長(镸)	門	阜(𠂤)(阝)	隶	隹	雨
靑	非	韋	頁	首	食(飠)
	香	骨	高(亠)(亠)	魚	鳥

다음 뜻과 음을 지닌 한자를 쓰세요.

121~160번 중간평가

그칠 간	풀 초	범 호	벌레 충	피 혈	
다닐 행	옷 의	덮을 아	말씀 언	골짜기 곡	제기 두
돼지 시	돈 패	발 족	몸 신	차 차	매울 신
별 진	뛸 착	고을 읍	술 유	분별할 변	거리 리
길 장	문 문	언덕 부	잡을 이	새 추	비 우
젊을 청	아닐 비	위대할 위	우두머리 혈	머리 수	먹을 식
향기 향	뼈 골	높을 고	물고기 어	새 조	

중앙에듀북스 Joongang Edubooks Publishing Co.
중앙경제평론사 | 중앙생활사 Joongang Economy Publishing Co./Joongang Life Publishing Co.

중앙에듀북스는 폭넓은 지식교양을 함양하고 미래를 선도한다는 신념 아래 설립된 교육 · 학습서 전문 출판사로서 우리나라와 세계를 이끌고 갈 청소년들에게 꿈과 희망을 주는 책을 발간하고 있습니다.

초등 한자의 길잡이 부수

초판 1쇄 발행 | 2017년 2월 17일
초판 4쇄 발행 | 2021년 3월 15일

지은이 | 박두수(DuSu Park)
펴낸이 | 최점옥(JeomOg Choi)
펴낸곳 | 중앙에듀북스(Joongang Edubooks Publishing Co.)

대 표 | 김용주
편 집 | 한옥수 · 백재운
디자인 | 박근영
본문그림 | 이하늘 학생
마케팅 | 김희석
인터넷 | 김회승

출력 | 삼신문화 종이 | 한솔PNS 인쇄 | 삼신문화 제본 | 은정제책사

잘못된 책은 구입한 서점에서 교환해드립니다.
가격은 표지 뒷면에 있습니다.

ISBN 978-89-94465-32-6(63700)

등록 | 2008년 10월 2일 제2-4993호
주소 | ㊉ 04590 서울시 중구 다산로20길 5(신당4동 340-128) 중앙빌딩
전화 | (02)2253-4463(代) 팩스 | (02)2253-7988
홈페이지 | www.japub.co.kr 블로그 | http://blog.naver.com/japub
페이스북 | https://www.facebook.com/japub.co.kr 이메일 | japub@naver.com
♣ 중앙에듀북스는 중앙경제평론사 · 중앙생활사와 자매회사입니다.